HISTÓRIA DOS ANIMAIS

Obras completas de Aristóteles
Coordenação de António Pedro Mesquita

HISTÓRIA DOS ANIMAIS

Tradução de **Maria de Fátima Sousa e Silva**

SÃO PAULO 2014

Obra originalmente publicada pela Imprensa Nacional – Casa da Moeda, no quadro do projeto de tradução anotada das Obras Complementares de Aristóteles, promovido e coordenado pelo Centro de Filosofia da Universidade de Lisboa e subsidiado pela Fundação para Ciência e Tecnologia

Copyright © 2006, Centro de Filosofia da Universidade de Lisboa e Imprensa Nacional Casa da Moeda, Lisboa, Portugal

Todos os direitos reservados.
Copyright © 2014, Editora WMF Martins Fontes Ltda.,
São Paulo, para a presente edição.

1ª edição 2014

Tradução
MARIA DE FÁTIMA SOUSA E SILVA

Acompanhamento editorial
Luzia Aparecida dos Santos
Revisões gráficas
Renato da Rocha Carlos
Solange Martins
Edição de arte
Katia Harumi Terasaka
Produção gráfica
Geraldo Alves
Paginação
Studio 3 Desenvolvimento Editorial

Dados Internacionais de Catalogação na Publicação (CIP)
(Câmara Brasileira do Livro, SP, Brasil)

Aristóteles
  História dos animais / Aristóteles ; tradução de Maria de Fátima Sousa e Silva. – São Paulo : Editora WMF Martins Fontes, 2014. – (Coleção obras completas de Aristóteles / coordenação de António Pedro Mesquita))

  Título original: História dos animais
  Bibliografia.
  ISBN 978-85-7827-899-1

  1. Animais 2. Aristóteles – Crítica e interpretação 3. Filosofia antiga I. Mesquita, António Pedro. II. Título. III. Série.

14-10371   CDD-185

Índices para catálogo sistemático:
1. Aristóteles : Obras filosóficas   185
2. Filosofia aristotélica   185

Todos os direitos desta edição reservados à
Editora WMF Martins Fontes Ltda.
Rua Prof. Laerte Ramos de Carvalho, 133 01325.030 São Paulo SP Brasil
Tel. (11) 3293.8150 Fax (11) 3101.1042
e-mail: info@wmfmartinsfontes.com.br http://www.wmfmartinsfontes.com.br

ÍNDICE GERAL

Agradecimentos VII
Introdução, por Maria de Fátima Sousa e Silva IX
Bibliografia XXXV

HISTÓRIA DOS ANIMAIS

LIVRO I 3
LIVRO II 41
LIVRO III 79
LIVRO IV 123
LIVRO V 167
LIVRO VI 223

Índice dos nomes de animais 287

AGRADECIMENTOS

Ao professor Carlos Almaça é devido um vivo agradecimento pela revisão competente e cuidada que fez da tradução, garantindo-lhe rigor na nomenclatura específica que tem inevitavelmente de corresponder a um texto de teor científico como é o do tratado em causa.

INTRODUÇÃO

Não é decerto a componente científica aquela que, na produção pluridisciplinar de Aristóteles, mais atrai as atenções dos modernos. Séculos de progresso na pesquisa e na teorização terão tornado obsoletos os resultados obtidos pelo sábio do Liceu. Mas um mérito lhe permanece adstrito: "o de ter validado, com suporte teórico, a fundação das ciências"[1]. São várias e controversas as opiniões emitidas sobre os objetivos e métodos perspectivados e utilizados por Aristóteles neste seu tratado zoológico[2]. Tentaremos adotar a nossa própria posição com base no testemunho direto do Estagirita, expressa nos sucessivos comentários ou referências de natureza teórica que vão sendo introduzidos ao longo da obra.

Pesquisa – Fontes de informação

Qualquer tratado científico que se deseje credível tem de assentar, antes de mais nada, na recolha de dados, sua com-

---

[1] Cf. W. Kullmann, "Aristotle as a natural scientist", *Acta Classica*, 34 (1991), 137.

[2] Cf. A. L. Peck, *Aristotle. Historia animalium*, I (Cambridge, Loeb University Press, 1979), V-VII.

paração e análise. Antes de satisfeitas as regras da *história*, ou seja, a recolha de testemunhos diretos e sua avaliação, não se possuem condições de definir e tratar nenhum objeto de estudo[3]. São de vários níveis os elementos considerados por Aristóteles na *História dos animais* e de uma fidedignidade igualmente relativa. Muitas informações advêm de fontes dispersas e são de tom genérico, referidas a partir de fórmulas como "é pelo menos o que se diz", "os que julgam que", "como alguns afirmam". Pode essa referência limitar-se ao registro de uma opinião, desprovido de qualquer juízo de valor por parte de Aristóteles: "Diz-se que há um tipo de serpentes deste gênero na Etiópia" (490a11); ou, a propósito do acasalamento dos selácios: "Há quem diga ter visto também alguns selácios a acasalarem por trás, como os cães" (540b14--15). Mas mais numerosos e significativos são os casos em

....

[3] Importa, a este propósito, salientar que o título original do tratado – *Ton peri ta zoa historion* – melhor equivaleria a uma tradução de *Investigação sobre os animais* do que àquele que o consagrou de *História dos animais*, que disfarça a referência fundamental a um processo de pesquisa que lhe está subjacente. É inevitável recordar a tradição que associa a pesquisa realizada por Aristóteles com as campanhas de Alexandre e a intervenção do rei macedônio, o mais brilhante dos discípulos do Estagirita, na recolha de dados. Mas há que reconhecer, em primeiro lugar, a ausência total de qualquer menção que tornasse palpável o contexto da campanha de Alexandre, pela alusão ao território por ele percorrido ou aos sábios que integravam o seu exército. Ainda que a intervenção de Alexandre não pareça estritamente necessária, tendo em conta que o espaço geográfico principal definido pela *História dos animais* como sendo aquele em que boa parte da pesquisa foi realizada era já de há muito conhecido pelos gregos – para além dos problemas de data que tal intervenção colocaria, pospondo o tratado para ano posterior a 334 a.C., ano da expedição macedônia à Ásia –, o testemunho transcrito por Plínio (*História natural*, 8.16-17) mantém um interesse profundo: "O rei Alexandre, o Grande, desejoso de conhecer a história natural dos animais, confiou a realização desse estudo ao homem mais conhecedor nas diversas ciências, Aristóteles. Pôs então sob sua orientação, por toda a Ásia e Grécia, vários milhares de homens que viviam da caça, da criação de aves, da pesca, ou que mantinham viveiros, rebanhos, colmeias, tanques, aviários, de modo que nenhuma espécie escapasse ao conhecimento. Depois de interrogar esses indivíduos, Aristóteles escreveu cerca de cinquenta volumes célebres sobre os animais."

que o autor denuncia a improbabilidade ou mesmo a falsidade de uma opinião corrente e para a confusão procura encontrar um motivo plausível. Assim, sobre a opinião de que a esponja possua sensações, Aristóteles abona a lógica de uma versão comum, que considera provada pelo comportamento do animal: "A prova está em que é mais difícil arrancá-la se não se for discreto na aproximação" (487b10--11); ou, do mesmo modo, sobre o sugador pode corroborar: "Há quem diga que tem patas, mas não tem. Pode parecer que sim porque possui barbatanas parecidas com patas" (505b20-22).

Há, todavia, que reconhecer que muita da inconsistência existente nas opiniões comuns tem por motivo a dificuldade ou ilusão que condicionam uma boa observação dos fatos. O momento em que a observação é feita constitui uma primeira condicionante: "Os que julgam que o pulmão é oco estão completamente errados. O que acontece é que observam os pulmões retirados dos animais durante a dissecção, quando de imediato eles perdem completamente o sangue" (496b5-7). Pode haver apenas um erro de óptica na observação: "O elefante não procede como alguns afirmam: senta-se e flexiona as pernas; apenas não consegue dobrar os dois lados ao mesmo tempo" (498a8-10); "<o camelo> tem, em cada pata, um só joelho e não várias articulações, como por vezes se diz. Trata-se apenas de ilusão de óptica, que resulta da posição contraída do abdômen" (499a20-21). Acontece também que a observação atenta pode contrariar o que não passou de uma afirmação precipitada; se são controversas as teorias sobre a mudança de dentição nos cães, "a observação mostra que os perdem tal como o homem, mas esse processo passa despercebido, porque os dentes não lhes caem antes de lhes nascerem outros semelhantes" (501b6-9). Há também que reconhecer, em casos em que a distância ou falta de acessibilidade impõem barreiras, a impossibilidade de comprovar informações: "Sobre os lígures, que se diz terem sete costelas, ainda nada se apurou que seja digno de confiança" (493b15); "o acasalamento dos peixes ovíparos é muito menos conhecido. Assim, a generalidade das pessoas pensa que as fêmeas são fecundadas por ingestão do sêmen dos machos" (541a12-13). Pode haver também, da parte do cientista, a denúncia pura e simples de uma informação que resulta puramente da imaginação e não satisfaz a mínima exigência de credibilidade; sobre o número das crias da leoa, Aristóteles registra: "Aquela história que se conta de que ela expulsa o útero durante o parto é uma tolice; tem origem na escassez de leões, e o inventor da história não foi capaz de arranjar para essa realidade uma justificativa melhor" (579b2-5).

Algumas vezes o eco de uma opinião generalizada confunde-se com uma tradição empírica, que já não é suscetível de uma apreciação ou de um desmentido; o tempo e a repetição dão-lhe foros de verdade indiscutida. Parece ser esse o caso da relação existente entre a configuração das partes exteriores do corpo humano e o caráter; a amplitude ou curvatura da fronte, a disposição das sobrancelhas, o formato dos olhos ou das orelhas, são elementos que apontam para a maneira de ser ou para a sentimentalidade de cada indivíduo (491b-492a). Exemplos há também de tradições que se estereotiparam como narrativas mais ou menos lendárias, que não parecem ter fundamento nuns casos, ou, pelo contrário, que descrevem, recorrendo a situações paradigmáticas, a realidade facilmente verificável. A longevidade dos veados aparece assim exagerada por lendas pouco credíveis (578b), enquanto a fecundidade dos ratos, "a mais extraordinária em todo o reino animal", se vê apenas confirmada pela história de que uma fêmea, fechada num contentor de milho, tenha podido gerar em pouco tempo uma ninhada superior a cento e vinte ratos (580b12-14).

Há circunstâncias fisiológicas que ganharam um sentido sagrado, para as quais a própria religião encontrou um entendimento ou uma interpretação. É o que se passa com o espirro, "o único sopro que tem sentido divinatório e um caráter sagrado" (492b7-8). Curiosa é também a lenda que justifica a versão de que todas as lobas deem à luz nos mesmos doze dias do ano. Contestando a razoabilidade dessa ideia, Aristóteles explica-a com o apoio de um mito associado com Delos: "Esse número de dias corresponde àquele que foi preciso para trazer Latona dos Hiperbóreos para Delos, disfarçada de loba com medo de Hera. Se o tempo da gestação é esse ou não, nenhuma observação foi feita por enquanto; trata-se simplesmente de um dito" (580a15-21).

Importantes podem ser as informações colhidas junto de comunidades particularmente próximas da realidade animal. Aristóteles afirma o seu respeito pelas informações colhidas junto dos pescadores sobre os comportamentos da fauna marinha (534a5-7), ou mesmo no respeitante a animais invulgares, a cuja existência só o testemunho daqueles que vivem da faina dá credibilidade (523b18-26). Para a rentabilidade do leite no fabrico do queijo, a opinião autorizada advém naturalmente dos pastores (522a30-31); como os camponeses serão os melhores observadores da fauna rural (556b17-20) ou uma autoridade em práticas agrícolas (557b29--30). Caso muito particular, porque envolveu o testemunho citadino e provocou até a publicação de um decreto, foi o da longevidade incomum de um mulo, participante ativo nas obras de construção da Acrópole: "Esse mulo era poupado ao trabalho devido à idade que já tinha, mas ele, como se estivesse atrelado, caminhava ao lado das juntas e estimulava-as a trabalhar, de tal modo que se promulgou um decreto que proibia aos negociantes de cereais afastarem-no dos seus crivos" (577b-578a). Por fim, se se trata do ser humano, são os médicos e as suas práticas de tratamento (522b10-11) ou critérios de diagnóstico (551a13-14) a opinião mais autorizada.

Associadas a comunidades ou a situações específicas estão certas práticas bem conhecidas, que são por si a comprovação de conclusões a que a ciência é levada a aderir. Aristóteles inspira-se nas diversas atividades humanas: a pastorícia e os recursos usados para estimular o animal a uma maior produção de leite (522a7-9) ou o uso do coalho no fabrico do queijo (522b3-5); a pesca e a utilização de substâncias de odor forte para a obtenção de maiores capturas, o que é, ao mesmo tempo, prova de que os peixes são dotados de olfato (534a12 e segs.); a guerra, que exige, quando nela se recorre aos camelos, a proteção da pata do animal, que é carnuda, com uma sola de couro (499a30); por fim, os sacrifícios, que permitem uma observação das vísceras das vítimas (496b25), e as práticas de magia, que recorrem a certos humores animais (572a21-22, 577a14) para os efeitos que procuram obter.

Relatamos, até agora, um conjunto de informantes que se situam no plano do geral e se caracterizam pelo anonimato. Há, no entanto, outra gama de opiniões a que Aristóteles atribui autoria e em face das quais assume atitudes de respeito ou também de contestação e denúncia.

A tradição poética, veiculada como estratégia cultural e pedagógica, impõe-se à consideração da ciência. É, antes de mais nada, Homero uma remissão insistente pelos ensinamentos que veicula. São significativas, pelo número e pelo rigor, as citações que dele são selecionadas e exploradas como depoimento com valor científico: relativas à anatomia humana (513b27-29), à idade ou condição física de certas espécies animais (574b-575a, 575b5-7, 578b1-3), como ainda à relação entre a fauna e o meio ambiente (519a19). Se um "tem razão quando afirma" valida o caráter sobretudo pedagógico da épica homérica, as menções a Museu e a Estesícoro primam por um estilo essencialmente poético, que alude a uma realidade ou paisagem que os gregos identificavam como sua. É à ave de Zeus, a águia, que se refere o verso citado de Museu, eficaz no seu laconismo para caracterizar a postura da senhora dos alados: "Põe três ovos, choca dois e cuida de um" (563a19). Estesícoro testemunha a raridade dos alcíones, ave própria de uma paisagem de inverno, que se vê sobrevoar esporadicamente sobre os navios acolhidos em terra (542b24-25). Ainda que expressas em tom diverso, as vozes dos poetas são escutadas com respeito e valorizada a correção da informação que veiculam.

Dos historiadores e geógrafos se aufere um testemunho que ultrapassa as fronteiras da Grécia. Porque a realidade que comunicam se encontra distante ou fora de um controle de verificação, justificam-se as dúvidas que suscitam. Herodoro pronuncia-se sobre os abutres e arrisca para eles uma proveniência de continente desconhecido. Numa tentativa de acrescentar credibilidade à sua afirmação, aduz uma prova, a falta de ninhos em território grego, apesar da abundância de espécimes. Aristóteles aceita a lógica da afirmação e da prova, embora corrija: "Realmente os ninhos são difíceis de ver, mas houve já quem os tivesse visto" (563a6-11). Heródoto, o historiador de Halicarnasso, é, por sua vez, desmentido quanto à versão que dá de que "o esperma dos etíopes é negro" (523a18-19)[4]. Ctésias, o médico grego da Ásia Menor que exprimiu em relatos bem conhecidos o seu interesse pela geografia, fauna e flora da Pérsia e da Índia, é uma opinião incontornável, embora as suas descrições mereçam a Aristóteles desconfiança (501a25-501b1, em que é descrito o tigre), ou mesmo repúdio (523a26-27)[5].

Por fim, os médicos ou aqueles que dedicam ao estudo anatômico os seus interesses são, sobre a espécie humana, testemunhos relevantes. Aristóteles está naturalmente informado e pode referir e assumir uma atitude crítica sobre diversas opiniões emitidas por especialistas. O caso modelo neste tratado é, sem dúvida, o que diz respeito à estrutura e

....

[4] Não deixa de ser estranho que o nome de Heródoto, um informador relevante sobre a realidade não grega então conhecida, seja referido apenas uma vez. O que não significa que o seu testemunho não seja considerado com maior frequência. Assim, sob a referência "há quem afirme a existência de serpentes aladas na Etiópia" (490a11; cf. Heródoto, 2.76), ou sob a alusão à barba das sacerdotisas da Cária (518a35; cf. Heródoto, 1.175, 8.104), está sem dúvida presente uma alusão ao historiador de Halicarnasso. Sobre o conceito em que Aristóteles tem as informações dadas por Heródoto, vide J. M. Bigwood, "Aristotle and the elephant again", *American Journal of Philology*, 114 (1993), 540 ss.

[5] Vide J. M. Bigwood, *op. cit.*, 539-544. Considera este autor que, apesar das suas críticas a Ctésias, foi dos seus escritos que Aristóteles retirou as informações que transcreve sobre a Índia.

funcionamento do aparelho circulatório (511b-513a). Sobre essa matéria, o Estagirita reúne diversas teorias: de Sínesis, o médico de Chipre, de Diógenes de Apolónia e de Pólibo, que pode reproduzir em pormenor. E, depois de aludir ainda a outras teorias, mais superficiais ou genéricas, e de sobre elas tecer discordâncias de fundo, avança com a sua própria interpretação nesse assunto. A acrescentar à teorização, há os casos patológicos paradigmáticos, também eles de considerar do ponto de vista da teorização científica. Assim, depois de tecer algumas considerações técnicas sobre insetos parasitas, como as pulgas e os piolhos, bem como os seus inconvenientes para a espécie humana, Aristóteles pode concluir: "Já houve casos de pessoas que pereceram com essa enfermidade, o poeta Álcman, por exemplo, e Ferecides de Siro" (557a1-3). São essas as fontes cuja menção explícita podemos registrar, não sem que outros textos ou autores essenciais do tempo estejam inevitavelmente presentes na reflexão de Aristóteles, mesmo que não aludidos; é o caso dos tratados hipocráticos ou de alguns textos de Platão, como o *Timeu* (cf. 496b32).

Para além do saber colhido nas diferentes fontes disponíveis, a partir de opiniões gerais, tradições, testemunhos literários, ou ainda de competências adquiridas na experiência prática ou no saber técnico, Aristóteles detém um conhecimento colhido na realidade de uma ampla área geográfica, onde se percebe uma hierarquização da informação: entre o que é próximo, verificável, testemunhado de perto, e que cobre regiões acessíveis como o são as diversas paisagens gregas – continentais e insulares – ou as regiões que se dispersam pela bacia do Mediterrâneo, oriental e ocidental. À medida que o distanciamento se acentua, o conhecimento esbate-se e a certeza dilui-se; há então necessidade de uma descrição mais pormenorizada ou comparativa, e o recurso prudente a algum ceticismo; a Cítia e a Índia estão nesse caso. Como princípio elementar, nessa perspectiva, podemos considerar a noção da influência fundamental que fatores ligados com o meio ambiente podem ter na definição das características apresentadas pelas espécies animais[6]. Pode Aristóteles equacionar, por exemplo: "Há diferenças que têm a ver com lugares mais quentes ou mais frios; assim, no corpo humano, os pelos são espessos nos lugares quentes, e mais fracos nos frios" (517b17-20); ou, referindo-se à variação de temperatura por efeito do próprio fluir das estações: "Em consequência das mudanças de estação, quando, por exemplo, fica mais frio, as aves de plumagem uniforme passam por vezes do negro [...] ao branco" (519a3-6)[7].

Dentro dessa relação ambiente/fauna, tem particular relevância o fator água, que pode influir visivelmente em características tão óbvias como a cor da lã dos carneiros. Aristóteles documenta esse fenômeno com um catálogo de regiões e respectivos rios: "Há em certos lugares uma água tal que os carneiros que a bebem e cobrem as fêmeas depois de a terem bebido geram crias negras. Esse era o efeito provocado, na Calcídica trácia, pelo chamado rio Frio. Também na região de Antandros há dois rios, um que torna os carneiros brancos e o outro, pretos. Parece também que o rio Escamandro põe os carneiros amarelados" (519a12-18).

São frequentes as alusões a inúmeros lugares ou regiões, naturalmente de acordo com o tipo de fauna que lhes é peculiar. Assim o Epiro e a Tessália são representativos em questões ligadas a gado (522a7-11, 522b16-20, 572b20); Atenas e as regiões de Salamina e Maratona são recordadas por espécies de peixe que abundam nos lugares sombrios e pantanosos que nelas são comuns, sob o efeito do calor (569b10-13), e pelas famosas anchovas e sardinhas do Falero (569b25); a Lacônia associa-se com uma conhecida raça de cães (574a16 e segs.). A Grécia insular tem, no registro de Aristóteles, um

....

[6] Sobre esta matéria, *vide* F. Borca, "Animali e ambienti naturali: spunti deterministici in Aristotele, *Historia animalium*, 8.28-29", *Aufidus*, 43 (2001), 7-21.

[7] Cf. ainda o efeito da temperatura sobre o processo do coalhar do leite (521b-522a).

contributo nitidamente mais relevante⁸: as ilhas de Eubeia e de Naxos documentam particularidades no que se refere à vesícula biliar das ovelhas (496b25-29) e a de Creta, à reprodução da espécie cavalar (572a13-14); Lemnos, dentro da mesma perspectiva da relação das ilhas com a produção de gado, abona um prodígio, o da capacidade de um bode produzir leite em abundância (522a14-19). Mas naturalmente é sobre as espécies marinhas que a investigação feita nas ilhas pode ser mais expressiva; assim as anêmonas e os búzios de Eubeia (531b12, 547a6), mas sobretudo a informação múltipla prestada por Lesbos, lugar claramente privilegiado por Aristóteles na sua pesquisa (544a21, 548b25). Das regiões limítrofes do Norte da Grécia, Aristóteles destaca espécies que apresentam, para o convívio helênico, fatores de estranheza. Com a Macedônia e a Ilíria identificam-se porcos solípedes (499b13), como também com a primeira o bisonte, um animal desconhecido na fauna grega (500a1). Em território europeu, é do contexto itálico que a *História dos animais* demonstra um melhor conhecimento. Para além de um tipo de galinhas próprio da "zona adriática" (558b17-19), impõe-se a Sicília, cuja fauna e atividades com ela relacionadas são para um grego dessa época claramente familiares: estratégias na alimentação dos carneiros (520b1-2) e no fabrico do leite (522a22-23), pormenores de clima (542b16) ou mesmo o relato de algum episódio extravagante (559b2-5). Uma alusão genérica à escassez de leões "na Europa inteira" (579b7)

....

⁸ A circunstância de serem em maior número as referências à Grécia insular do que à continental, com relevo para a ilha de Lesbos e para a costa da Ásia Menor, entre o Bósforo e a Cária, foi já reavaliada por P. Louis [*Aristote. Histoire des animaux*, I (Paris, 1964), XV-XVI] e dela inferida até uma data possível para o tratado. Provavelmente a pesquisa assim localizada teria ocupado os anos em que Aristóteles se encontrava afastado de Atenas, entre 347 e 335 a.C., no tempo em que residiu em Assos e Mitilene, antes de partir para a corte da Macedônia. Parece, de resto, defensável a marca de uma observação pessoal e empírica, por parte de Aristóteles, nessa fase da sua pesquisa. Sobre as regiões referidas por Aristóteles, *vide* H. D. P. Lee, "Place, names and the date of Aristotle's biological works", *Classical Quarterly*, 42 (1948), 61-67. Sobre a datação do tratado, *vide* Peck, *op. cit.*, LVIII-LIX.

não escamoteia a noção evidente de que a Europa serviu menos a Aristóteles como terreno de pesquisa do que a Ásia, espaço onde os gregos de há muito se haviam instalado e para onde as conquistas de Alexandre tinham voltado, em tempos recentes, todas as atenções. De há muito frequentada por gregos era a região que vai do Helesponto ao mar Negro ou Ponto Euxino; por isso, familiares lhes eram também inúmeros pormenores da sua fauna e condições naturais. São estas que, por exemplo, transformaram o Ponto num local de desova preferido por várias espécies marinhas (543b3, 567b16, 571a15, 21), ou frequentado por gêneros animais específicos (554b9, 566b10), ou que possuem tipos próprios de búzios (547a5), de esponjas (548b24), de lagostas ou lavagantes (549b15-16). Por seu lado, a Ásia Menor reparte-se em regiões com características diversas; se a Frígia proporciona campo de pesquisa sobre o gado (517a29, 577b, 580b) e atividades com ele relacionadas (522a28), a Fenícia informa sobretudo a respeito da fauna marinha (525b7-9) e de estratégias de pesca (541a20). A referência a locais mais remotos e portanto menos familiares ou observáveis induz Aristóteles a confessar o tom hipotético das informações que reproduz; é o caso de Cnidos, onde, "ao que consta", existem determinados peixes menos comuns (569a13); ou lhe exige um amontoar de pormenores, que possam contextualizar um ambiente desconhecido para os destinatários da informação: "Na montanha a que se chama dos Veados, que fica em Arginusas, na Ásia Menor, onde morreu Alcibíades, todas as corças têm as orelhas fendidas" (578b26-28). Cirene e o Egito fornecem também exemplos seguros da fauna terrestre ou marinha (556a22-24, 556b, 557a30-32). Alguma especificidade se liga à ideia de Egito, onde o processo de incubação de ovos pode ser espontâneo — podem eclodir por si próprios, se se enterrarem no chão (559b1-2) — e a abundância da postura dos pombos é extraordinária (562b1); particulares são também as espécies de rato, que no Egito "têm um pelo rijo, como os espinhos de um ouriço" (581a2). Ainda na África, a Etiópia aparece referida como terreno onde prevalece a longevidade. Para além dos homens, de que os testemunhos antigos valorizavam a idade centenária como uma meta acessível[9], também as espécies animais partilham da mesma tendência, opondo cabras e ovelhas etíopes um tempo de vida médio de doze ou treze anos e dez ou onze, respectivamente, ao tempo de vida comum na Grécia para os mesmos grupos, de oito e dez anos (573b27-29). A Bactriana e a Arábia têm no camelo um espécime próprio da sua fauna, sendo conhecida a diferença que distingue os tipos de cada uma das duas regiões: o número de bossas (498b7-8, 499a15, 546b2-3). Por fim, nos limites do mundo conhecido, a oriente, situam-se a Cítia e a Índia. Sobre as particularidades desses territórios, certamente conhecidas por testemunhos indiretos, as dúvidas impõem-se. Os citas, como exímios cavaleiros, tinham para com a raça cavalar práticas inéditas, mas decerto respeitáveis dada a sua competência na matéria[10]: "Os citas montam as éguas prenhes [...] e afirmam que por esse processo o parto se torna mais fácil" (576a21-23). Mais remotos ainda são certos animais ligados com a Índia e totalmente desconhecidos na Grécia[11]. A sua descrição exige pormenor e uma eventual relação comparativa com grupos conhecidos; estão nesse caso os antílopes e os búfalos do Paquistão – "estes últimos diferem dos bois domésticos, do mesmo modo que os javalis dos porcos. São negros, de estatura possante, têm o focinho descaído e os cornos mais curvos para trás. Os chifres do antílope assemelham-se aos da gazela" (499a4-9); remotos são igualmente o chamado "bur-

....

[9] Sobre a longevidade dos etíopes, *vide* Heródoto, 3.20.3, 3.22.4, 3.23.1-3.

[10] Cf. Heródoto, 4.1-75, *passim*.

[11] J. M. Bigwood, *op. cit.*, 537 ss., salienta também a falta de informação que Aristóteles manifesta a propósito da Índia e de novo acentua as teorias que surgiram em volta de uma possível relação entre a *História dos animais* e a campanha de Alexandre na Ásia. A incompatibilidade de data, antes de mais nada, como a informação registada por Aristóteles, não permite colocar o tratado na dependência de informações obtidas durante a campanha.

ro da Índia", como designação do rinoceronte (499b18-20), e o elefante, animais selvagens e perigosos, se enfurecidos, mas cujas estratégias de domesticação são bem conhecidas e praticadas com êxito pelos hindus (571b-572a). É, portanto, muito alargado o espectro de informação de que Aristóteles dispõe, como também o espaço geográfico que contempla na análise da natureza e comportamentos dos diversos grupos animais.

Observação e experimentação

Mas, para além das informações recolhidas de uma vasta gama de testemunhos e criticada como mais ou menos credível, cabe ao homem de ciência promover a sua própria investigação, a descoberta e a comprovação das conclusões teóricas que for obtendo; para tal dispõe dos tradicionais meios científicos, a observação e a experimentação. Será, sem dúvida, interessante registrar as referências feitas pelo autor da *História dos animais*, nesta matéria; porque não tenhamos dúvidas, para além de todos os testemunhos coligidos, Aristóteles fez também o seu trabalho de observação e de experimentação direto e pessoal.

À observação colocam-se condicionalismos e dificuldades múltiplas, que têm a ver, antes de mais nada, com a espécie – a humana coloca problemas óbvios, enquanto as animais podem ser mais promissoras e acessíveis –, mas também com o tamanho ou volume do corpo e das suas partes. Em relação ao homem, as partes exteriores são naturalmente suscetíveis de uma observação de caráter sensorial (491a24).

É o caso da mudança de cor dos pelos com a idade, que se pode facilmente constatar (518a7-8, 518b28-34) e que tem um caráter genérico, enquanto o processo de aparecimento, crescimento ou alteração dos pelos pode induzir diferentes conclusões: ou se trata de um sintoma patológico – "há determinadas doenças que propiciam o crescimento de pelos, o que, em particular, é o caso da tuberculose. O mesmo se passa com a velhice e com a morte" (518b21-23); "na doença de pele conhecida por mal branco, todos os pelos embranquecem" (518a13); ou mesmo de um fenômeno que estimula a superstição e pode ser lido como um presságio – sobre a existência de pelos no queixo das mulheres pode invocar-se o exemplo das "sacerdotisas da Cária, o que é considerado um presságio" (518a-b).

Mas, em contrapartida, as partes interiores do corpo humano são mal conhecidas, pela própria inacessibilidade. Há, porém, processos que visam superar essa barreira e de alguma forma penetrar nesse universo desconhecido. O método comparativo, em que prevalecem as inevitáveis semelhanças entre o ser humano e as restantes espécies animais, é uma via indireta, mas com alguma credibilidade ["devem ser estudadas relativamente às partes dos outros animais, cuja natureza é próxima da humana" (494b22-24)]. O estado de magreza extrema permite uma observação mais profunda, a partir do exterior, do corpo humano (511b21-23), ou mesmo a exclusão de uma hipótese por um argumento negativo ["se <os tendões> fossem de natureza contínua, nos indivíduos magros tal continuidade seria também perceptível" (515b5-6)]. Por fim a autópsia ou a simples observação de cadáveres revela alguns fatos insuspeitados; é concludente a averiguação da inexistência, em certos casos, de sutura no crânio do homem (491b5, 516a18-19), ou do bloqueio da bexiga à passagem de qualquer substância após a morte (519b18-20).

A observação dos animais está muito facilitada pelo fato de ser praticável a dissecção e, por ela, acessível um estudo direto (497b18). Esse processo pode aplicar-se sobre animais mortos, em circunstâncias que apontam para um exercício técnico, de que resulta a satisfação de curiosidades científicas; podem assim revelar-se circunstâncias normais, como a posição do coração, com a ponta dirigida para diante, atentas as mudanças que a situação de cadáver pode desencadear (496a11); ou casos anormais, como os de todos aqueles quadrúpedes, e são numerosos, que, depois de seccionados, revelam inversão da posição relativa do baço e do fígado (507a22-24) e de um galo que, depois de aberto, mostrou ter, à altura do diafragma, algo parecido com um ovo (559b16--20). Os sacrifícios constituem, naturalmente, ocasiões propícias para a observação das vísceras das vítimas, sendo sobretudo os casos aberrantes os que despertam a atenção e merecem registro. Perante eles, todavia, as reações são distintas; enquanto o comum dos mortais se assusta com os fatos, no temor do seu caráter pressago, o verdadeiro cientista é o que avalia a situação como uma circunstância natural: "Em Naxos, quase todos os quadrúpedes têm uma vesícula biliar tão grande que quem vem de fora e faz lá sacrifícios se choca; é que vê no fenômeno um presságio que diz respeito à sua pessoa, e não uma característica natural dos animais" (496b27-29).

É possível, no entanto, ir mais longe e proceder ao seccionamento dos animais ainda em vida. Por esse processo tornam-se evidentes algumas funções vitais: o camaleão, por exemplo, "depois de seccionado de ponta a ponta continua a respirar por muito tempo" (503b23-25), e "todos os insetos continuam a viver depois de seccionados" (531b-532a).

Apesar da técnica aplicada, uma boa observação está sujeita a condicionamentos naturais, que resultam prioritariamente do tamanho do animal em causa; como é óbvio, as espécies de maior porte permitem uma avaliação muito mais perfeita do que as que são menores (495b14-16, 506a7-8, 513a33-36, 515a19-23). Mas há outros fatores igualmente relevantes, como o tempo diminuto ou excessivo que o processo em observação leva a realizar-se; estão nesse caso a cópula dos peixes (541a31-34) e o acasalamento das moscas (542a6-8). Das diversas condicionantes advém a consciência de que nem sempre os resultados da observação são fidedignos e que o erro pode ser a conclusão possível de uma técnica errada; há assim "uma raça de lebres [...] que poderia dar a ideia de ter dois fígados devido à distância que separa os canais de conexão" (507a16-19), tal como o céu da boca em certos peixes pode parecer uma língua (533a30). Há circunstâncias em que o processo que condiciona uma observação precisa está perfeitamente identificado, embora se revele impossível a sua correção; está nesse caso a razão que justifica várias teorias erradas em relação ao aparelho circulatório: "alguns dos nossos predecessores não trataram bem essa matéria. A razão dessa ignorância está na dificuldade de observação. De fato, nos animais já mortos, a natureza dos vasos principais deixa de ser perceptível, dado que são eles que mais se contraem logo que o sangue os abandona [...] Por outro lado, nos animais vivos, não é possível observar o funcionamento dessas partes, porque são, por natureza, internas. De tal forma que quem observasse os animais mortos e dissecados não podia observar os princípios mais relevantes" (511b12-23). Em outras situações, algumas estratégias podem ser ensaiadas para que promovam uma melhor observação: "Dado que a observação, como atrás afirmamos, é difícil, só nos animais asfixiados depois de previamente se fazerem emagrecer é possível obter um conhecimento razoável dos fatos, para quem se interessa por esse tipo de questões" (513a13-15).

Uma observação atenta e profícua merece outra ordem de fenômenos, que não têm a ver com partes internas dos animais ou com processos demasiado breves ou longos para se deixarem observar; trata-se agora de comportamentos, de animais ou de substâncias, de acesso fácil; são exemplo a atitude do golfinho perante as suas crias em fase de amamentação, "processo já comprovado por quem o observou" (504b25-26), o comportamento sexual dos veados, de que a observação dos que vivem em cativeiro e foram domesticados pode ser tomada como prova (540a7-8), ou a existência de ovos de gema dupla (562a28-29).

Para além da observação, o cientista pode enveredar pela experimentação, intervindo na produção de causas de modo que testa as respectivas consequências. São vários os modos de intervenção que se patenteiam a partir da *História dos animais*. Antes de mais nada, o corte averigua a capacidade de regeneração de certos elementos fisiológicos; se cortada, por exemplo, a pele da glande, da maçã do rosto ou da pálpebra, não volta a crescer (493a27-29, 518a1), do mesmo modo que a cartilagem e os ossos (516b33-34). Furar os olhos das andorinhas ou cortar as caudas dos lagartos ou serpentes são processos a que igualmente se sucede a regeneração (508b4-8). Pode também, pelo corte, testar-se o nível de sensibilidade da pele, por exemplo (517b32). Intervenções paralelas são as de arrancar, esticar ou rasgar, que, além da regeneração, testam a própria natureza de certos elementos; se arrancados, as asas e os aguilhões das abelhas não voltam a crescer, podendo a perda do aguilhão significar até a morte do animal (519a27-29); como também uma membrana, se cortada ou arrancada, não se recupera (519b4-5).

Os diversos elementos que intervêm no processo circulatório foram, pelos cientistas da antiguidade grega, sujeitos a diversas experimentações: a compressão exterior de vasos, como é o caso das jugulares, como uma tentativa de bloqueio do processo circulatório, provoca desmaio (514a6-8); ao contrário de outras substâncias, como a que constitui o tendão, a do vaso sanguíneo suporta a cauterização (515b18-19). A picadela permite o acesso ao sangue e a verificação de vários aspectos da sua natureza, como a insensibilidade, a dispersão por todas as partes do corpo, o paladar adocicado e a cor (520b15-21). São também conhecidas diversas patologias hematológicas, bem como as alterações por que são responsáveis: "Se houver uma perda de sangue abundante por derramamento, dá-se um desmaio; e, se a perda for excessiva, produz-se a morte. Se o sangue se tornar demasiado fluido, cai-se doente" (521a11-13); como não é ignorada a diferença no fluxo sanguíneo em condição de sono ou de vigília (521a16-17). O contato direto com o sangue no exterior do organismo permitiu também a intervenção sobre as suas componentes, de modo que se detectam quais as fibras que condicionam a coagulação (515b32-33).

Outras operações são ainda possíveis como teste experimental: a fricção, por exemplo, que revela a dureza dos ossos do leão (516b10-12); o controle alimentar sobre certas reações orgânicas como o crescimento ou a espessura dos pelos (517b15-17); ou o comportamento de certas substâncias quando sujeitas ao calor, como é o caso das componentes do ovo (560a-b).

Para além das diversas técnicas e intervenções experimentais, uma palavra é devida à competência, que inibe, quando há falta de experiência e de capacidade de leitura, conclusões fidedignas e seguras (cf. 566a8, 574b16).

Da mesma competência fazem parte a atenção e a precisão no uso de uma nomenclatura correta. Inúmeros são também os indícios da preocupação de Aristóteles neste aspecto. Parece condição primeira para o estabelecimento de designações corretas o conhecimento claro do objeto a nomear. Por isso, para circunstâncias de certo modo paralelas pode haver já uma nomenclatura estabelecida ou simplesmente uma omissão, consoante a noção que delas se possui. A situação mais óbvia é a que diz respeito às partes do corpo, externas e internas; naturalmente que foram sobretudo as primeiras "que receberam nomes específicos e que se tornaram conhecidas pela familiaridade que temos com elas. Com as interiores passa-se exatamente o contrário. São desconhecidas, principalmente no homem" (494b19-24). O processo de observação e de investigação será com certeza acompanhado de um progresso na definição de uma nomenclatura apropriada. As diferentes espécies de caranguejo constituem um exemplo expressivo; depois de estabelecer para algumas designações precisas – aranha-do-mar, paguros, caranguejos de Heracleotis e caranguejos-de-rio –, o autor da *História dos animais* prossegue: "Há uns tantos que são menores e sem nome específico. Nas costas da Fenícia encontram-se outros que se chamam 'cavalos', porque correm a uma velocidade tal que é difícil apanhá-los" (525b3-9). Essa observação coloca novos critérios para a constituição de uma nomenclatura específica: nas espécies animais pode ser decisivo o tamanho; tal como a observação e o conhecimento dependem da dimensão, consequentemente o nome falta para o que é menor e menos acessível ao conhecimento. Por outro lado, a designação pode provir de uma metáfora, que associa qualquer característica particular de uma espécie com um vocabulário comum que dela possa ser sugestivo. É o caso, para os caranguejos, da designação de "cavalos" para os que são ágeis na corrida. Partes ou órgãos podem estar sujeitos ao mesmo processo; assim a "úvula", "em forma de cacho de uvas" (493a2-4), ou o esôfago, "que vai buscar a outra designação por que é conhecido – *stomakhos* – à sua forma longa e estreita" (495a19-20). O processo inverso pode também ser utilizado, aquele em que é a linguagem comum a aplicar um vocabulário numa acepção inspirada em qualquer verificação científica. A fogosidade sexual da égua permite "que se lhe use o nome – e é o único animal com que isso acontece – num sentido injurioso, para aludir às mulheres que são descomedidas no prazer sexual" (572a10-12). Outro exemplo advém da coincidência entre a postura do alcíone e o solstício de inverno: "é essa a razão por que, quando está bom tempo por altura do solstício, se chama dias 'alciônios' aos sete dias que antecedem e aos sete que se seguem ao solstício, como o afirma também Simônides" (542b4-7), a que se segue uma citação abonatória de versos do famoso poeta.

A etimologia representa também um critério profícuo no estabelecimento de uma nomenclatura. O efêmero "é um animal singular pela duração curta de vida, de onde lhe vem o nome" (490a-b); os insetos incluem, "como o nome indica", todos os animais que apresentam segmentos (523b13--14). E o vaso sanguíneo designado por "aorta" merece esse nome do fato de "se poder observar" [*horáo* (513a20)]. Há casos em que uma observação apressada ou carecida de rigor sugere uma designação corrente e expressiva, mas pouco correta. Entram nessa rubrica afirmações como "por simples metáfora ou modo de falar", a de que um animal tem cornos: "é o que se passa com os egípcios a propósito das serpentes da região de Tebas: é a protuberância que estas apresentam que explica essa forma de dizer" (500a4-5). No mesmo nível se situa a confusão estabelecida pelo saco dos cefalópodes, "que há quem designe por cabeça, o que é uma nomenclatura errada" (523b23-25).

O próprio texto científico, para maior expressividade e visualização das suas afirmações, recorre também à metáfora ou à comparação; é assim que a dispersão dos vasos sanguíneos pela totalidade do corpo pode merecer a descrição seguinte: "os vasos são como as linhas de um desenho: acompanham o contorno de um corpo inteiro" (515a35-515b); e a descrição da casca do cação e da raia pode exprimir-se com um sugestivo paralelo: "A forma dessa casca faz lembrar a lingueta das flautas" (565a24).

Por último, é também mérito do texto científico o registro de designações já consagradas na linguagem comum. Assim são dignas de referência as diversas designações adotadas, para o mesmo animal, em diferentes regiões (571a15-17), como as que têm circulação geral (572a27, 572b19, 25, 26).

Metodologia da exposição científica

Feita a reflexão sobre os processos pelos quais a pesquisa se promove e os resultados se atingem, consideremos agora o tratamento e a apresentação dos resultados. São estes que constituem a estrutura de um tratado zoológico como a *História dos animais*.

De novo a controvérsia se instala, entre os estudiosos modernos, sobre os critérios utilizados por Aristóteles na esquematização do seu texto. Reprovações múltiplas denunciaram, em primeiro lugar, a fragilidade estrutural da exposição, que peca por falta de um plano seguro e perceptível.

É, no entanto, evidente o uso de um formulário remissivo, que a espaços relembra o plano que se pretende seguir, sem abdicar de momentos de síntese da exposição já consumada, ou dos desenvolvimentos posteriores. Daí que, mesmo se se lhe reconhecer quebras ou desajustes, não se pode negar a existência de um plano estruturante, que comporta, no essencial, três grandes componentes: uma anatomia comparativa dos animais (I-IV), a variedade do processo reprodutivo (V--VII) e os hábitos e tipos de vida das diferentes espécies (VIII-IX)[12]. Todavia parece que a polêmica central reside na existência ou não de um propósito de classificação exaustiva das espécies. Para que não incorramos numa leitura viciada pelo que são os modernos critérios de tratamento desse tipo de material científico, ou por critérios eventualmente adotados pelo próprio Aristóteles noutros tratados, sondemos os que são os objetivos confessos do Estagirita nesse caso específico. Nesse sentido, o primeiro ponto de ordem vem expresso perto do início do tratado, apenas posposto a considerações muito genéricas sobre o que se pode globalmente designar por partes homogêneas e não homogêneas, um conceito que tem a ver com a constituição básica das diversas componentes do organismo animal, órgãos e tecidos. No que às partes diz respeito, um conjunto de graduações é mencionado como capaz de estabelecer uma gama variada, através de fatores secundários, dentro de um critério basicamente dicotômico; assim, homogeneidade ou não homogeneidade hierarquiza-se com apelo a graus de cor e forma, abundância e carência, grandeza e pequenez, ou excesso e defeito (486b5-9).

De seguida, Aristóteles instala um conceito essencial de "diferença entre os animais", o que à partida pressupõe um relacionamento estabelecido na base da aproximação ou da oposição entre grupos claramente caracterizados. Logo são acionados, para a obtenção dos resultados pretendidos, vá-

---

[12] A propósito das dúvidas suscitadas pela autenticidade do livro X, cf. Peck, *op. cit.*, LVI-LVIII.

rios termos de distinção a considerar (487a10-13): "As diferenças entre os animais dizem respeito ao seu modo de vida, atividade, caráter e partes que os constituem." Segue-se, a essa grande matéria que se valoriza como definidora do que poderíamos chamar "a natureza indissociável do mundo animal", uma declaração metodológica, onde a noção de grupo ou de espécie se instala: "Estes são aspectos que primeiro abordaremos na generalidade, para depois nos determos e tratarmos cada gênero em particular." Estão assim traçados os princípios axiais no pensamento científico de Aristóteles: a pretensão de um aprofundamento do saber, orientado por uma multiplicidade de "questões de princípio" que permitem um espectro ampliado de interrogações.

Apesar de proclamar a noção de que a vida animal se relaciona de modo estrito com o meio ambiente, Aristóteles valoriza sobretudo, na *História dos animais*, as partes, ou seja, órgãos e tecidos. "Essa decisão de basear a definição e a classificação na morfologia" – considera Kullmann[13] – "teve enorme impacto no desenvolvimento posterior da zoologia." Sob uma nova rubrica ainda uma vez dicotômica – sanguíneos e não sanguíneos –, é feita uma primeira classificação dos grandes gêneros em que se repartem os animais: quadrúpedes vivíparos e ovíparos, aves, peixes e cetáceos, sob a legenda "sanguíneos", testáceos, crustáceos, cefalópodes e insetos, para a categoria oposta dos "não sanguíneos" (490b7--14). Curiosamente, nesse primeiro ensaio de classificação, um conjunto de tipos são de imediato excluídos, o que deixa o mundo animal como apenas parcialmente classificável, na perspectiva de Aristóteles. Em que base se estabelece essa outra repartição entre grupos classificáveis e não classificáveis? A explicação nos é fornecida nos termos seguintes: "Entre os outros animais não há propriamente grandes gêneros. De fato, uma certa espécie não inclui várias espécies; porém, tanto ela é simples e não se subdivide, caso do ho-

---
[13] *Op. cit.*, 140.

mem, ou, se se subdivide em espécies, estas não têm nomes distintos" (490b16-19). É chegado o momento de se anunciar uma etapa mais profunda acrescida a uma tentativa de classificação, de que, para além da constatação de elementos ou fenômenos, se pretende desvendar as causas: "As considerações feitas até agora são apenas um esboço, como uma espécie de aperitivo das questões a examinar e dos problemas que colocam. Depois vamos passar ao pormenor, para identificar primeiro as particularidades individuais e os traços comuns. Em seguida tentaremos encontrar-lhes as causas. Esta é, de fato, a metodologia que se impõe naturalmente depois de feita a investigação sobre cada caso concreto" (491a7-14)[14]. Com essas considerações Aristóteles define as etapas lógicas da metodologia a seguir. Fazer primeiro a inventariação dos casos a estudar, do individual para o coletivo, passar depois à investigação das causas de cada circunstância, para, por fim, da fase experimental se passar à teorização. Não se trata, portanto, do que alguns entendem como a promessa de um ensaio sobre taxonomia, porque não é uma classificação sistemática o objetivo final, mas sobretudo uma descrição diferenciada. Se classificação existe, ela é apenas parcelar e um fator de comodidade na abordagem de um objeto de estudo que se apresenta vasto e múltiplo. Mas o que é verdadeiramente meritório é a definição de um conjunto de fases que permitem encarar a biologia como uma verdadeira ciência, assente na análise de casos e pormeno-

---

[14] Sobre a noção de "causa" no pensamento científico de Aristóteles, vide Kullmann, *op. cit.*, 142-146. P. Louis, nas páginas introdutórias à sua tradução da *História dos animais*, I (Paris, 1964, XII-XIII), considera, a partir das linhas iniciais das *Partes dos animais*, que o objetivo cumprido na *História dos animais* é sobretudo um enunciado geral ou inventário das partes constitutivas das diferentes espécies, com carácter preliminar, cabendo a outros tratados, como *Partes* ou *Geração dos animais*, desenvolver as causas. Estabelece, por esse critério, uma relação entre os diversos tratados, na base de certa complementaridade ou aprofundamento de *Partes* ou *Geração dos animais* relativamente a *História dos animais*. O mesmo ponto de vista é partilhado por Peck, *op. cit.*, XI.

res, como pressuposto seguro para afirmações de aplicação universal.

Embora de uma forma que deixa talvez insatisfeita uma exigência de critérios científicos mais nítidos, a verdade é que estão criadas condições para um cruzamento de dados: de um lado, as partes, no seu todo, do outro, os gêneros animais, de modo que se promova um primeiro sistema comparativo, capaz de estabelecer e identificar as anunciadas diferenças. No momento em que se passa à inventariação, Aristóteles coloca no centro do seu projeto um primeiro caso individual, e esse é o ser humano, sobre o qual um melhor conhecimento está garantido pela própria familiaridade que dele aproxima o cientista (491a23). E, se preferimos o animal que melhor conhecemos, dele se exploram também, em primeiro lugar, "as partes mais importantes, que compõem o corpo na sua totalidade" (491a27-28). A visibilidade e evidência que esse primeiro conjunto de partes implica, no que diz respeito à sua disposição, pode sugerir em alguns a ideia de inutilidade no seu tratamento. Aristóteles contrapõe, no entanto, que o objetivo global que lhe orienta a pesquisa impõe a sua consideração; não se trata apenas de ser exaustivo, mas de abrir desde já outro pressuposto eventualmente mais útil e menos evidente: "Não devemos esquecer que algumas não são idênticas nos outros animais e no homem" (494a25-26).

Se passar das partes exteriores para as interiores implica um progresso de dificuldade e de aprofundamento, a inevitável comparação entre grupos pode oferecer aqui novas vantagens: se o homem se usa com comodidade para a definição das partes exteriores, por se poder considerar como o ser animal que ao teorizador é mais familiar – quanto aos fissípedes, "os membros do lado esquerdo têm-nos menos independentes do que o homem" (497b22); "o homem é o único dos animais ambidestro" (497b31); "ao peito do homem corresponde, em todos os outros animais, uma parte análoga, mas não propriamente idêntica. Como também nenhum outro animal a não ser o homem tem mamas na parte anterior" (497b32-35)[15] —, com as partes interiores passa-se exatamente o contrário: é com o contributo das outras espécies que se poderá esclarecer aquilo que, no ser humano, é particularmente inacessível e desconhecido (494b19-24). A metodologia comparativa constitui, no seu conjunto, o principal critério de distinção e de agrupamento, ou seja, de um princípio de classificação. A presença desse processo é consequente e afirmada em constantes fórmulas de articulação, que definem e encadeiam as etapas sucessivas no desenvolvimento da exposição: *e. g.*, depois do aparelho circulatório do homem seguem-se as particularidades em certos animais (515a16 ss.); "sobre os animais sanguíneos, relatamos acima as partes que apresentam em comum, as que são particulares de cada gênero, as que não são homogêneas e as homogêneas, as internas e externas. Temos de considerar agora os não sanguíneos" (523a-b)[16]. Mesmo que o resultado desse método não conduza a uma classificação completa, mostra que são já distintos e complexos os elementos que permitem o agrupamento de diferentes espécies, ou mesmo a sua hierarquização[17].

Uma última palavra é devida, no contexto da exposição teórica, à remissão para imagens, que é expressivamente frequente. Ou em ilustrações integradas em *História dos Animais*, ou nos seus *Quadros anatômicos*[18], Aristóteles convida o seu leitor ou discípulo a confirmar, com o recurso a esquemas, as descrições verbais que lhe propõe. A represen-

[15] Outros trechos insistem nesse mesmo tipo de comparação em que o ser humano é tomado como referência: cf., *e. g.*, 498a13, 498b11-13.

[16] Exemplos de fórmulas equivalentes encontram-se em 538b-539a, 571b3-8.

[17] As espécies superiores são dotadas para atividades mais diversificadas e mais complexas (588a18-588b3).

[18] Os *Quadros anatômicos (Anatomai)* constituíam uma obra à parte, talvez articulada com a *História dos animais*, em relação à qual figuraria como um conjunto de esquemas ilustrativos. Decerto se trataria de um traçado simples, por vezes com legenda para identificação precisa de órgãos ou partes, mas possivelmente sem novas descrições anatômicas.

tação gráfica, para os olhos do estudioso moderno totalmente perdida, pode remeter para o ser humano [órgãos sexuais (497a32)], como também para as outras espécies animais [órgãos sexuais e aparelho urinário dos vivíparos (510a30--35); aparelho reprodutor dos peixes (511a11-13, 565a13, 566a14-15); órgãos do polvo (522a8) e do choco (550a25-26), dos testáceos (529b19) e dos crustáceos (530a31)].

Maria de Fátima Sousa e Silva

BIBLIOGRAFIA

Edições e traduções

DONADO, J. V.
– 1990: *Aristóteles. Historia de los animales* (Madrid).
GUAL, C. G., e BONET, J. P.
– 1992: *Aristóteles. Investigación sobre los animales* (Madrid).
LOUIS, P.
– 1964: *Aristote. Histoire des animaux*, I-II (Paris).
PECK, A. L.
– 1979-1984: *Aristotle. Historia animalium*, I-II (Cambridge). Foi esta a edição que serviu de base à tradução.

Estudos

BALME, D. M.
– 1987: "The place of biology in Aristotle's philosophy", in *Philosophical issues in Aristotle's biology*, ed. by A. Gotthelf and J. Lennox (Cambridge), 9-20.
BIGWOOD, J. M.
– 1993: "Aristotle and the elephant again", *American Journal of Philology*, 114.4, 537-555.
BORCA, F.
– 2001: "Animali e ambienti naturali: spunti deterministici in Aristotele, *Historia animalium*, 8. 28-29", *Aufidus*, 43, 7-21.
BYL, S.
– 1980: *Recherches sur les grands traités biologiques d'Aristote: sources écrites et préjugés* (Bruxelles).
DAVIES, J. C.
– 1985: "The assumptions of Aristotelian science", *Euphrosyne*, 13, 171--178.
DUMINIL, M. P.
– 1984: "Les théories biologiques sur la génération en Grèce antique", *Pallas*, 31, 97-112.
EGERTON, F. N.
– 1975: "Aristotle's population biology", *Arethusa*, 8.2, 307-330.
GRANGER, H.
– 1987: "Deformed kinds and the fixity of species", *Classical Quarterly*, 37.1, 110-116.

HALDANE, J. B. S.
— 1955: "Aristotle's account of the bees' dances", *Journal of Hellenic Studies*, 75, 24-25.

KULLMANN, W.
— 1991: "Aristotle as a natural scientist", *Acta Classica*, 34, 137-150.

LEE, H. D. P.
— 1948: "Place-names and the date of Aristotle's biological works", *Classical Quarterly*, 42, 61-67.

LOUIS, P.
— 1967: "Les animaux fabuleux chez Aristote", *Revue des Études Grecques*, 80, 242-246.

MOREAU, J.
— 1959: "L'éloge de la biologie chez Aristote", *Revue des Études Anciennes*, 61.1-2, 57-64.

SOLMSEN, F.
— 1978: "The fishes of Lesbos and their alleged significance for the development of Aristotle", *Hermes*, 106.3, 467-484.

HISTÓRIA DOS ANIMAIS

Livro I

Partes homogêneas e partes não homogêneas

1. Dentre as diversas partes dos animais, umas são simples, as que se dividem em partes homogêneas (a carne em carne, por exemplo), outras são compostas, as que se dividem em partes não homogêneas (é o caso da mão que não se reparte em mãos, nem o rosto em rostos)[1]. Dentre estas últimas, algumas não apenas se podem designar por partes, mas mesmo por membros; trata-se daquelas que, no seu todo, comportam em si outras partes diferentes, como a cabeça, a perna, a mão, o conjunto do braço e o tronco. Todas essas são partes que formam um todo, mas que por outro lado englobam diversas outras. Todas as partes não homogêneas se compõem de outras homogêneas; veja-se a mão, que é formada de carne, tendões e ossos.

Diferenças entre as partes

Há animais que, entre si, têm todas as partes semelhantes, mas outros há que as têm diferentes. Há-as especificamente

---

[1] A repartição entre partes homogêneas e não homogêneas corresponde, *grosso modo*, à que se pode fazer entre tecidos e órgãos. Cf. Aristóteles, *Partes dos animais*, 2.1-2.

semelhantes; assim o nariz ou o olho de um ser humano é idêntico ao nariz ou ao olho de outro; como também a carne à carne, ou o osso ao osso. O mesmo se passa com o cavalo e com os outros animais, que consideramos pertencentes à mesma espécie. A semelhança reside então não apenas no corpo no seu conjunto, como em cada uma das suas partes. Há também partes que, sendo as mesmas, se distinguem, por excesso ou por defeito, entre os seres que pertencem ao mesmo gênero[2]. Por gênero entendo as aves ou os peixes, por exemplo. Nesse caso cada um dos grupos diverge do outro por uma diferença de gênero; mas naturalmente cada um deles – peixes e aves – comporta espécies variadas.

Na sua maioria, as partes existentes dentro de cada gênero opõem-se entre si por fatores secundários, como a cor ou a forma, que as caracterizam pelo seu grau maior ou menor; daí resultam proporções de abundância ou carência, de grandeza ou pequenez, de excesso ou de defeito. Há, por exemplo, animais de carne tenra e outros de carne dura; há os que têm um bico longo e outros curto; como também os que são dotados de muitas ou de poucas penas. Há ainda, até entre os animais da mesma espécie, uns com partes que outros não possuem; assim uns têm esporões e outros não; há os que têm crina e os que não têm. Mas, em termos gerais, na sua maioria as partes que integram a totalidade do corpo ou são as mesmas ou contrastam por excesso ou por defeito. É que dispor de uma qualidade em maior ou menor grau pode qualificar-se de excesso ou de defeito. Há também animais cujas partes não são propriamente idênticas, ném diferem apenas por excesso ou por defeito, antes apresentam analogias[3]. Pode por exemplo comparar-se o osso à espinha, a

---

[2] A terminologia aristotélica não prima pelo rigor. É disso exemplo a correspondência que o Estagirita estabelece entre *genos* e *eidos*; se em certos passos é feita a distinção, traduzindo *genos* conceitos que designamos por "classe, ordem ou gênero" e *eidos* o de "espécie", noutros os dois termos parecem equivaler-se. Esta matéria foi analisada por M. Balme (1962), "*Genos* and *eidos* in Aristotle's biology", *Classical Quarterly,* 12, 81-88.

[3] Sobre a definição de "analogia", *vide* Aristóteles, *Partes dos animais,* 645b. Segundo Aristóteles, o conceito de analogia diz respeito à existência

unha ao casco, a mão à garra, a escama à pena; porque a pena representa para a ave o que a escama representa para o peixe. É com base nesses pressupostos, de acordo com as partes que cada um deles possui, que os animais são diferentes ou semelhantes. Mas há também que considerar a posição que elas ocupam; é que muitos animais têm as mesmas partes, mas dispostas de maneira diversa. Veja-se o caso das mamas, que uns têm no peito e outros junto às coxas[4].

Dentre as partes homogêneas, umas são moles e úmidas, outras, secas e duras. As úmidas ou o são permanentemente, ou enquanto se conservam no seu estado natural; estão nesse caso o sangue, o soro[5], a gordura, o sebo, a medula, o esperma, a bílis, o leite nos animais que o têm, a carne ou outras equivalentes. No mesmo número, ainda que de outro tipo, contam-se também as substâncias residuais, como o muco[6], ou as excreções do ventre e da bexiga. Por seu lado, as partes secas e duras são, por exemplo, os tendões, a pele, as veias, os pelos, os ossos, as cartilagens, as unhas e os cornos (este mesmo nome aplica-se à parte[7], uma vez que, devido à forma, também o conjunto é designado por corno)[8] e outras semelhantes.

487a

Diferentes classes de animais

As diferenças entre os animais dizem respeito ao seu modo de vida, atividade, caráter e partes que os constituem; estes são aspectos que primeiro abordaremos na generali-

....

de diferentes partes ou órgãos em espécies diversas, que desempenham, no entanto, funções semelhantes.

[4] Cf. *Partes dos animais*, 688a12 ss.

[5] Cf. *Partes dos animais*, 651a17, Platão, *Timeu*, 83a. Nesses trechos, o soro é uma substância associada ao sangue.

[6] Cf. *Partes dos animais*, 677b8, Platão, *Timeu*, 82e.

[7] "Parte" refere-se aqui à substância queratinosa ou córnea.

[8] Este parêntesis, redundante e de sentido não muito claro, é retirado por alguns editores.

dade, para depois nos determos e tratarmos cada gênero em particular. As diferenças relativas ao modo de vida, ao caráter e à atividade são as seguintes. Os animais repartem-se em aquáticos e terrestres. Há aquáticos de dois tipos: os que vivem e se alimentam dentro de água, que a ingerem e depois a expelem, e que não sobrevivem fora dela, como acontece com a maioria dos peixes. Outros se alimentam e vivem na água, mas inspiram ar e não água, como também se reproduzem fora dela. Muitos desses animais têm patas, como a lontra, o castor[9] e o crocodilo; outros têm asas, como o gavião e o mergulhão; outros são ápodes, como a cobra-de-água. Alguns há que encontram alimento dentro da água e não podem viver fora dela; no entanto, não respiram ar nem água, como a anêmona e as ostras. Dos seres aquáticos, uns vivem no mar, outros nos rios, ou nos lagos e pântanos, como a rã e o tritão[10].

Diferentes modos de vida

Entre os animais terrestres, uns ingerem e expelem ar, o que se chama inspirar e expirar. É o caso do homem e de todos os animais terrestres que têm pulmões. Outros não inspiram ar mas vivem e alimentam-se na terra, caso da vespa, da abelha e dos outros insetos. Chamo insetos aos animais cujo corpo apresenta segmentos[11], quer na face ventral, quer nesta e na dorsal. Muitos dos animais terrestres, como se disse atrás[12], vão buscar alimento à água; pelo contrário, entre os aquáticos que ingerem água do mar, nenhum o vem buscar à terra. Há certos animais que vivem primeiro na água, depois sofrem mutações morfológicas e passam a

---

[9] Cf. 594b32.

[10] Este último animal é designado por alguns, comentadores e tradutores, por "lagartixa de água".

[11] Cf. *Partes dos animais*, 682b21.

[12] Cf. *supra*, 487a19-22, ou seja, a lontra, o castor e o crocodilo.

viver fora dela; estão nesse caso as larvas de dípteros: primeiro vivem nos rios, depois mudam de forma e delas se produz o mosquito, que, por sua vez, vive fora da água. Há, por outro lado, seres que estão fixos e outros que se movimentam. Os primeiros vivem na água e não existem entre os terrestres. Na água há uma quantidade de animais sésseis[13], como é o caso de muitas conchas. Dá ideia de que a esponja[14] tem também algumas sensações; a prova está – é pelo menos o que se diz – em que é mais difícil arrancá-la se não se for discreto na aproximação. Há também os que ora estão fixos, ora se soltam, como acontece com o gênero das chamadas actínias. Entre elas algumas se soltam de noite e vão à procura de alimento. Do mesmo modo existem muitos que, mesmo sem estarem fixos, não têm capacidade de se mover, por exemplo as ostras e as chamadas holotúrias[15]. Outros nadam – peixes, cefalópodes e crustáceos, como, por exemplo, as lagostas. Outros andam, como é o caso dos caranguejos, que são por natureza aquáticos mas têm a capacidade de andar.

Entre os terrestres há os que têm asas – como as aves e as abelhas, ainda que cada um deles à sua maneira – e outros, patas; destes últimos, uns andam, outros rastejam, outros ainda movem-se por ondulações. Não há um único animal que seja só voador, como os peixes, que só sabem nadar. De fato, mesmo os animais de asas membranosas[16] sabem andar; por exemplo, o morcego tem patas e a foca tem-nas também atrofiadas[17]. Dentre as aves há as que têm patas pouco desenvolvidas, razão por que lhes chamamos ápodes. Aves des-

[13] Dessa aderência retiram o sustento.

[14] A menção da esponja justifica-se por ela pertencer ao número dos animais fixos de que se vinha falando.

[15] Cf. *Partes dos animais*, 681a17. São portanto animais semelhantes às esponjas.

[16] Cf. *infra*, 490a6 ss.

[17] Sobre as patas do morcego, cf. *Partes dos animais*, 697b7-8; sobre as da foca, cf. *Partes dos animais*, 697b4-6.

se tipo, de pequeno porte, são excelentes voadoras. Em geral, todas as aves que se lhes assemelham são boas voadoras mas de patas pouco desenvolvidas, como a andorinha e o andorinhão. Todas têm também os mesmos hábitos, plumagem semelhante e um aspecto muito parecido. A andorinha aparece em todas as estações, mas o andorinhão só no verão e quando chove. É nessa altura que ele se vê e se apanha. De resto, esse animal é particularmente raro. Na maior parte dos casos os animais andam e nadam.

Vida em grupo ou solitária

Atentemos agora às diferenças de modo de vida e de atividade. Há animais que vivem em grupo e outros solitários, sejam eles do tipo que anda, voa ou nada; outros ainda adotam qualquer um desses dois modos de vida. Tanto entre os que vivem em grupo como entre os solitários, uns têm instinto gregário, outros individualista. Das aves que vivem em grupo podemos referir a família dos pombos, o grou e o cisne (as rapinas nunca são gregárias); entre os que nadam, muitas espécies de peixes, por exemplo os chamados migradores, os atuns, as sereias[18] e os bonitos. O homem pertence aos dois tipos. O instinto social é próprio dos seres que se mobilizam todos para uma atividade comum, o que nem sempre acontece com os gregários. Estão nesse caso o homem, a abelha, a vespa, a formiga e o grou. Dentre eles há os que obedecem a um chefe, como os grous e as abelhas; há também os que, como as formigas e milhares de outros seres, não têm chefe. Quer os animais gregários como os que levam uma vida solitária ou são sedentários ou se deslocam.

---

[18] Estes são atuns de um ano; cf. *infra*, 571a19. O bonito é também uma variedade de atum.

Modos de vida

Uns são carnívoros, outros granívoros, outros ainda onívoros; há também os que têm uma alimentação própria, como o gênero das abelhas e o das aranhas. As primeiras alimentam-se de mel e de algumas outras substâncias doces; as aranhas vivem da caça às moscas. Animais há que se alimentam de peixes. Existem alguns que vivem da caça, outros que armazenam alimento, outros ainda que não fazem nada disso. Uns tratam de arranjar uma habitação, outros não. Entre os primeiros conta-se a toupeira, o rato, a formiga e a abelha; dos segundos faz parte um sem-número de insetos e de quadrúpedes. Quanto ao seu *habitat*, uns vivem debaixo da terra, como o lagarto e a cobra; outros, à superfície do solo, como o cavalo e o cão. Há os que escavam luras, outros não. Uns são noturnos, como a coruja e o morcego, outros vivem à luz do dia.

Há também animais mansos e bravios; uns se mantêm sempre mansos, como o homem e a mula; outros, caso do leopardo e do lobo, são sempre bravios. Outros podem ser rapidamente domesticáveis, como o elefante. Mas a questão pode pôr-se numa outra perspectiva: todos os tipos de animal manso podem encontrar-se também em estado bravio, como os cavalos, os bois, os porcos, os homens, os carneiros, as cabras e os cães[19].

Há animais que emitem sons, outros são mudos e outros têm voz. Destes últimos, uns usam uma linguagem articulada, outros desconexa; uns são tagarelas, outros, taciturnos; uns, cantadores, outros, avessos ao canto. Mas a todos é comum cantar ou palrar, sobretudo na época do acasalamento. Uns vivem no campo, como o pombo-torcaz, outros, na montanha, a poupa, por exemplo, outros, em contato com o homem, caso do pombo.

---
[19] Cf. *Partes dos animais*, 643b4-6.

Há os que são ardentes na cópula, como o gênero das perdizes[20] e das galinhas[21]; outros frios, caso dos corvídeos, que só raramente acasalam[22].

Dos animais marinhos, uns vivem no alto-mar, outros, no litoral, outros ainda, nas rochas.

Há animais agressivos e outros que se mantêm na defensiva. Os primeiros atacam ou repelem o agressor; os últimos têm mecanismos naturais de defesa.

Diversidade de caráter

Quanto ao caráter, apresentam as seguintes diferenças. Uns são meigos, tranquilos e dóceis, como os bois; outros são fogosos, agressivos e estúpidos, como o javali; outros inteligentes e tímidos, como o veado e a lebre; outros são vis e pérfidos, como as cobras; outros são nobres, valentes e superiores, caso do leão; há os fortes, selvagens e traiçoeiros, como o lobo. (A nobreza advém de uma raça superior; a força resulta de não se ter sofrido degeneração.) Há animais que são manhosos e de mau instinto, como a raposa; há os vivos, dedicados e meigos, como o cão; outros são dóceis e fáceis de domesticar, caso do elefante; outros são esquivos e cautelosos, como o ganso; outros são invejosos e presumidos, o pavão, por exemplo. Dotado de inteligência há um só animal, o homem. Muitos partilham o dom da memória e podem ser treinados; mas nenhum tem a faculdade de rememorar que o homem possui[23]. Sobre o caráter e a maneira de viver de cada espécie falaremos mais adiante e em mais pormenor[24].

---

[20] Cf. Eliano, *História dos animais*, 3.5.16, 4.1.16, 7.19.
[21] Cf. Eliano, *História dos animais*, 4.16.
[22] Cf. *Geração dos animais*, 756b19.
[23] Aristóteles faz a distinção entre a memória arquivo *(mnéme)*, que privilegia os objetos sensíveis e concretos, e a memória ativa, que é consciente e permite a recuperação voluntária da ideia arquivada *(anamimnéskesthai)*.
[24] Esta matéria é tratada nos livros VIII e IX.

Órgãos de nutrição

2. Todos os animais têm em comum as partes por onde ingerem os alimentos e onde estes vão ter. Essas partes assemelham-se ou distinguem-se do modo atrás referido[25]. São critérios de diferença a espécie, o excesso, a analogia e a posição. Para além destas, há outras partes em comum na maioria dos animais, aquelas por onde se evacuam os resíduos do processo alimentar; trata-se de fato de uma maioria, já que nem todos os seres as possuem. O órgão por onde o alimento é ingerido chama-se boca, aquele onde os alimentos são recebidos, ventre. As outras partes têm múltiplas designações. Como há resíduos de dois tipos[26], os seres que têm órgãos próprios para receber as excreções líquidas possuem-nos também para os alimentos sólidos. Mas os que possuem esses últimos não é obrigatório que tenham os anteriores[27]. Assim, os que têm bexiga, têm também intestino, enquanto dos que têm intestino nem todos têm bexiga. Chama-se bexiga ao órgão que recebe os resíduos líquidos e intestino ao que recolhe os sólidos.

489a

Outros órgãos

3. Dos outros animais, a maior parte possui, além desses órgãos, aquele que ejacula o esperma. Nos que têm a faculdade de se reproduzir, essa emissão é feita ou neles próprios ou num parceiro. Chama-se fêmea ao animal que emite em si próprio e macho ao que ejacula o esperma noutro[28]. Em algumas espécies não existe macho e fêmea. Por seu lado, os órgãos que desempenham essa função variam de forma. Há animais que têm útero, outros, algo que lhe equivalha. Estas

---

[25] Cf. *supra*, 486b14-21.
[26] Úmidos e secos.
[27] Cf. *Geração dos animais*, 719b29 ss., 737b34.
[28] Cf. *Geração dos animais*, 716a17 ss.

a que me venho referindo são as partes prioritárias nos animais: umas existem em todos; outras, numa grande maioria.

Há por outro lado um sentido que é o único comum a todos os animais: o tato[29]. Mas qual a parte em que a natureza o implantou não tem designação própria. Para uns esse órgão é o mesmo, para outros, um análogo.

4. Todos os animais possuem um líquido cuja falta, ocorrida natural ou acidentalmente, os põe em risco. O receptáculo onde se encontra esse líquido constitui outra parte. Para uns, trata-se do sangue e dos vasos sanguíneos; para outros, de algo equivalente. Mas nesse caso os elementos em causa, a fibrina e o soro[30], por exemplo, são imperfeitos.

Voltando ao tato: ele está localizado numa parte homogênea, como a carne ou algo semelhante[31], e de um modo geral nas partes sanguíneas dos animais que têm sangue, ou, nos que o não têm, numa parte análoga; mas em ambos os casos ele existe nas partes homogêneas. Quanto às faculdades ativas, elas residem nas partes não homogêneas; assim, a elaboração do bolo alimentar processa-se na boca, enquanto a mobilidade se opera com os membros, as asas ou um órgão semelhante.

Além disso, os animais repartem-se em sanguíneos, como o homem, o cavalo e todos os que, depois de consumado o seu crescimento, ou não têm patas, ou têm duas ou quatro patas, e em não sanguíneos, caso da abelha e da vespa, ou, entre os marinhos, do choco e da lagosta, como também de todos os animais que têm mais de quatro patas.

....
[29] Sobre o tato, cf. *Partes dos animais*, 647a15 ss.

[30] Cf. *Partes dos animais*, 650b14 ss. O que Aristóteles aí designa por fibrina é a componente mais sólida do sangue e por soro o seu elemento mais líquido (cf. *Ilíada*, 5.340). Mas no nosso passo fibrina equivalerá a um fluido e *icor* ao vaso que o comporta.

[31] Outra é a opinião de Aristóteles em *Partes dos animais*, 647a19-20; nesse trecho, a carne é um intermediário entre os objetos e o órgão do tato, situado a maior profundidade.

Modos de reprodução

5. Os animais podem ser vivíparos, ovíparos ou larvíparos. Vivíparos são, por exemplo, o homem, o cavalo, a foca e todos os outros que têm pelo; entre os animais aquáticos são-no também os cetáceos, caso do golfinho, e os chamados selácios[32]. Entre os animais aquáticos, uns têm uma fenda em vez de guelras, como o golfinho e a baleia (o golfinho tem essa fenda ao longo do dorso, e a baleia no alto da cabeça[33]), outros têm as guelras a descoberto, caso dos selácios, quer se trate dos esqualos ou das raias[34].

489b

Chama-se ovo, dentre os produtos da concepção plenamente desenvolvidos, àquele em que se forma o animal em gestação, de que uma parte fornece o germe e a outra o alimento para o ser em formação[35]. A larva é um todo indiferenciado que dá origem a um animal completo, por um processo de diferenciação e de crescimento do embrião. No que diz respeito aos vivíparos, há os que trazem dentro de si próprios os ovos, como os selácios, outros geram no seu próprio corpo as crias, como o homem e o cavalo. O que dão à luz, terminado o período de gestação, é uma cria, um ovo ou uma larva. Os ovos ou têm uma casca dura e lá dentro são de duas cores, caso dos das aves, ou são de casca mole e por dentro de uma só cor, como os dos selácios. Quanto às larvas, umas são desde logo capazes de se mover, outras são imóveis. Desse assunto voltaremos a falar mais tarde e em mais pormenor no tratado *Sobre a geração*[36].

---

[32] Selácio é a designação que Aristóteles dá aos peixes com esqueleto cartilaginoso, em geral vivíparos, como as raias e os esqualos. Cf. Plínio, *História natural*, 9.40, que atribui a Aristóteles essa designação.

[33] Cf. *Partes dos animais*, 697a16 ss., *Sobre a respiração*, 476b29.

[34] Cf. *Partes dos animais*, 696b10.

[35] Cf. *Geração dos animais*, 732a29-30.

[36] Ou esta remissão aponta para a *Geração dos animais*, livros II e III, ou para os livros V e VI da *História dos animais*.

Modos de locomoção

Dentre os animais há os que têm e os que não têm pés. Dos primeiros, há os que têm dois pés, como o homem e as aves – os únicos nesse caso –, e os que têm quatro, caso do lagarto ou do cão; há os que os têm ainda em maior número, como a escolopendra e a abelha. Em todos os casos, porém, os pés são em número par.

Alguns animais que nadam não têm patas; desses há os que têm barbatanas, como os peixes, ora em número de quatro, duas em cima sobre a face dorsal e duas em baixo, no nível do ventre, como a dourada e o peixe-lobo, ora apenas duas, caso dos peixes longos e lisos, como a enguia e o congro. Há mesmo os que são totalmente desprovidos de barbatanas, como a moreia e todos os outros peixes que se movem no mar como as serpentes em terra (de resto, as próprias serpentes se movimentam na água de forma idêntica). Dentre os selácios, alguns não têm barbatanas, aqueles que são chatos e têm cauda longa, como a raia e a uge, por exemplo. A própria largura é quanto lhes basta para nadar[37]. Pelo contrário, o tamboril tem barbatanas, bem como todos os outros seres marinhos cujo corpo largo não é afilado. Todos os que parecem ter pés, caso dos cefalópodes, nadam com eles e com as barbatanas, com maior rapidez no sentido do tronco, como o choco, a lula e o polvo. Mas nenhum deles se desloca como faz o polvo.

Os crustáceos, como a lagosta, por exemplo, nadam com a cauda, e com maior velocidade quando o fazem no sentido da cauda, porque é aí que têm as barbatanas. O tritão nada com as patas e com a cauda. Tem uma cauda que se parece com a do siluro, tanto quanto é possível comparar o pequeno ao grande[38]. Entre os alados, uns têm asas cobertas de penas, caso da águia e do falcão, outros, asas membranosas,

---

[37] Cf. *Partes dos animais*, 695b26 ss.
[38] Enquanto o tritão pode medir cerca de 10-15 cm, o siluro chega a atingir 5 m.

como a abelha e o besouro, outros têm asas dermatosas, caso do orelhudo e do morcego. Os alados com penas são todos animais sanguíneos, e os que têm asas dermatosas também. Pelo contrário, os alados membranosos são todos não sanguíneos, como os insetos, por exemplo. Os voadores que têm asas com penas ou dermatosas têm duas patas ou nenhuma. Diz-se que há um tipo de serpentes desse gênero na Etiópia[39]. O gênero dos animais com penas é designado por aves; os outros dois tipos alados não têm designação específica.

Dentre os alados que não têm sangue, uns são coleópteros (ou seja, têm as asas protegidas por élitros, como os besouros e os escaravelhos), outros não têm élitros, exibindo duas ou quatro asas membranosas: quatro têm-nas os de grande porte ou os que têm um aguilhão atrás; duas os de pequeno porte ou os que têm o aguilhão à frente. Nenhum coleóptero tem aguilhão. Os de duas asas têm o aguilhão à frente, como a mosca, o moscardo, o estro[40] e o mosquito, por exemplo. Os animais que não têm sangue são todos de porte menor do que os sanguíneos, exceção feita a uns tantos que vivem no mar e são maiores, caso de alguns cefalópodes[41]. Os gêneros com maiores dimensões dentre esses animais encontram-se nas regiões mais quentes, mais no mar do que em terra ou na água-doce.

Os animais que se movimentam fazem-no sobre quatro pontos de apoio pelo menos: os sanguíneos só têm quatro, caso do homem, que dispõe de duas mãos e de dois pés, das aves, que têm duas asas e duas patas, dos quadrúpedes e dos peixes, que têm respectivamente quatro patas ou quatro barbatanas. Os que têm duas barbatanas ou nenhuma, como a

---

[39] Cf. Heródoto, 2.75-76.

[40] Cf. Eliano, *História dos animais*, 4.51, que define estro como uma mosca avantajada e resistente, que tem um aguilhão poderoso e é ruidosa. Cf. ainda o mesmo Eliano, em 6.37, onde documenta a presença desse animal junto do gado bovino.

[41] Cf. *infra*, 524a26, onde Aristóteles cita, entre essas espécies maiores, a lula-gigante.

serpente, não deixam por isso de ter quatro pontos de apoio: é que as suas flexões fazem-se em quatro pontos, ou em dois mais as barbatanas. Os não sanguíneos com muitas patas, quer sejam voadores, quer terrestres, apoiam-se em mais de quatro pontos na sua locomoção, caso do chamado efêmero[42], que tem quatro patas e quatro asas; este é um ser singular não só pela duração curta de vida, de onde lhe vem o nome, mas também porque, apesar de alado, tem quatro patas.

Todos os animais, quer tenham quatro patas, quer mais, se movem do mesmo modo, ou seja, em diagonal[43]. Outros têm duas patas condutoras, à exceção do caranguejo, que tem quatro[44].

Gêneros e espécies

6. Os grandes gêneros em que se repartem os outros animais são os seguintes: o das aves, o dos peixes e o dos cetáceos. Todos eles são sanguíneos. Há ainda outros gêneros: o dos testáceos, a que chamamos conchas; o dos crustáceos, que não tem um nome único, no qual se incluem as lagostas, alguns tipos de caranguejos e os lavagantes; e ainda o dos cefalópodes, a que pertencem as lulas pequenas, as gigantes e os chocos; e o dos insetos. Estes quatro últimos gêneros são não sanguíneos, e os que exibem patas têm-nas em grande número.

Entre os outros animais não há propriamente grandes gêneros. De fato, uma certa espécie não inclui várias espécies; porém, ou ela é simples e não se subdivide, caso do homem, ou, se se subdivide em espécies, estas não têm nomes distintos. Assim, todos os quadrúpedes não voadores são sanguíneos, sendo uns vivíparos e outros ovíparos. No que

---

[42] Cf. infra, 552b21, Eliano, *História dos animais*, 2.4.
[43] Cf. Aristóteles, *Marcha dos animais*, 712a20 ss.
[44] Cf. *Marcha dos animais*, 713b15, 713b31-32. Trata-se certamente das patas anteriores.

se refere aos vivíparos, todos têm pelos; os ovíparos são dotados de placas córneas; estas placas assemelham-se às escamas pela disposição. O gênero das serpentes, que é ápode por natureza, pertence aos sanguíneos e move-se sobre a terra. Possui placas córneas. Mas, enquanto as serpentes em geral são ovíparas, a víbora é a única vivípara. Nem todos os vivíparos têm pelos, pois há determinados peixes que são vivíparos. Em contrapartida, todos os animais que têm pelos são vivíparos. Deve-se considerar como um tipo de pelo os espinhos que têm os ouriços-cacheiros e o porco-espinho, que fazem a função de pelos e não de patas, como os dos ouriços-do-mar.

O gênero dos quadrúpedes vivíparos reparte-se em numerosas espécies, sem uma nomenclatura própria. Designam-se, por assim dizer, pelo nome de cada ser individual, caso do homem, do leão, do veado, do cavalo, do cão, e assim sucessivamente. Existe, no entanto, uma nomenclatura para os animais com cauda de longas crinas, como o cavalo, 491a o burro, a mula, o garrano e aquilo que na Síria se chama hemíono[45], que vai buscar o nome à semelhança que tem com os burros, ainda que de modo algum pertença à mesma espécie; de fato, esses animais acasalam e geram crias só entre eles. Importa por isso considerar em particular cada espécie e avaliar as características naturais que lhe são próprias.

Metodologia a seguir

As considerações feitas até agora são apenas um esboço, como uma espécie de aperitivo das questões a examinar e dos problemas que se colocam. Depois vamos passar ao pormenor, de modo que identifique primeiro as particularidades individuais e os traços comuns. A seguir tentaremos encontrar-lhes as causas. Esta é, de fato, a metodologia que

---

[45] Este animal parece ser o onagro; cf. *infra*, 580b1-9, Plínio, *História natural*, 8.69.

se impõe naturalmente depois de feita a investigação sobre cada caso concreto. É por esse processo que se torna claro o objeto do nosso estudo e em que base assenta a respectiva argumentação[46].

Importa primeiro considerar as partes que constituem os animais. Porque é a partir delas que se exprimem as primeiras e mais relevantes diferenças entre eles, numa perspectiva geral: conforme as possuam ou não, de acordo com a sua localização ou disposição, ou segundo os critérios de distinção que definimos atrás[47], e que têm a ver com a espécie, o excesso, a analogia ou a oposição das características. Antes de mais nada são as partes do corpo humano que importa estabelecer. De fato, da mesma maneira que cada povo estabelece o valor da sua moeda em face do termo de comparação que lhe é mais familiar, o mesmo se passa nos outros domínios. Ora o homem é, dentre os animais, aquele que por força das circunstâncias nos é mais familiar. E as partes que o constituem não são inacessíveis a um conhecimento sensorial. Todavia, para que não haja omissões na exposição e para combinar o raciocínio com a observação, deve falar-se primeiro dos órgãos e só depois das partes homogêneas.

As partes do corpo: o crânio

7. São estas as partes mais importantes que compõem o corpo na sua totalidade[48]: cabeça, pescoço, tronco, dois braços e duas pernas (a cavidade que vai do pescoço aos órgãos genitais corresponde ao que chamamos tronco). Na cabeça, a parte coberta de pelos chama-se crânio. As partes deste são: à frente, o frontal, que se forma mais tarde[49] (é este o último dos ossos do corpo a solidificar); atrás, o occipital, e

---

[46] Vide "Introdução", p. IX. Cf. *Partes dos animais*, 645b1 ss.
[47] Cf. *supra*, 486a21 ss.
[48] Cf. *Partes dos animais*, 685b29 ss.
[49] Cf. 587b13, *Partes dos animais*, 653a35.

entre o frontal e o occipital, o parietal. Sob o frontal, encontra-se o cérebro, enquanto a zona occipital está vazia[50]. O crânio é, na sua totalidade, um osso fino, arredondado e coberto de pele, mas sem carne. Apresenta suturas: na mulher uma só e circular; no homem, na maior parte dos casos, três, que confluem num único ponto[51]. Mas já se verificaram casos de cabeças de homem sem nenhuma sutura. Chama-se zona parietal ao risco médio que separa os cabelos. Em algumas pessoas esse risco é duplo; de fato, há pessoas que têm duas coroas na cabeça, não porque o osso seja duplo, mas porque o é o risco do cabelo.

A face

8. A parte que fica abaixo do crânio chama-se face, mas só no homem e em nenhum outro animal. De fato, não se fala da face do peixe ou do boi. A parte da face abaixo do frontal, entre os olhos, é a fronte. Uma fronte ampla significa lentidão, uma pequena vivacidade; se for chata, é sinal de exaltação, se for arredondada, de irascibilidade[52].

Sobrancelhas, olhos e pálpebras

9. Abaixo da fronte ficam as sobrancelhas. Se dispostas em linha reta, são sinal de moleza; se forem arqueadas na direção do nariz, exprimem rispidez; na direção das têmporas, um espírito trocista e dissimulado. Sob as sobrancelhas ficam os olhos, que são por natureza dois. As partes de cada um deles são a pálpebra superior e a inferior. Os pelos que as bordam são as pestanas. No interior do olho há uma par-

---

[50] O mesmo erro repete-se em *Partes dos animais*, 656b13.
[51] Cf. *infra*, 516a18-19, *Partes dos animais*, 653b1.
[52] Plínio, *História natural*, 11.144, menciona essa mesma relação, que considera, no entanto, falsa.

te úmida onde reside a visão, que é a pupila; em volta fica a parte negra e fora desta o branco do olho. O ponto de confluência das duas pálpebras, a superior e a inferior, forma dois cantos, um junto do nariz, o outro, das têmporas. Se esses cantos são prolongados, é sinal de mau caráter; se, do lado das narinas, forem carnudos, como os dos milhafres, indicam velhacaria.

Todos os outros gêneros animais, exceção feita dos testáceos e de algum caso de imperfeição, têm olhos. Todos os vivíparos os têm, salvo a toupeira, embora de certa maneira possa aceitar-se que ela os tem também, mas não de uma forma plena. É que ela não vê absolutamente nada, nem tem olhos que se percebam do exterior; mas, quando se lhe arranca a pele, ela tem a região correspondente aos olhos, bem como a parte negra do olho no lugar previsto, e o espaço exterior onde naturalmente os olhos se encontram; daí se infere que houve interrupção no processo de formação dos olhos e que a pele os cobriu[53]. (Se voltados para baixo, inveja.)[54]

Os olhos

492a   10. O branco do olho é fundamentalmente o mesmo para todos os animais, mas o que se chama o negro apresenta diferenças[55]. Nuns é preto, noutros, azul-escuro, noutros, cinzento, em alguns, amarelado, como nas cabras[56]. Esta última cor é sinal de muito bom caráter e a que permite a melhor acuidade visual. O homem é o único, ou aquele que, dentre os animais, tem a cor dos olhos mais variada. Os outros só têm uma variedade de cor, salvo alguns cavalos, que têm os olhos azuis[57].

---

[53] Cf. *infra*, 533a3-15, Plínio, *História natural*, 11.52.

[54] Alguns editores transferem esta frase para o fim do parágrafo anterior, onde se fala da interpretação do desenho das sobrancelhas.

[55] Sobre a causa das diferenças, cf. *Geração dos animais*, 779b12 ss.

[56] Cf. *Geração dos animais*, 779a33-b14, Plínio, *História natural*, 8.76.

[57] Cf. *Geração dos animais*, 779b3.

Os olhos podem ser grandes, pequenos ou médios. Os médios são os melhores. Podem ser salientes, profundos ou intermédios. Quanto mais profundos, mais penetrantes, seja em que animal for. Os intermédios são sinal de bom caráter. Podem também ser pestanejantes, fixos ou de uma qualidade intermédia. Estes últimos são indício de muito bom caráter, os primeiros de insegurança e os fixos de descaramento.

As orelhas

11. Há outra parte da cabeça que serve para ouvir, mas não para respirar, que é a orelha. De fato, Alcméon não tem razão ao afirmar que as cabras respiram pelas orelhas[58]. Uma parte da orelha não tem nome específico, a outra é o lóbulo. No seu conjunto é formada por cartilagem e por carne. O interior tem uma estrutura parecida com a de um caracol, e o osso que fica lá bem no fundo é idêntico à própria orelha. É aí que, como no fundo de um vaso, se recolhe o som. Esse ponto extremo não tem passagem para o cérebro, mas tem-na para o céu da boca. Do cérebro vem um vaso que chega até ele. Os olhos ligam-se também ao cérebro, cada um deles situado na extremidade de um vaso pequeno. Dentre os animais que têm essa parte do corpo, o homem é o único em que as orelhas não mexem. De fato, entre os animais que têm o sentido da audição, uns têm orelhas e outros não; estes têm apenas um canal visível, contando-se nesse número os que têm penas ou escamas córneas. Os vivíparos, excetuando a foca, o golfinho e outros animais do tipo dos cetáceos, todos têm orelhas. Os selácios naturalmente são também vivíparos. Mas só o homem não mexe as orelhas. A foca tem orifícios visíveis por onde ouve[59]; o golfinho ouve, mas não tem orelhas[60]. Todos os outros as movem.

[58] Cf. Eliano, *História dos animais*, 1.53, Varrão, *Sobre a agricultura*, 2.3.
[59] Cf. *Geração dos animais*, 781b23 ss.
[60] Cf. *infra*, 533b14, Plínio, *História natural*, 11.50.

As orelhas situam-se no mesmo nível dos olhos e não acima, como em alguns quadrúpedes[61]. No referente às orelhas, umas são glabras, outras peludas, outras estão num meio-termo. Estas últimas são as melhores para a audição, mas não dizem nada sobre o caráter. Podem ser grandes, pequenas ou médias; há as também muito salientes, nada salientes ou intermédias. Se médias, são indício de muito bom caráter; se grandes e salientes, de estupidez e de tagarelice. A parte situada entre o olho, a orelha e a zona parietal chama-se têmpora.

O nariz

Há ainda na face outra parte que deixa passar o ar, o nariz. É por ele que se faz a inspiração e a expiração, como é através dele que passa o espirro, ou seja, a expulsão do sopro de ar comprimido; esse tipo de sopro é o único que tem sentido divinatório e um caráter sagrado[62]. Tanto a inspiração como a expiração prolongam-se até o peito[63], sem o qual é impossível, só com as narinas, inspirar ou expirar; isso porque a inspiração e a expiração se produzem a partir do peito através da garganta, e não a partir de qualquer uma das partes da cabeça. É aliás possível viver sem fazer uso da respiração nasal. O nariz é também o órgão do olfato, assegurando a sensação do odor. A narina tem mobilidade, não é como as orelhas, que não têm movimento próprio. O nariz inclui uma parte cartilaginosa, que constitui o septo, e a fossa nasal, que está vazia. A narina é dupla. Nos elefantes[64], a narina é longa e possante e é usada como uma mão: estende-se, agarra, leva à boca os alimentos líquidos e sólidos; é esse o único animal com tais características.

---

[61] Cf. *Partes dos animais*, 657a13.

[62] Os textos antigos confirmam esta mesma ideia: e. g., *Odisseia*, 17.541; Aristófanes, *Aves*, 720, *Rãs*, 647.

[63] Cf. Aristóteles, *Sobre a respiração*, 474a19.

[64] Cf. *infra*, 497b22-30, 498a1-12, *Partes dos animais*, 658b33, 659a36.

Outras partes da cabeça

Há também as duas maxilas; dessas, a mais saliente é a mandíbula, a mais recuada o maxilar. Todos os animais mexem a maxila inferior, à exceção do crocodilo, que só mexe a superior[65]. Em seguida ao nariz vêm os dois lábios, carnudos e dotados de grande mobilidade. A parte interna das maxilas e dos lábios é a boca. Constituem-na o palato e a faringe. O órgão do gosto é a língua. A sensação produz-se no nível da ponta da língua. Se for a sua parte larga a colher a sensação, esta é mais fraca. Sendo a língua também carnuda, tem em qualquer um dos seus pontos o mesmo tipo de sensibilidade que todas as outras partes do corpo que lhe são idênticas nessa característica: ao duro, ao quente e ao frio, como também ao sentido do gosto. Pode ser larga, estreita ou intermédia. Esta última é a melhor e a que tem uma sensibilidade mais apurada. Pode também ser solta ou presa, como acontece com os que gaguejam ou balbuciam[66]. É formada de um músculo mole e esponjoso. A ela pertence também a epiglote[67]. Faz ainda parte da boca um elemento duplo, as amígdalas, e um outro muito repartido, as gengivas. Estas são partes carnudas. Dentro das gengivas estão implantados os dentes, que são ósseos. Dentro da boca há ainda outra parte, que é a úvula[68], em forma de cacho de uvas, uma espécie de coluna cruzada por vasos sanguíneos. Quando esta se enche de líquido e se inflama, dá-se-lhe o nome de *estáfila* (úvula) e pode haver asfixia[69].

493a

---

[65] Cf. *infra*, 516a24, *Partes dos animais*, 660b27, 691b5. Esta informação, que é errada, parece tão somente repetida de autores anteriores (cf. Heródoto, 2.68.3), sem ter sido sujeita a confirmação.

[66] Cf. *infra*, 536b7, *Partes dos animais*, 660a26.

[67] Cf. *Partes dos animais*, 664b21-665a9.

[68] A palavra grega para "úvula" significa "semelhante a um cacho de uvas".

[69] Hipócrates, *Sobre as doenças*, 2.10, precisa que esta patologia acontece quando o flegma desce do cérebro até a garganta.

O pescoço e o tronco

12. O pescoço fica entre a face e o tronco[70]. Sua parte anterior é a laringe; a posterior, o esôfago. Do mesmo lado anterior fica a traqueia, que é cartilaginosa, por onde passam a voz e o sopro respiratório. A parte carnuda é o esôfago, situada no espaço interior, diante da coluna vertebral. No lado posterior do pescoço, situa-se a nuca. São esses portanto os elementos que vão até o tronco.

Este compreende o lado anterior e o posterior. Primeiro, em seguida ao pescoço, na parte anterior, fica o peito, com um par de mamas. Cada uma delas tem um mamilo, pelos quais flui o leite nas fêmeas. O tecido da mama é poroso. Pode também haver leite nos machos. Nestes, porém, a carne das mamas é compacta, enquanto nas mulheres é esponjosa e coberta de poros.

O ventre

13. Depois do tórax, na parte anterior, fica o ventre e sua raiz, o umbigo[71]. Por baixo dessa raiz situa-se: uma parte dupla, que são os flancos; uma outra indivisa, por baixo do umbigo, que é o hipogastro (terminado no púbis); a faixa acima do umbigo, que é o epigastro; a parte comum entre o epigastro e os flancos, ou seja, a cavidade intestinal.

Do lado posterior ficam: as nádegas, que formam uma espécie de cintura (é de serem simétricas que lhes vem a designação)[72]; a parte que serve à evacuação dos excrementos, que forma uma espécie de assento, a almofada; e a cavidade cotiloide, de onde parte a coxa.

---

[70] Cf. *Partes dos animais*, 664a12 ss.

[71] Cf. *Geração dos animais*, 740a33, 745b22.

[72] Esta relação entre a designação e a simetria é justificada pelo jogo entre as palavras *ósphus* e *isophyés*.

Órgãos genitais do ser humano

Uma parte própria da mulher é o útero, e do homem, o pênis. Este é um órgão exterior e situa-se na extremidade do tronco. Compreende duas partes: a extremidade, que é carnuda e sempre mais ou menos do mesmo tamanho, é a glande; é revestida por uma pele sem designação própria que, se se cortar, não volta a crescer, como acontece com a maçã do rosto ou com a pálpebra[73]. Uma parte comum dessa pele e da glande é o prepúcio. O resto do pênis é cartilaginoso, extensível, capaz de distender-se ou retrair-se, ao contrário do que acontece com os gatos. Por baixo do pênis ficam os dois testículos. A pele que os envolve chama-se escroto. Os testículos não são propriamente carne, mas também não diferem muito. Sobre a natureza de todos esses órgãos se fará mais adiante[74], com pormenor, um estudo global.

Órgãos genitais da mulher

14. Os órgãos genitais da mulher têm uma configuração inversa aos do homem. De fato, a parte situada debaixo do púbis é côncava e não saliente, como a do macho. Nela fica a uretra, fora do útero, que dá passagem ao esperma. Ambos os sexos têm um canal para a evacuação de fluidos.

Partes intermédias

A parte comum ao pescoço e ao peito é a garganta; a que é comum ao flanco, braço e ombro é a axila; entre a coxa e o abdômen fica a virilha; a face interior das coxas e das nádegas é o períneu; a exterior é a dobra das nádegas.

Estas são as partes anteriores do tronco. Atrás do peito fica o dorso.

---

[73] Cf. *infra*, 518a1, *Partes dos animais*, 657b3.
[74] Cf. *infra*, 500b1 ss.

O tronco e os membros

15. As partes do dorso são as duas omoplatas, a coluna vertebral e, mais abaixo, ao nível do abdômen, as nádegas. Em comum entre a parte alta e a baixa do tronco há as costelas, oito de cada lado[75]. Sobre os lígures, que se diz terem sete costelas, ainda nada se apurou que seja digno de confiança.

O ser humano tem portanto uma parte alta e outra baixa, uma anterior e outra posterior, um lado direito e um esquerdo. Os lados direito e esquerdo são praticamente idênticos nas partes que os constituem e em tudo o mais, exceção feita ao fato de o lado esquerdo ser mais débil[76]. Pelo contrário, a parte posterior em nada se assemelha à anterior, nem a inferior à superior, exceto num pormenor: entre o baixo ventre e a face existe um equilíbrio em termos de maior ou menor volume muscular. Como também as pernas são proporcionais aos braços; se os braços são curtos, as coxas o são em geral também. Se os pés são pequenos, as mãos correspondem-lhes em tamanho.

Quanto aos membros, há primeiro os braços, que são dois. Do braço fazem parte o ombro, o braço propriamente dito, o cotovelo, o antebraço e a mão. A mão compõe-se de palma e de cinco dedos. O dedo inclui uma parte flexível, a articulação, e outra inflexível, a falange. O polegar só tem uma articulação, enquanto os outros dedos têm duas. O movimento, quer do braço quer do dedo, produz-se sempre para o interior. O braço dobra-se no cotovelo. A face interna da mão é a palma, que é carnuda e dividida por linhas; em quem deverá ter uma vida longa há uma ou duas linhas que atravessam a mão de um lado ao outro; os que terão uma vida

---

[75] Dos doze pares de costelas existentes, Aristóteles parece só ter em conta as que se ligam diretamente ao esterno. Mas esse é o caso dos sete primeiros pares. Os três seguintes ligam-se a ele apenas por uma cartilagem, e os últimos dois são flutuantes.

[76] Cf. *Partes dos animais*, 648a13, 665a25, 666b10, 670b19.

curta apresentam duas linhas que não são extensas. A articulação da mão com o braço é o pulso. O lado exterior da mão é composto de tendões e não tem um nome especial. Os outros membros são as pernas, também em número de dois. A perna compõe-se da coxa, cujo osso tem uma cabeça dupla, de uma parte móvel, que é a rótula, e da perna propriamente dita, que tem dois ossos; o seu lado anterior é a canela, o posterior é a barriga da perna, que é uma parte musculosa e rica em tendões e vasos sanguíneos; as pessoas que têm ancas fortes as têm voltadas para cima, na direção da curva da perna, as outras, no sentido inverso, voltadas para baixo. A extremidade da face anterior da perna é o artelho, e há dois em cada perna. Há outra parte da perna que compreende muitos ossos, que é o pé. Sua parte posterior é o calcanhar; a anterior reparte-se em cinco dedos; há uma zona muscular por baixo, que é a planta do pé, enquanto a de cima, cuja parte de trás é formada por tendões, não tem nome. Os dedos compreendem a unha e a articulação. A unha fica sempre no extremo dos dedos, que têm uma única articulação. As pessoas que têm a planta do pé grossa e chata, e que se apoiam sobre toda a sua superfície, são velhacas. O ponto de articulação entre a coxa e a perna é o joelho.

Disposição do corpo humano

Estas são partes comuns às fêmeas e aos machos. Quanto à disposição dessas partes, de acordo com os critérios de superior e de inferior, anterior ou posterior, ou direito e esquerdo, poderia parecer que, exteriormente, ela nos é muito perceptível. De toda a maneira, devemos também considerá-las pelo mesmo motivo que definimos acima[77], de forma que seguimos o nosso plano até ao fim. E, ao enumerá-las exaustivamente, não devemos esquecer que algumas não são idênticas nos outros animais e no homem.

---

[77] Cf. *supra*, 491a23-26.

No ser humano, mais do que nos outros animais, a distinção entre parte superior e inferior faz-se segundo as próprias posições naturais. Por outras palavras, as partes alta e baixa do homem são definidas de acordo com as partes alta e baixa do universo[78]. O mesmo critério se aplica às faces anterior e posterior, ou direita e esquerda. Em alguns dos outros animais as coisas não se passam assim; faz-se a distinção, mas de forma um tanto confusa. Assim, a cabeça, em todos os animais, está acima do resto do corpo. Mas só o homem, como já dissemos, completado o seu desenvolvimento, a tem em cima em relação ao universo.

494b

A seguir à cabeça vem o pescoço, depois o peito e as costas, o primeiro do lado da frente, o outro, atrás. Seguem-se o abdômen, a anca, os órgãos genitais e as nádegas; depois a coxa, a perna e, por fim, o pé. É para a frente que se faz a flexão das pernas, ou seja, no sentido da marcha, como é também no mesmo sentido que se volta a parte móvel dos pés e que se faz a respectiva flexão. O calcanhar fica do lado de trás. Quanto aos tornozelos, cada um deles tem uma posição semelhante à das orelhas. À direita e à esquerda destacam-se os braços, que se dobram para dentro, de forma que o sentido da flexão das pernas e dos braços é oposto, principalmente no homem[79].

Quanto aos órgãos dos sentidos, olhos, narinas e língua, estão dispostos da mesma maneira, no lado anterior. O ouvido e o órgão correspondente, as orelhas, dispõem-se de lado, no mesmo nível dos olhos. Estes são, em proporção com o tamanho, muito menos afastados no homem do que em qualquer outro animal. Por outro lado, no ser humano o órgão dos sentidos mais apurado é o tato[80], seguido do paladar. Quanto aos outros sentidos, está em desvantagem em relação à maioria dos animais.

---

[78] Cf. *Partes dos animais*, 656a11-13.
[79] Cf. *infra*, 498a3, *Marcha dos animais*, 711a8-712b21.
[80] Cf. *Partes dos animais*, 660a21-23.

Partes internas: o cérebro

16. Vimos até agora a disposição das partes do corpo visíveis do exterior e, como também já afirmamos[81], foram essas que sobretudo receberam nomes específicos e que se tornaram conhecidas pela familiaridade que temos com elas. Com as interiores passa-se exatamente o contrário. São desconhecidas, principalmente no homem, pelo que têm de ser estudadas relativamente às partes dos outros animais, cuja natureza é próxima da humana.

Para começar, na cabeça encontra-se o cérebro, situado na parte anterior. A disposição é semelhante nos outros animais que têm esse órgão, ou seja, todos os sanguíneos e ainda os cefalópodes. Mas, em relação ao tamanho, é o homem que possui o cérebro mais volumoso e mais úmido. Envolvem-no duas membranas: uma, mais resistente, a que segue o contorno do osso; a outra menos, que se dispõe em volta do próprio cérebro. Em todos os animais o cérebro divide-se em duas partes[82]. Atrás dele fica o chamado cerebelo, que apresenta uma forma diferente ao tato e à vista.

A parte posterior da cabeça é vazia e oca em todos os animais, independentemente do tamanho que possa ter em cada caso. De fato, alguns têm a cabeça grande e a parte correspondente à face que lhe fica por baixo menor; é o caso dos que têm a face redonda. Outros têm a cabeça pequena, mas as maxilas alongadas, como todo o tipo de animais equinos[83].

495a

O cérebro é, em todos os animais, desprovido de sangue[84] e não tem, no seu interior, nenhum vaso sanguíneo. No seu estado natural é frio ao tato. Mas tem lá dentro, na maior parte das espécies, uma cavidade pequena. A meninge que o envolve é cruzada por vasos sanguíneos. A meninge é uma mem-

---

[81] Cf. *supra*, 491a23.
[82] Cf. *Partes dos animais*, 669b22.
[83] Cf. *supra*, 491a1.
[84] Cf. *Partes dos animais*, 652a24-653b8.

brana, parecida com a pele, que rodeia o cérebro. Sobre o cérebro fica um osso que se chama frontal[85], que é o mais fino e mais frágil dos ossos da cabeça.

Do olho seguem para o cérebro três ligações: uma maior e outra média, que acabam no cerebelo, e uma menor, que vai até o cérebro. Essa menor situa-se muito perto da narina. Assim, as maiores são paralelas e não confluem entre si, enquanto as médias se encontram (este fato é particularmente visível nos peixes). Estas últimas ligações estão mais perto do cérebro do que as grandes. Pelo contrário, as menores estão muito afastadas umas das outras e não convergem.

Aparelho respiratório

No interior do pescoço ficam o chamado esôfago (que vai buscar a outra designação por que é conhecido à sua forma longa e estreita)[86] e a traqueia. Esta se situa diante do esôfago em todos os animais que a possuem. É o caso dos que têm pulmões. A traqueia é de natureza cartilaginosa e tem pouco sangue, apesar de ser rodeada por uma rede de pequenos vasos sanguíneos. Sua parte superior situa-se no nível da boca, no ponto em que as narinas comunicam com esta. Quando, no ato de beber, se aspira algum líquido, é por aí que ele é repelido da boca através das narinas. Entre as duas aberturas fica a chamada epiglote[87], um órgão capaz de dobrar-se e de cobrir o orifício da traqueia que comunica com a boca. Está ligada a ela a extremidade da língua. No outro extremo, a traqueia desce até a zona que fica entre os pulmões e, a partir daí, divide-se em dois braços que se dirigem um para cada metade do pulmão. De fato, o pulmão[88] tende

---

[85] Cf. *supra*, 491a31, 587b13, *Partes dos animais*, 653a35.

[86] Essa outra designação, a julgar por *infra*, 524b9, 594a21, é *stomakhos*. É esta a palavra que Aristóteles supõe ser formada de *stenós*, "estreito", e *mêkos*, "comprimento".

[87] Cf. *Partes dos animais*, 664b21.

[88] Cf. *Partes dos animais*, 668b33-669b13.

a ser duplo em todos os animais que o têm. Mas nos vivíparos essa repartição não é particularmente visível; e menos ainda o é no homem. Portanto, no ser humano o pulmão não tem muitas ramificações, como em certos vivíparos; tampouco é liso, antes apresenta à superfície certas rugosidades. 495b
Nos ovíparos, caso das aves e dos quadrúpedes ovíparos, as duas partes do pulmão estão claramente separadas uma da outra, de modo que parece haver dois pulmões. Da traqueia, que é só uma, partem dois braços que se estendem a cada parte do pulmão. Este está também ligado à veia cava e a uma artéria conhecida por aorta.
Quando a traqueia se enche de ar, este se distribui pelas cavidades do pulmão. Estas têm separações cartilaginosas que terminam em ponta. Nesses separadores abrem-se bolsas, que se espalham por todo o pulmão, de dimensões cada vez mais minúsculas.
O coração está também ligado à traqueia por ligamentos de gordura, cartilagens e tendões. O ponto de ligação forma uma cavidade[89]. Quando a traqueia se dilata, a entrada do sopro no coração passa despercebida em certos animais; mas, nos de maior porte, é perceptível. É essa a função a que se circunscreve a traqueia: serve apenas para receber e repelir o ar e nenhuma outra substância seca ou líquida; se tal acontecer, produz-se um incômodo até a expulsão, por um acesso de tosse, da substância intrusa.

O esôfago

O esôfago comunica, na parte superior, com a boca, próximo da traqueia. Articula-se com a coluna vertebral e com a traqueia por ligamentos membranosos. Na outra extremidade, atravessa o diafragma até ao abdômen; é por natureza carnudo e tem elasticidade, tanto em comprimento como em largura.

---
[89] O ventrículo.

O estômago e os intestinos

O estômago do homem é idêntico ao do cão; não é muito maior do que o intestino, antes se assemelha a uma espécie de intestino mais distendido. Segue-se um intestino simples, com circunvoluções e bastante largo. O baixo-ventre parece-se com o do porco, porque é largo, e a zona que vai do intestino até as nádegas é grossa e curta. O epíploon[90] está ligado à parte média do ventre; quanto à natureza, é uma membrana adiposa, como nos outros animais com um só estômago e duas fiadas de dentes.

Sobre os intestinos encontra-se o mesentério[91], que é membranoso, também largo e tendencialmente adiposo. Está ligado à veia cava e à aorta, e é atravessado por uma rede densa de inúmeros vasos sanguíneos, que se estendem até a região dos intestinos, de cima até embaixo. É isso o que importa dizer sobre o esôfago, a traqueia e o aparelho digestivo.

O coração

17. O coração[92] apresenta três cavidades; está situado acima do pulmão, na bifurcação da traqueia; tem uma membrana espessa e adiposa no ponto em que está em ligação com a veia cava e a aorta. Apoia-se na aorta com a sua parte mais pontiaguda. E esta última tem a mesma posição relativamente ao peito em todos os animais que têm peito. Do mesmo modo também em todos, os que têm essa parte e os que a não têm, o coração tem seu remate pontiagudo virado para a frente. Esse aspecto pode passar muitas vezes despercebido porque a posição muda quando se faz a dissecção. A parte arredondada do coração está voltada para cima. A ponta é em boa parte musculosa e compacta, e nas cavi-

---
[90] Cf. *Partes dos animais*, 677b14-26.
[91] Cf. *Partes dos animais*, 677b37 ss.
[92] Cf. *infra*, III.3, 4, *Partes dos animais*, 665b9 ss., *Sobre a respiração*, 478a26 ss.

dades do coração encontram-se tendões. A posição que o coração, quando o têm, ocupa nos outros animais é o meio do peito; no homem situa-se mais para o lado esquerdo, com uma inclinação ligeira em relação à linha média das mamas, para o lado da mama esquerda, na parte superior do peito[93].

O coração não é grande. E no conjunto a sua forma não é alongada mas mais arredondada; apenas a extremidade termina em ponta. Tem três cavidades, como dissemos[94]: a maior, à direita, a menor, à esquerda, e uma média, ao centro[95]. Todas elas, mesmo as duas menores, têm um orifício que comunica com o pulmão. Esse pormenor é visível numa das cavidades. Embaixo, a partir do ponto de inserção, o coração liga-se através da sua cavidade maior com a veia cava, junto da qual fica o diafragma, e pela cavidade média com a aorta.

Há também canais que vão do coração ao pulmão e se dividem em dois ramos, como a traqueia. Acompanham, ao longo de todo o pulmão, as ramificações que provêm da traqueia. Os que vêm do coração estão mais acima. Não há nenhum canal em comum, mas, em função do contato que há entre eles, os provenientes do pulmão recebem o ar e transmitem-no ao coração. De fato, um dos canais conduz à cavidade da direita, o outro, à da esquerda. Quanto à veia cava e à aorta, consideradas em si mesmas, faremos delas mais adiante[96] um estudo conjunto.

Os pulmões

O pulmão[97], nos animais que o possuem, é o órgão que mais sangue tem, nos seres interna ou externamente vivípa-   496b

---

[93] Cf. Plínio, *História natural*, 11.69, Eliano, *História dos animais*, 4.20.

[94] Cf. *supra*, 496a4; cf. ainda *infra*, 513a27, *Partes dos animais*, 666b21.

[95] A versão de Aristóteles sobre as cavidades do coração é incorreta. Elas são de fato quatro, duas aurículas e dois ventrículos, sendo que o ventrículo esquerdo é maior do que o direito.

[96] Cf. *infra*, III.3, 4, *Partes dos animais*, 667b13 ss.

[97] Cf. *Partes dos animais*, 668b33 ss.

ros. Trata-se de um órgão integralmente esponjoso, e a cada um dos seus bronquíolos há canais que conduzem o sangue da artéria pulmonar. Os que julgam que o pulmão é oco estão completamente errados[98]. O que acontece é que observam os pulmões retirados dos animais durante a dissecção, quando de imediato eles perdem completamente o sangue.

Dentre as vísceras, o coração é a única a ter sangue. O pulmão não o tem em si próprio mas nos vasos que o atravessam, enquanto o coração o tem em si mesmo. De fato, tem sangue em cada uma das suas cavidades, em menor quantidade na cavidade central.

O diafragma

Por baixo do pulmão fica a membrana torácica chamada diafragma[99], ligada às costelas, aos hipocôndrios e à coluna vertebral, que na sua parte central é delgada e fibrosa. Está, por outro lado, cruzada de vasos sanguíneos. É no homem que o diafragma é mais espesso, proporcionalmente ao seu corpo.

O fígado e o baço

Sob o diafragma fica, à direita, o fígado, à esquerda, o baço, sendo essa a posição natural em todos os animais que têm esses órgãos e que não apresentam anormalidades[100]. Mas já se observou a inversão dos órgãos em causa em alguns quadrúpedes. Fígado e baço estão ligados ao ventre pelo epíploon. De aspecto, o baço humano é estreito e comprido como o do porco. Quanto ao fígado, em geral na maior parte dos animais não tem vesícula biliar, que em alguns casos

---

[98] Cf. Platão, *Timeu*, 70c.
[99] Cf. *Partes dos animais*, 672b10 ss.
[100] Cf. *Partes dos animais*, 669b25 ss., 676b16-677b10.

existe[101]. O fígado do homem é arredondado e semelhante ao do boi. Verificam-se, nas vítimas dos sacrifícios, anomalias do gênero: num determinado local de Cálcis na Eubeia, as ovelhas não têm vesícula biliar; em Naxos, pelo contrário, quase todos os quadrúpedes têm uma tão grande que quem vem de fora e faz lá sacrifícios se choca; é que vê no fenômeno um presságio que diz respeito à sua pessoa, e não uma característica natural dos animais[102]. O fígado está ligado à artéria hepática, mas não em comunicação direta com a aorta. De fato, o fígado é atravessado pelo vaso que vem da veia porta, no lugar onde se encontra o que se chama a porta[103] do fígado. Também o baço só tem ligação à veia porta por um vaso que de lá emerge.

Os rins e a bexiga

Seguem-se os rins[104], que se situam junto da coluna vertebral e são, pela sua constituição, idênticos aos do boi. O da direita está em um nível superior em todos os animais que têm rins. Tem também menos gordura do que o da esquerda e é mais seco. Esta particularidade verifica-se em todos os outros animais. Aos rins vêm ter ramificações provenientes da veia cava e da aorta, mas que lhes não penetram a cavidade. De fato, os rins têm uma cavidade central, mais ou menos grande[105], exceção feita aos das focas, em que esses órgãos se parecem com os dos bois, mas são os mais duros

497a

....

[101] Como a informação aqui dada por Aristóteles contradiz a que é fornecida em *Partes dos animais*, 676b16, os comentadores tendem a inverter a ordem da negativa e da afirmativa no nosso texto para fazer coincidir as duas informações.

[102] Cf. *Partes dos animais*, 677a1-3, Plínio, *História natural*, 11.191, Eliano, *História dos animais*, 11.29.

[103] Cf. Platão, *Timeu*, 71e.

[104] Cf. *Partes dos animais*, 671a26 ss.

[105] Cf. *Partes dos animais*, 671b3.

de todos. As ramificações que chegam aos rins perdem-se na massa desses órgãos. A prova de que não os atravessam até o fim está em que neles não existe sangue nem coagulação. Têm, como antes foi dito, uma cavidade pequena. Dessa cavidade dos rins partem para a bexiga dois canais robustos, e da aorta vêm outros que são fortes e contínuos[106]. Do centro de cada rim destaca-se um vaso oco e tendinoso, que se estende ao longo da coluna vertebral através de passagens estreitas. A seguir esses vasos desaparecem em cada uma das ancas e tornam-se de novo visíveis sobre a nádega. Esses ramais de pequenos vasos descem até a bexiga; a bexiga[107] está situada na extremidade do baixo-ventre e suspensa pelos canais que vêm dos rins, ao longo do colo que se dirige à uretra, e em quase toda a sua superfície está revestida de membranas finas e fibrosas, parecidas até certo ponto com a membrana torácica[108]. A bexiga humana é de tamanho considerável.

Órgãos sexuais

Do colo da bexiga está suspenso o órgão genital, cujo extremo se apresenta com um só orifício; mas mais adiante há duas passagens[109], uma que comunica com os testículos, a outra, com a bexiga. O órgão genital é formado de tendões e cartilagens. A ele ligam-se, nos machos, os testículos, de que faremos a descrição precisa na nossa exposição geral sobre o assunto[110].

Tudo se dispõe da mesma forma na fêmea. A única diferença, quanto aos órgãos internos, diz respeito ao útero, de que se pode ver a representação nos *Quadros anatômi-*

---

[106] Cf. *Partes dos animais*, 671b14-17.
[107] Cf. *supra*, 496b13.
[108] Cf. *Partes dos animais*, 670b32 ss.
[109] Texto incerto e de difícil interpretação.
[110] Cf. *infra*, 509 ss., *Geração dos animais*, 716a18 ss.

cos[111]. Fica situado por cima dos intestinos. Sobre o útero encontra-se a bexiga. Teremos de referir mais adiante e de maneira geral as formas de útero de todos os animais, porque ele não é igual, nem ocupa a mesma posição, em todas as fêmeas.

São essas as partes internas e externas do ser humano, 497b bem como a sua natureza e configuração.

---

[111] Estes quadros, que constituíam uma coleção extensa, podem ter sido obra de Aristóteles ou executados sob sua orientação. São referidos com frequência; cf., e. g., *infra*, 525a8, *Geração dos animais*, 746a14. Cf. "Introdução", p. IX.

Livro II

Diferenças morfológicas entre os animais

1. As partes dos outros animais[1] ora são comuns a todos, como se disse atrás[2], ora apenas a alguns gêneros. Existe entre elas semelhança ou diferença da maneira que acima várias vezes referimos. De fato, praticamente em todos os animais que pertencem a gêneros distintos, a maioria das partes é também especificamente diversa: uns têm apenas uma semelhança por analogia e são genericamente diversos; outros são genericamente semelhantes mas especificamente diversos. Há muitas partes que pertencem a certos animais e não a outros.

Os quadrúpedes vivíparos, por exemplo, todos eles sem exceção, têm cabeça, pescoço e as partes que compõem a cabeça; mas cada uma dessas partes difere quanto à forma. Assim, o leão tem, no pescoço, um osso único em vez de vértebras[3]. Mas as partes internas, quando se abre este animal, são todas iguais às do cão. Os quadrúpedes vivíparos têm, em vez de braços, membros anteriores. Todos eles partilham

---
[1] Que não o homem, tratado no livro I.
[2] Cf. *supra*, 486b17.
[3] Cf. *Partes dos animais*, 686a21, Eliano, *História dos animais*, 4.34. Esta informação sobre o pescoço do leão não é correta.

essa característica, mas os fissípedes são os que têm esses membros mais parecidos com as mãos; de resto, servem-se deles como de mãos para os fins mais variados. Os membros do lado esquerdo têm-nos menos independentes do que o homem[4], exceção feita ao elefante. Este tem a zona dos dedos dos pés muito pouco diferenciada[5] e as patas anteriores muito maiores. É um animal com cinco dedos, e nas patas posteriores apresenta tornozelos curtos. Mas tem um nariz de forma e dimensão tais que o pode usar como uma mão[6]. De fato, leva a bebida e a comida à boca com a tromba, como também se serve dela para chegar objetos à cornaca. Com a tromba arranca árvores e, quando caminha através da água, ela lhe serve para respirar[7]. Na extremidade é curva, mas de resto não se dobra, por ser cartilaginosa. Por outro lado, o homem é o único dos animais ambidestro.

Ao peito do homem corresponde, em todos os outros animais, uma parte análoga, mas não propriamente idêntica. De fato, o peito no homem é largo, nos outros animais, estreito[8]. Como também nenhum outro animal a não ser o homem tem mamas na parte anterior[9]. O elefante tem duas, que não estão propriamente no peito, mas perto dele.

Movimento dos membros

As flexões dos membros anteriores e posteriores são, nos animais, opostas entre si, como também às flexões do

[4] Cf. *Marcha dos animais*, 706a18 ss. Assim, segundo Aristóteles, de todos os animais o homem é o que tem os membros da esquerda mais diferenciados ou independentes, porque sua constituição está mais de acordo com a natureza. O que quer dizer que, naturalmente, a direita é mais ágil do que a esquerda.

[5] Cf. *infra*, 517a32, Plínio, *História natural*, 11.101.

[6] Cf. *supra*, 492b17 ss., *Partes dos animais*, 658b33, 692b17, Plínio, *História natural*, 8.10, 11.105.

[7] Cf. 630b28, *Partes dos animais*, 659a13, Plínio, *História natural*, 8.10, 12.

[8] Cf. *Partes dos animais*, 688a13-17.

[9] Cf. *infra*, 500a13 ss., *Partes dos animais*, 688a29 ss.

homem; a exceção é o elefante. Assim, nos quadrúpedes vivíparos os membros anteriores dobram para a frente, e os posteriores, para trás e, por isso, os arcos de curvatura são opostos entre si. O elefante não procede como alguns afirmam: senta-se e flexiona as pernas; apenas não consegue, por causa do peso, dobrar os dois lados ao mesmo tempo; deita-se ora sobre o lado esquerdo, ora sobre o direito, e adormece nessa posição[10]; mas flexiona os membros posteriores como o homem[11].

Os ovíparos, como o crocodilo, o lagarto e todos os outros animais do mesmo tipo, dobram os dois pares de membros, anteriores e posteriores, para a frente, com uma ligeira inclinação lateral[12]. O mesmo se passa com os outros animais com várias patas, salvo que as patas situadas entre as dos extremos têm sempre um movimento misto[13], ou seja, têm uma flexão mais acentuada no sentido lateral. No homem, a flexão dos dois pares de membros faz-se da mesma maneira, mas em sentido oposto; quer dizer, os braços dobram para trás, apenas com uma ligeira inclinação para dentro; as pernas flexionam para a frente. Nenhum animal flexiona para trás os membros anteriores e posteriores simultaneamente. Em todos, a flexão dos ombros faz-se ao contrário da dos cotovelos ou das patas anteriores, como, na parte posterior, a das ancas é contrária à dos joelhos. De modo que, como o homem flexiona em sentido oposto ao dos outros animais, os que exibem as mesmas flexões fazem-nas em sentido contrário.

As aves têm flexões idênticas às dos quadrúpedes. É que, embora sejam bípedes, dobram as patas para trás; em vez de braços ou de membros anteriores, têm asas, cuja flexão se faz para a frente.

....
[10] Cf. Plínio, *História natural*, 11.101.
[11] Cf. *Partes dos animais*, 687b25. Logo o elefante faz a flexão inversa à dos outros animais.
[12] Cf. *Marcha dos animais*, 713a16, 713b19.
[13] Isto é, intermédio entre o produzido pelas patas anteriores e pelas posteriores.

A foca é uma espécie de quadrúpede atrofiado. Logo a seguir à omoplata tem as patas anteriores, que se assemelham a mãos, como acontece também no urso. Estas têm cinco dedos, e cada dedo, três articulações e uma garra de tamanho discreto. As patas posteriores têm também cinco dedos, com as articulações e as garras semelhantes às das patas anteriores; mas, pela forma, mais parecem caudas de peixe.

Os movimentos dos quadrúpedes e dos animais com muitas patas fazem-se em diagonal, e é também nessa posição que se mantêm de pé. Em todos, o movimento começa pela direita. Mas o leão e os dois tipos de camelo, o da Bactriana e o da Arábia[14], marcham de lado. Caminhar de lado significa que a pata direita não se adianta à esquerda, antes a segue.

Outras particularidades dos animais: os pelos

Todas as partes que no homem são anteriores, nos quadrúpedes são inferiores, no ventre; sobre o dorso têm o que no homem se encontra na parte posterior. De resto, a maioria tem cauda. Até mesmo a foca tem uma cauda pequena, semelhante à do veado. Quanto aos animais da espécie dos macacos, falaremos mais adiante[15].

Os quadrúpedes vivíparos são todos, por assim dizer, cobertos de pelo e não como o homem, que tem pelos raros e curtos, exceção feita à cabeça[16]; em contrapartida é dentre os animais o que tem a cabeça mais peluda. Além disso, nos outros que têm pelos, é o dorso o mais hirsuto, enquanto a parte inferior do corpo é glabra ou menos cabeluda. No homem é o contrário. Por outro lado, o homem tem pestanas nas duas pálpebras, e pelos nas maxilas e no púbis. Em con-

---

[14] Cf. *infra*, 499a14.
[15] Cf. *infra*, 502a16 ss.
[16] Cf. *Partes dos animais*, 658b2, Plínio, *História natural*, 11.47.

trapartida, nenhum animal tem pelos nesses dois lugares, nem pestanas na pálpebra inferior. Alguns têm apenas uns pelos raros por baixo da pálpebra[17].

Entre os quadrúpedes com pelos, uns têm o corpo completamente coberto deles, como o porco, o urso e o cão; outros têm o pescoço coberto de uma pelugem mais densa, que o cerca em toda a volta; são os animais que têm juba, caso do leão. Outros, por fim, têm tufos de pelo na parte superior do pescoço, desde a cabeça até o garrote, como os que têm crina; é o caso do cavalo, da mula e, dentre os animais bravios dotados de chifres, do bisonte[18]. O animal chamado antílope tem também uma crina sobre o garrote, como um outro selvagem chamado girafa[19]. Ambos têm uma ligeira crina da cabeça ao garrote. O antílope é um caso particular; tem uma barba no nível da laringe. Esses dois animais apresentam chifres e as patas bifurcadas. O antílope fêmea, porém, não tem chifres. Em tamanho, esse animal aproxima-se do veado. Os antílopes são originários da Aracósia[20], como também os búfalos. Estes últimos diferem dos bois domésticos, do mesmo modo que os javalis dos porcos. São negros, de estatura possante, têm o focinho descaído e os cornos mais curvos para trás. Os chifres do antílope assemelham-se aos da gazela. Por seu lado, o elefante é, dentre os quadrúpedes, o menos peludo[21]. Os pelos da cauda, nos animais que a têm longa, serem mais espessos ou mais ralos está em relação com o resto do corpo. Esse princípio não se aplica aos que têm uma cauda muito pequena.

Os camelos[22] têm uma particularidade que os distingue dos demais quadrúpedes: é a chamada bossa, situada sobre

499a

---

[17] Cf. *Partes dos animais*, 658a26.

[18] Cf. 630a19, *Partes dos animais*, 658a29-31.

[19] Identificação insegura.

[20] Aracósia era uma província do antigo império persa, situada no Paquistão, território esse que hoje se designa por Beluchistão.

[21] Cf. Plínio, *História natural*, 8.10.

[22] Cf. *infra*, 540a13-20, 546b1-6, 578a11-17, 630b32-631a1.

o dorso. Mas os da Bactriana são diferentes dos da Arábia[23]. Aqueles têm duas bossas, estes, apenas uma; mas, na parte ventral, os da Arábia têm outra bossa, parecida com a dorsal, sobre a qual, quando se ajoelham, apoiam todo o peso do corpo. De toda maneira, o camelo fêmea tem quatro mamas[24] como a vaca, uma cauda como a do burro e os órgãos genitais na parte posterior. Tem, em cada pata, um só joelho e não várias articulações, como por vezes se diz[25]. Trata-se apenas de uma ilusão de óptica, que resulta da posição contraída do abdômen. Tem também um ossículo semelhante ao do boi, mas frágil e pequeno em proporção com o tamanho do corpo[26]. As patas são bifurcadas e não apresenta uma fila dupla de dentes[27]. A pata bifurcada é assim constituída: na parte posterior tem uma fenda pequena que se estende até a segunda articulação dos dedos; à frente tem uma fenda profunda até a primeira articulação dos dedos, nos quatro. Entre as fendas fica uma membrana semelhante à que existe nos gansos. Por outro lado, a planta do pé é carnuda como a do urso. É por isso que se protege com couro a planta do pé dos camelos que vão para a guerra, quando lhes começa a doer[28].

Disposição dos membros

Todos os quadrúpedes têm patas formadas de ossos e de tendões, mas desprovidas de carne. De forma geral, o mesmo se passa com todos os animais que têm membros,

---

[23] Cf. Plínio, *História natural*, 8.26. A distinção que aqui se estabelece corresponde à existente entre camelo e dromedário.

[24] Cf. *Partes dos animais*, 688b23.

[25] Cf. Heródoto, 3.103, Eliano, *História dos animais*, 10.3.

[26] Cf. Plínio, *História natural*, 11.105.

[27] Cf. *Partes dos animais*, 674a32. Os camelos não têm, de fato, dentes da frente no maxilar superior.

[28] Cf. Xenofonte, *Anábase*, 4.5,14, Plínio, *História natural*, 11.106.

menos com o homem. Esses animais também não têm nádegas. É nas aves que essa ausência é mais acentuada. No homem dá-se o contrário, pois nele as partes mais carnudas, ou quase, são as nádegas, as coxas e as pernas[29]. O que se chama barriga da perna é bem musculosa.

Entre os quadrúpedes sanguíneos e vivíparos, há os que têm um pé com várias fendas, como, no homem, as mãos e os pés (há realmente os que têm vários dedos, como o cão, o leão e o leopardo). Há-os também com o pé bifurcado e cascos em vez de garras, como o carneiro, a cabra, o veado e o hipopótamo. Outros não têm fendas, caso dos solípedes, como o cavalo e a mula. O gênero suíno é um exemplo intermédio. Porque há também na Ilíria, na Peônia e noutros lugares porcos solípedes. Em todo o caso, os animais com fendas têm duas na parte posterior das patas; nos solípedes, a pata é inteira.

Há animais que têm chifres e outros não. A maioria dos que têm chifres tem, de sua constituição natural, a pata bifurcada, como o boi, o veado e a cabra. Mas um animal solípede com um par de cornos nunca se viu. Há uns tantos, poucos, que têm só um chifre e são solípedes, como o rinoceronte-indiano[30]. O órix[31] só tem um chifre e as patas bifurcadas. O rinoceronte-indiano é o único solípede a ter astrágalo[32]. O porco, já o dissemos acima[33], pertence aos dois tipos, embora não tenha um astrágalo bem formado. Muitos dos animais com a pata bifurcada têm astrágalo. Mas um fissípede com astrágalo nunca se viu. O homem, por exemplo, também não o tem[34]. Contudo, o lince tem algo

---

[29] Cf. *Partes dos animais*, 689b6.
[30] Cf. *Partes dos animais*, 663a19-23.
[31] Cf. *Partes dos animais*, 663a23, Plínio, *História natural*, 8.53. Há dúvidas sobre este animal, que uns consideram mítico e outros identificam com uma variedade de antílope, existente no Norte de África.
[32] Cf. Eliano, *História dos animais*, 4.52.
[33] Cf. *supra*, 499b12.
[34] É um erro. O homem também o tem.

parecido com um meio astrágalo; o leão, por sua vez, tem um osso que faz lembrar as representações de um labirinto. Todos os que têm astrágalo têm-no nas patas posteriores e disposto verticalmente na articulação, com a parte de cima voltada para fora, e a de baixo, para dentro. Os lados de Cós, voltados um para o outro, no interior, e os lados que chamamos de Quios situam-se no exterior; as partes salientes, para cima[35]. É essa a posição do astrágalo em todos os animais que o possuem.

500a Há alguns animais que associam patas bifurcadas, crina e dois chifres curvados um para o outro, por exemplo, o bisonte[36], que vive na Peônia[37] e na Média. Mas todos os que têm chifres são quadrúpedes, salvo os casos em que se diz, por simples metáfora ou modo de falar, que um animal tem cornos; é o que se passa com os egípcios a propósito das serpentes da região de Tebas[38]: é a protuberância que estas apresentam que explica essa forma de dizer. Entre os animais que têm armações, o veado é o único que as tem compactas de ponta a ponta; os outros as têm ocas até certa altura e só o extremo é compacto[39]. Assim, a parte oca é uma produção da pele; a parte sólida que a envolve provém do osso, como é o caso dos cornos do boi[40]. O veado é o único animal que perde a armação todos os anos, a partir do segundo ano de vida, e ao qual ela volta a nascer. Nos outros, mantêm-se de forma permanente, salvo em caso de mutilação violenta.

....

[35] A forma como Aristóteles descreve a configuração do astrágalo tem a ver com a nomenclatura usada no jogo respectivo.
[36] Cf. *supra*, 498b31, 630a18, Plínio, *História natural*, 8.40.
[37] Região norte da Macedônia.
[38] Cf. Heródoto, 2.74.
[39] Cf. *infra*, 517a21-24, *Partes dos animais*, 663b12-16; sobre a armação dos veados, cf. 611a25-b20, Eliano, *História dos animais*, 12.18.
[40] Interpretação incorreta. A parte dura, queratinosa, é uma produção da pele.

Disposição das mamas

Há ainda a questão das mamas, cuja disposição é diferente de animal para animal e entre estes e o homem; o mesmo se passa com os órgãos do acasalamento. Há animais que têm as mamas à frente, no peito ou junto dele, e no que se refere ao número têm duas mamas – o homem e o elefante, por exemplo –, como afirmamos atrás[41]. De fato, o elefante possui duas mamas situadas na região das axilas. A fêmea possui duas mamas extremamente pequenas, que não estão nada em proporção com o corpo, de tal forma que, de lado, não se conseguem ver. Os machos também têm mamas, como as fêmeas, mas muito pequenas. O urso tem quatro. Outros têm duas mamas, situadas na região das coxas, e dois mamilos, como, por exemplo, a ovelha. Outros têm quatro mamilos, como a vaca. Outros não têm mamas nem no peito nem entre as coxas, mas no ventre, como o cão e o porco, e em grande número, se bem que nem todas do mesmo tamanho. Enquanto outros animais as têm em quantidade, a fêmea do leopardo tem, na barriga, quatro, e a leoa, também na barriga, duas. Quanto à fêmea do camelo, tem duas mamas e quatro mamilos, como a vaca. Entre os solípedes, os machos não têm mamas, exceto os que se parecem com a mãe, o que acontece com os cavalos[42].

Disposição dos órgãos genitais

Os órgãos genitais dos machos ora são externos, como no homem, no cavalo e em muitos outros, ora internos, como no golfinho. Entre os que os têm no exterior, uns os têm à frente, como os já referidos; entre esses, uns têm o pênis e os testículos bem destacados, como o homem, outros têm

---

[41] Cf. *supra*, 497b35, *Partes dos animais*, 688a25, Plínio, *História natural*, 11.95.
[42] Cf. *Partes dos animais*, 688b32.

os testículos e o pênis na região do ventre, mais ou menos destacados. De fato, esses órgãos não se destacam da mesma maneira no javali e no cavalo. O elefante tem um pênis semelhante ao do cavalo, mas pequeno e desproporcional ao tamanho do corpo, e uns testículos que não são visíveis do exterior; ficam lá dentro, na zona dos rins, o que faz que, na cópula, a separação seja rápida. O elefante fêmea tem a vulva no lugar onde ficam as mamas das ovelhas. Quando se excita, levanta-a e projeta-a para o exterior, de modo que facilite o acesso ao macho. Em geral, a vulva tem uma grande capacidade de dilatação.

Eis como se apresentam os órgãos da reprodução na maioria dos animais. Além disso, há os que urinam por trás, como o lince, o leão, o camelo e a lebre[43]. Os machos diferem entre si nesse aspecto, como já se disse, mas todas as fêmeas urinam por trás. Mesmo a fêmea do elefante, que tem os órgãos genitais debaixo das coxas, urina como as outras.

Existe uma grande variedade de pênis. De fato, há animais que o têm cartilaginoso e carnudo, como o homem. Nesse caso, a parte carnuda não se dilata, mas a cartilaginosa é extensível[44]. O pênis pode ser também tendinoso, como o do camelo ou o do veado; ou ósseo, como o da raposa, do lobo, da fuinha e da doninha; é um fato que a doninha tem um pênis ósseo.

Diferenças no crescimento

Além disso, o homem adulto tem a parte superior do corpo menor do que a inferior[45], enquanto nos outros animais sanguíneos se dá o contrário. Consideramos parte superior a que vai da cabeça à zona por onde se faz a expulsão

---

[43] Cf. *Partes dos animais*, 689a34-35.
[44] Cf. *Partes dos animais*, 689a29-31.
[45] Cf. *Partes dos animais*, 686b3-687a5.

dos excrementos, e inferior a restante, a partir desse ponto. Nos animais que têm patas, as posteriores constituem a parte inferior, para o estabelecimento dessa proporção; nos que não as têm, é o apêndice caudal, a cauda ou outros órgãos equivalentes que a constituem.

Portanto, os animais adultos são como acabamos de descrever, mas durante o crescimento verificam-se alterações. Assim, o homem, quando é jovem[46], tem a parte superior do corpo maior do que a inferior; mas com o crescimento a situação inverte-se (eis por que ele é o único que não faz o mesmo movimento de locomoção quando é novo e quando é adulto; na primeira infância gatinha); outros animais, caso do cão, mantêm durante o crescimento a proporção entre as duas partes. Há alguns que primeiro têm a parte superior menor e a inferior maior, mas com o crescimento passam a ter a superior maior, como os animais com cauda de crinas[47]. Porque nesses animais não se produz nenhum crescimento posterior da parte que vai do casco à anca.

501a

Diferenças relativas aos dentes

Há também, no que diz respeito aos dentes[48], muitas diferenças entre os animais e entre eles e o homem. De fato, têm dentes todos os quadrúpedes sanguíneos e vivíparos; mas, a princípio, uns têm dentes nas duas maxilas, outros não. Assim, os animais que têm cornos não têm dentes nas duas maxilas; é que não têm dentes anteriores no maxilar superior[49]. Alguns não têm dentes nas duas maxilas apesar de não terem cornos, caso do camelo. Há os que têm presas,

---

[46] Cf. *Geração dos animais*, 741b27 ss., 742b12 ss.
[47] Cf. *supra*, 491a1, *Partes dos animais*, 686b15.
[48] Cf. *Partes dos animais*, 655b8-11, 661a34-662a6, *Geração dos animais*, 788b3-789b2, Plínio, *História natural*, 11.61.
[49] Cf. *Partes dos animais*, 663b35, 664a1.

como os javalis[50], e os que não as têm. Existem ainda animais com os dentes dispostos em serra, como o leão, o leopardo e o cão; outros têm dentes que não se ajustam uns com os outros, como o cavalo e o boi. Entende-se por animais com dentes em serra os que os têm todos agudos e intercalados. Mas presas e cornos ao mesmo tempo não há nenhum animal que os tenha, nem nenhum dos que possuem dentes em serra tem presas ou cornos. A maioria dos animais tem os dentes da frente agudos e os de trás chatos. A foca tem todos os dentes dispostos em serra, situação que é comum com os peixes[51]; praticamente todos estes têm os dentes em serra.

Nenhuma dessas espécies tem duas fiadas de dentes. Mas há uma nesse caso, a acreditar em Ctésias[52]. Esse autor de fato defende que, na Índia, há um animal, chamado *marticora*[53], que tem em cada maxilar três fieiras de dentes. Informa ainda que, em tamanho, corresponde a um leão, que em pelo e em patas se parece também com ele, mas tem face e orelhas de homem, olhos azuis, a pele avermelhada, a cauda parecida com a do escorpião terrestre, com um aguilhão e eriçada de espinhos que lança como se fossem dardos; a voz assemelha-se a algo entre a flauta e a trombeta; em velocidade não fica atrás do veado; é feroz e alimenta-se de carne humana.

No que se refere aos dentes, o homem perde-os[54], como os perdem também outros animais, caso do cavalo, da mula e do burro. O ser humano perde os dentes da frente, mas

---

[50] Cf. *infra*, 538b21, *Partes dos animais*, 661b26.
[51] Cf. *Partes dos animais*, 697b6.
[52] Ctésias é, na opinião de Aristóteles, pouco fiável. Cf. 606a8, *Geração dos animais*, 736a2. Ctésias de Cnidos, médico grego da Ásia Menor, conta-se entre os historiadores do século IV a.C. e foi autor de um relato sobre a Pérsia e de outro sobre a Índia (405-362 a.C.).
[53] O nome significa "que mata homens". Cf. Pausânias, 9.21.4, Plínio, *História natural*, 8.30, Eliano, *História dos animais*, 4.21; cf. ainda Fócio, *Biblioteca*, 1.135, que preserva o texto de Ctésias. Talvez se trate do tigre.
[54] Cf. *Geração dos animais*, 788b7, Plínio, *História natural*, 11.63.

nenhum animal se vê privado dos molares. O porco não perde um único dos seus dentes.

2. A propósito dos cães[55], as opiniões divergem. Há quem pense que eles não perdem nenhum dos seus dentes, outros acham que eles perdem somente os caninos. A observação mostra que os perdem tal como o homem, mas esse processo passa despercebido, porque os dentes não lhes caem antes de lhes nascerem outros semelhantes, no interior das gengivas. É muito provável que outro tanto se passe com os animais selvagens, embora se diga que só perdem os caninos[56]. Entre os cães, podem-se distinguir os novos dos velhos pelos dentes. Os animais jovens têm-nos brancos e pontiagudos, os mais velhos escuros e rombos[57].

3. É diverso dos outros animais o que acontece com os cavalos. Nos outros, à medida que envelhecem, os dentes tornam-se escuros; no cavalo, mais brancos[58].

Os dentes chamados caninos fazem a transição entre os agudos e os chatos e partilham da forma de ambos: são chatos na base e agudos na ponta[59].

Os machos têm mais dentes do que as fêmeas, no homem, nos carneiros, nas cabras e nos porcos. Quanto aos outros animais, a necessária observação ainda não foi feita. Mas os que têm mais dentes vivem em geral mais tempo, enquanto os que têm menos dentes e mais intervalados têm geralmente uma vida mais curta[60].

4. Nos homens, os últimos dentes a nascer são os molares, chamados dentes do siso; nos homens e nas mulheres

---

[55] Cf. *infra*, 575a13.
[56] Cf. *infra*, 579b12, *Geração dos animais*, 788b17.
[57] Cf. Eliano, *História dos animais*, 4.40.
[58] Cf. *infra*, 576b13-20.
[59] Cf. *Partes dos animais*, 661b9-12.
[60] Cf. Plínio, *História natural*, 11.114.

aparecem por volta dos vinte anos. Mas já se tem visto mulheres com oitenta anos a quem os dentes do siso nascem no fim da vida, com enorme sofrimento para romperem; há homens com quem se passa o mesmo. Essa situação só acontece a quem, na juventude, os dentes do siso não nasceram.

5. O elefante tem quatro dentes de cada lado, de que se serve para triturar os alimentos[61] (desfá-los numa espécie de papa), e, para além destes, outros dois de grandes dimensões. O macho tem-nos grandes[62] e voltados para cima, a fêmea, pequenos e na posição contrária à dos machos, voltados para baixo. O elefante tem dentes assim que nasce, embora os grandes a princípio sejam imperceptíveis.

502a

6. Esse animal tem uma língua tão pequena e tão metida para dentro, que é difícil vê-la.

Tamanho da boca

7. Há também diferenças entre os animais quanto ao tamanho da boca. Uns a têm rasgada até atrás, caso do cão, do leão e de todos os que têm os dentes em serra; outros têm uma boca pequena, como o homem; outros ainda, de um tamanho intermédio, como o gênero dos porcos.

O hipopótamo

O hipopótamo do Egito[63] tem crinas como as do cavalo, patas bifurcadas como as do boi e focinho chato. Tem também astrágalo como os animais de pata bifurcada, presas

---

[61] Cf. 596a3, Eliano, *História dos animais*, 17.7.
[62] Cf. 610a16-22.
[63] Cf. Heródoto, 2.71, Eliano, *História dos animais*, 5.53.

pouco visíveis, a cauda semelhante à do porco e voz de cavalo. De tamanho é parecido com o rinoceronte. Tem uma pele tão espessa que dela se pode fazer lanças[64]. Os órgãos internos que possui são como os do cavalo e os do burro.

Os macacos

8. Há alguns animais que, pela própria natureza, se situam entre o homem e os quadrúpedes. É o caso dos macacos, dos colobos e dos mandris. O colobo é um macaco que tem cauda longa. Os mandris têm forma idêntica à dos macacos, mas são maiores, mais fortes e com um focinho parecido com o do cão. Têm também comportamentos mais selvagens, dentes mais próximos dos do cão e mais fortes. Os macacos, porque são quadrúpedes, têm o dorso coberto de pelos e, por serem antropoides, a parte dianteira o é também (de fato, sob esse ponto de vista, o homem e os quadrúpedes são opostos, como atrás ficou dito[65]); no entanto, os macacos têm pelos espessos e são bastante peludos dos dois lados. A face apresenta muitas semelhanças com o homem: as narinas e as orelhas são praticamente iguais, os dentes são como os dos humanos, quer os da frente, quer os molares. Enquanto os outros quadrúpedes não têm pestanas numa das duas pálpebras, o macaco as tem nas duas, mas muito finas, sobretudo na pálpebra inferior, e minúsculas. Os outros quadrúpedes não as têm nessa pálpebra[66].

No peito, o macaco tem duas mamas pequenas com o respectivo mamilo. Tem também braços como o homem, simplesmente cobertos de pelo. Dobra-os, como também as pernas, da mesma forma que os humanos, com os ângulos

---

[64] Cf. Heródoto, 2.71.
[65] Cf. *supra*, 498b17.
[66] Cf. *supra*, 498b21-25.

de cada par de membros voltados uns para os outros[67]. Além disso, tem mãos, dedos, unhas idênticos aos do homem, embora todos eles com um aspecto mais bestializado. Os pés tem-nos muito peculiares: são uma espécie de mãos de grandes dimensões, com dedos semelhantes aos das mãos, sendo o do meio o mais longo; a planta do pé parece-se com uma mão, exceto que é mais alongada; prolonga-se até a extremidade e assemelha-se à palma de uma mão. O pé remata numa parte mais dura, com uma semelhança vaga e confusa com um calcanhar. O macaco serve-se dos pés para duas finalidades: como mãos e como pés, e dobra-os como se fossem mãos. Tem o braço e a coxa curtos se comparados com o antebraço e com a perna. Não tem um umbigo saliente, mas um ponto duro na região umbilical. A parte alta do corpo é muito maior do que a inferior, como acontece com os quadrúpedes[68], numa proporção em torno de cinco para três. Por causa desse pormenor, e também por ter pés semelhantes às mãos, constituindo uma espécie de combinação mão/pé (de pé para a extremidade do calcanhar, de mão nas partes restantes, pois mesmo os dedos têm o que se chama a palma), passa a maior parte do tempo a quatro patas, mais do que em posição ereta. Nem tem nádegas, como quadrúpede que é[69], nem cauda, por ser também bípede, salvo uma bem curta, que não passa de um simples vestígio. A fêmea tem os órgãos genitais semelhantes aos da mulher, mas os do macho parecem-se mais com os do cão do que com os do homem.

9. Os colobos, como dissemos[70], têm cauda longa. Mas os órgãos internos são, quando se faz a dissecção, idênticos aos do homem em todos os animais desse tipo.

É essa a configuração das partes dos animais vivíparos.

---

[67] Cf. *supra*, 498a19.
[68] Cf. *supra*, 500b26 ss.
[69] Cf. *supra*, 499b1, *Partes dos animais*, 689b6.
[70] Cf. *supra*, 502a18.

Os crocodilos

10. Os quadrúpedes sanguíneos e ovíparos (nenhum animal terrestre sanguíneo é ovíparo que não seja quadrúpede ou ápode) têm cabeça, pescoço, dorso, partes dorsais e abdominais do corpo, e ainda patas anteriores e posteriores, uma parte que corresponde ao peito, como os quadrúpedes vivíparos; têm também cauda, que na maior parte deles é longa e nuns tantos menor. Todos esses animais têm dedos múltiplos e são fissípedes. Para além disso, têm órgãos dos sentidos e língua, todos eles, exceção feita ao crocodilo do Egito. Este se aproxima mais de alguns peixes. Porque geralmente os peixes têm uma língua espinhosa e não solta, alguns a têm totalmente lisa, e o lugar onde ela está não é diferenciável, a menos que se lhes abra muito a boca[71]. 503a

Não têm orelhas, mas apenas um canal auditivo. São desprovidos de mamas, de pênis, os testículos não os têm externos, mas internos, nem possuem pelos. São todos cobertos de escamas, como também todos têm os dentes em serra.

Os crocodilos de rio têm olhos de porco, dentes grandes e salientes, garras possantes e uma pele impenetrável graças às placas que a cobrem[72]. Veem mal dentro de água, mas fora dela têm uma visão muito penetrante. Passam a maior parte do dia em terra, e a noite dentro de água. Porque a essa hora ela é mais quente do que o ar.

O camaleão

11. O camaleão, no seu aspecto geral, tem forma de lagarto, mas tem as costelas voltadas para baixo, confluindo no hipogastro, à semelhança do que se passa nos peixes, como também se lhes assemelha pela saliência da espinha.

---

[71] Cf. *Partes dos animais*, 660b13-24, 690b24-26.
[72] Cf. Eliano, *História dos animais*, 10.21, 24.

O focinho parece-se com o do babuíno. Tem uma cauda muito longa, adelgaçada na ponta, e que em boa parte se enrola como uma fita. Ergue-se muito mais em relação à superfície do solo do que um lagarto, mas a flexão que faz das pernas é semelhante à deste. Cada um dos pés divide-se em duas partes, que têm, em relação uma à outra, a mesma disposição que existe entre o nosso polegar e o resto da mão. O extremo de cada uma dessas partes divide-se em vários dedos; nas patas da frente, a parte voltada para o animal tem três dedos, e a voltada para o exterior, dois; nas de trás, a parte voltada para o animal tem dois dedos, e a virada para fora, três. Nos dedos tem garras parecidas com as das aves de rapina.

Tem todo o corpo rugoso, como o do crocodilo. Os olhos estão situados numa cavidade, são muito grandes, redondos e cobertos por uma pele idêntica à do resto do corpo. No centro dos olhos abre-se um pequeno espaço para a visão, por onde o animal vê. Esse espaço nunca é coberto pela pele. O camaleão vira os olhos num movimento circular e pode voltá-los em todas as direções, de forma que vê tudo em redor.

A mudança de cor nele opera-se quando se enche de ar. Tem um tom escuro, próximo ao do crocodilo, e amarelado como o do lagarto, salpicado de manchas negras como o leopardo. A mudança de cor opera-se em todo o corpo. Mesmo os olhos mudam de cor ao mesmo tempo que o resto do corpo, como também a cauda[73]. Faz movimentos particularmente lentos, como a tartaruga. Perto de morrer passa a amarelo e, depois de morto, mantém esse tom.

O esôfago e a traqueia têm, no camaleão, a mesma posição que no lagarto. Não tem carne em parte alguma do corpo a não ser na cabeça e nas faces, que são levemente carnudas, e na extremidade a que se liga a cauda. Só tem sangue em torno do coração, nos olhos, na zona acima do co-

---

[73] Cf. *Partes dos animais*, 692a20.

ração, e em toda uma rede de pequenos vasos sanguíneos que partem de lá. Mas mesmo nesses locais a quantidade de sangue existente é muito pequena[74]. No camaleão, o cérebro fica um pouco acima dos olhos, mas ligado a eles. Se se lhe levantar a pele que rodeia exteriormente os olhos, vê-se brilhar através deles uma espécie de círculo, que tem a configuração de uma anilha estreita de bronze. Praticamente em toda a superfície do corpo estendem-se membranas múltiplas e resistentes, mais numerosas e mais sólidas do que ocorre nos outros animais. Depois de seccionado de ponta a ponta, continua a respirar por muito tempo, enquanto um movimento ligeiro se processa em volta do coração; há uma contração que se faz sobretudo na zona do dorso, mas também nas outras partes do corpo. Não tem em parte alguma um baço perceptível. Vive em buracos, como os lagartos.

As aves

12. Também as aves[75] possuem algumas partes que se assemelham às dos animais de que já falamos. Assim, todas têm cabeça, pescoço, dorso, região abdominal e uma parte correspondente ao peito. Têm duas pernas, como o homem; são, nesse aspecto, dos animais que mais se lhe assemelham. Somente flexionam-nas para trás, como os quadrúpedes, o que já acima referimos[76]. Não têm mãos nem patas anteriores, mas sim asas que as identificam por contraste com os outros animais. Têm a anca semelhante a uma coxa, longa e ligada até o meio do ventre[77], de modo que, depois de separada, mais parece uma coxa, enquanto a coxa propriamente dita, que se encontra entre a anca e a perna, constitui outra

....
[74] Cf. *Partes dos animais*, 692a22.
[75] Cf. *Partes dos animais*, 692b3 ss.
[76] Cf. *supra*, 498a28.
[77] Cf. *Marcha dos animais*, 710b21.

parte. São as aves de garras curvas as que têm as coxas mais desenvolvidas, e o peito mais forte do que as outras. Todas as aves têm muitas garras[78], como também todas elas têm, de certa forma, muitos dedos. De fato, na maior parte delas os dedos são separados, e as que nadam, que são palmípedes, mesmo assim apresentam dedos articulados e separados. Todas as boas voadoras possuem quatro dedos. Na maioria, têm três virados para a frente e um para trás, como uma espécie de calcanhar. Poucas são as que têm dois dedos voltados para a frente e dois para trás, como é o caso do chamado pica-pau[79]. Esta é uma ave pouco maior do que o tentilhão, com penas matizadas, e são seus traços particulares a disposição dos dedos[80] e a língua, que se parece com a da serpente. De fato, pode projetá-la numa extensão de quatro dedos e voltar a dobrá-la sobre si própria. É capaz de virar o pescoço para trás sem mover o resto do corpo, como as cobras. Tem garras grandes, mas de estrutura semelhante às da gralha. Solta gritos estridentes[81].

As aves têm boca, mas de um tipo particular. Não possuem lábios nem dentes, mas bico[82]. São desprovidas de orelhas e de narinas, mas têm canais para as sensações correspondentes, os das narinas, no bico, os da audição, na cabeça. Todas têm olhos, dois, como em todos os outros animais, sem pestanas[83]. As aves de grande porte fecham os olhos com a pálpebra inferior; todas pestanejam por meio de uma pele que parte do canto do olho, mas as aves do gênero das corujas fazem-no também com a pálpebra superior. O mesmo se passa com os animais de placas córneas, caso dos lagartos e animais afins. Todos fecham os olhos por meio da pálpebra inferior, sem contudo o fazer como as aves[84].

[78] Cf. Plínio, *História natural*, 11.107.
[79] Cf. *Partes dos animais*, 695a24.
[80] Cf. *Partes dos animais*, 695a23.
[81] Cf. Eliano, *História dos animais*, 6.19.
[82] Cf. *Partes dos animais*, 662a34, 693a11 ss.
[83] Cf. *Partes dos animais*, 658a11.
[84] Cf. *Partes dos animais*, 657a28, 691a20.

Além disso, as aves são desprovidas de placas córneas e de pelos, mas têm penas, todas elas munidas de um tubo. Também não possuem cauda, mas um uropígio[85], que é curto nas aves de patas longas e palmípedes, mas comprido nas que têm características opostas. Estas últimas voam com as patas encolhidas sob o ventre; as que têm um uropígio pequeno, de patas estendidas.

Todas têm língua, que nem sempre é idêntica; umas vezes é longa, outras, curta. Dentre os vários animais, só algumas aves, a seguir ao homem, são capazes de emitir sons articulados. Estão nesse caso sobretudo as aves que têm uma língua larga[86].

Quanto à epiglote sobre a traqueia, não se encontra nas espécies ovíparas[87]; estas se limitam a fechar e a abrir o canal, de forma que nenhuma substância sólida penetre até ao pulmão.

Algumas espécies de aves têm também esporões. Mas nenhuma possui, ao mesmo tempo, garras curvas e esporões. Os grupos de garras curvas são bons voadores, os que têm esporão pertencem ao tipo das aves pesadas.

Há ainda algumas aves com crista; nuns tantos casos trata-se de plumas eriçadas, mas o galo é um caso particular; a crista que apresenta não é de carne, mas de uma natureza semelhante.

Os peixes

13. Dos animais aquáticos, o gênero dos peixes constitui um grupo à parte dos restantes e compreende muitas formas. Têm cabeça e parte dorsal e ventral; é nesta última que se encontram o ventre e as vísceras. Na parte posterior

---

[85] Cf. *Partes dos animais*, 697b11 ss.
[86] Cf. 597b27, *Partes dos animais*, 660a23, Eliano, *História dos animais*, 13.18, 16.2.
[87] Cf. *Partes dos animais*, 664b22, Plínio, *História natural*, 11.66.

têm uma cauda que vem no prolongamento do corpo e não é divisível. Nem todos os peixes a têm semelhante. Nenhum peixe tem pescoço, nem membros, nem nada que se pareça com testículos, nem no interior nem no exterior, nem mamas. De resto, não existe nenhum tipo de animal não vivíparo que as tenha; e, mesmo entre os vivíparos, nem todos as possuem, só aqueles que são desde o início interiormente vivíparos sem antes terem sido ovíparos. De fato, o golfinho é vivíparo, e por isso tem duas mamas[88], não situadas em cima, mas perto dos órgãos genitais. Mas não possui mamas salientes, como as dos quadrúpedes, antes uma espécie de dois orifícios, um de cada lado, de onde corre o leite. Os filhotes mamam nadando junto da mãe. Esse processo foi comprovado por quem já o observou.

Os peixes, como acabamos de dizer, não têm mamas, nem um canal genital visível do exterior. Mas têm como característica própria, por um lado, as guelras, pelas quais expelem a água que absorvem pela boca, por outro, as barbatanas, na maior parte dos casos quatro, mas duas nos animais alongados, como as enguias, e ambas situadas junto das brânquias. São igualmente duas nas tainhas, por exemplo, as que vivem no lago de Sifas[89], como também o chamado suspensório. Alguns animais alongados não têm barbatanas, como a moreia, nem guelras destacadas como nos outros peixes.

Dos que têm brânquias, uns possuem um opérculo a recobri-las, mas todos os selácios as têm descobertas. Todos os que apresentam opérculos têm guelras laterais, enquanto, entre os selácios, os peixes achatados as têm por baixo, no ventre, caso da tremelga e da raia; os outros, os longos, têm-nas de lado, como todos os esqualos. O tamboril tem-nas laterais, e cobertas não por um opérculo espi-

---

[88] Cf. *infra*, 521b23, Plínio, *História natural*, 11.95, Eliano, *História dos animais*, 10.8.

[89] Situado na Beócia, perto de Téspias. Cf. *Partes dos animais*, 696a5, *Marcha dos animais*, 708a5, Pausânias, 9.32.3.

nhoso, como nos peixes que não são selácios, mas por uma espécie de pele.
Entre os peixes que têm guelras, há ainda as que são simples e duplas. A última na direção do corpo é sempre simples. Por outro lado, há peixes com poucas brânquias, e outros com um grande número. Mas em todos esse número é igual dos dois lados. O peixe que tem menos guelras possui não mais do que uma de cada lado, mas dupla, como é o caso do pimpim[90]. Outros têm duas de cada lado, uma simples e uma dupla, o congro e o papagaio[91], por exemplo. Outros têm quatro guelras simples de cada lado, como o esturjão, a sínagris[92], a moreia e a enguia. Outros possuem também quatro, mas dispostas em duas filas com exceção da última, como o bodião, a perca, o siluro e a carpa. Todos os esqualos têm também guelras duplas, cinco de cada lado. O espadarte tem oito duplas. É esse o número de brânquias nos peixes.

Mais ainda, os peixes diferem das outras espécies por uma outra característica para além das guelras. É que nem têm pelos como os vivíparos terrestres, nem placas córneas como alguns quadrúpedes ovíparos, nem penas como o gênero das aves. Na sua maior parte têm escamas; uns tantos, que são poucos, têm a pele rugosa; e um certo número, de resto mínimo, tem a pele lisa. Quanto aos selácios, uns são rugosos, outros lisos; o congro, a enguia, o atum, contam-se no número dos lisos[93].

Todos os peixes têm dentes em serra, exceção feita do papagaio[94]. Todos os têm também agudos e dispostos em

---

[90] Cf. Eliano, *História dos animais*, 10.11.
[91] Cf. *Partes dos animais*, 662a7, 675a3. De *skaíro*, "saltar"; Ateneu, 324d, refere os saltos e os movimentos que esses peixes executam com a cauda.
[92] Este é um peixe de identificação difícil. Talvez seja o "capatão-legítimo", *Dentex dentex*.
[93] Nenhum dos peixes referidos é selácio.
[94] Cf. *Partes dos animais*, 662a7.

várias filas; alguns até os apresentam mesmo na língua. A língua, têm-na dura e espinhosa e tão presa que pode por vezes parecer até que a não têm[95]. Em alguns a boca é muito rasgada, como em certos quadrúpedes vivíparos; noutros, afilada. Dos órgãos dos sentidos, para além dos olhos, não têm nenhum que seja visível, nem o órgão em si nem os respectivos canais, no que se refere à audição e ao olfato. Mas todos têm olhos sem pálpebras, e esses olhos não são duros[96].

505b

Todas as espécies de peixes são sanguíneas, sendo umas ovíparas e outras vivíparas. Todos os que têm escamas são ovíparos, mas todos os selácios são vivíparos, salvo o tamboril[97].

As serpentes terrestres e aquáticas

14. Resta ainda, dentre os animais sanguíneos, o gênero das serpentes, que se encontram nos dois *habitats*. De fato, a maior parte das serpentes é terrestre, mas há um pequeno número de cobras aquáticas que vive nas águas dos rios. Há também serpentes marinhas[98], que se assemelham pela forma às terrestres, apenas na cabeça se parecem mais com o congro. Há muitas variedades de serpentes marinhas, de diversas cores. Não se encontram em águas profundas. As serpentes são ápodes, como o gênero dos peixes.

Há também escolopendras marinhas[99], semelhantes quanto à forma às terrestres, mas ligeiramente menores de tamanho. Encontram-se sobretudo em lugares rochosos.

---

[95] Cf. *supra*, 503a3.
[96] Cf. *Partes dos animais*, 657b34, 691a24.
[97] Que não é um selácio.
[98] Cf. 621a2, Plínio, *História natural*, 9.67. Refere-se, muito provavelmente, a anelídeos poliquetas.
[99] Cf. 621a6, Plínio, *História natural*, 9.67, Eliano, *História dos animais*, 7.35, 13.23.

Têm o tom mais avermelhado, têm mais patas e mais finas do que as terrestres. Também nunca se encontram, como acontece com as serpentes, em águas profundas.

Entre os peixes dos rochedos, há um pequenino, a que chamamos sugador[100], que se usa em processos judiciais ou como filtro de amor. Não é comestível. Há quem diga que tem patas, mas não tem. Pode parecer que sim porque possui barbatanas parecidas com patas.

Estas são, portanto, as partes exteriores dos animais sanguíneos, quanto ao número e à natureza, como também as diferenças existentes entre elas.

Órgãos internos dos animais sanguíneos

15. Teremos agora de abordar a disposição dos órgãos internos, antes de mais nada, nos animais sanguíneos. Aliás, é nesse aspecto que os gêneros principais se distinguem dos restantes, porque uns são sanguíneos e outros não sanguíneos. O primeiro grupo compreende os quadrúpedes ovíparos e os vivíparos, as aves, os peixes, os cetáceos e todos os outros grupos sem nome por não constituírem propriamente um gênero, mas simplesmente casos isolados, como o homem.

Assim, todos os quadrúpedes vivíparos têm esôfago e traqueia, situados do mesmo modo que no homem. Outro tanto se passa com os quadrúpedes ovíparos e com as aves. Todavia, neste último caso, os órgãos em causa apresentam diferenças de forma. Em geral, os animais que absorvem ar, ou seja, que inspiram e expiram, todos têm pulmão, traqueia e esôfago, e a posição da traqueia e do esôfago é idêntica mesmo que os órgãos em si não sejam semelhantes; quanto ao pulmão, não há semelhança nem de natureza nem de posição.

506a

....
[100] Cf. Plínio, *História natural*, 9.41, 32.1, Eliano, *História dos animais*, 2.17.

Todos os animais que têm sangue possuem também coração e diafragma, a que se chama nervo frênico[101]. Contudo, nos animais de pequeno porte, este último órgão, pela sua estreiteza e pequenez, não é igualmente visível. No que diz respeito ao coração, há uma particularidade própria do boi: de fato, há uma raça de bois, não são todos, que tem um osso no coração; está no mesmo caso o coração do cavalo[102].

Nem todos os animais sanguíneos têm pulmão; por exemplo, o peixe não tem, como não o têm em geral todos os animais com guelras. Mas todos os sanguíneos têm fígado e, na sua maioria, também têm baço. A maior parte dos animais, não os que são vivíparos, mas ovíparos, tem o baço tão pequeno que quase passa despercebido à observação. Está neste caso a maioria das aves, como o pombo, o milhafre, o falcão e a coruja. Quanto ao maçarico[103], não tem mesmo baço. Com os quadrúpedes ovíparos passa-se outro tanto: têm também um baço muito pequeno, caso da tartaruga, do cágado, do sapo, do lagarto, do crocodilo e da rã.

A vesícula biliar

Uns tantos animais têm no fígado uma vesícula biliar, outros, não. Dos quadrúpedes vivíparos, não a tem o veado[104], nem o gamo, tampouco o cavalo, a mula, o burro, a foca e certos tipos de porco. Os veados a que chamamos "acainas"[105] parecem produzir bílis na cauda[106]. No entanto, aquilo a que

------

[101] Cf. *supra*, 496b10 ss.

[102] Cf. *Partes dos animais*, 666b18, *Geração dos animais*, 787b18.

[103] Há dificuldade na identificação precisa deste animal, cujo nome literalmente significa "cabeça de cabra". Talvez se trate de *Limosa limosa*.

[104] Cf. *Partes dos nimais*, 676b27.

[105] Este adjetivo, de difícil entendimento, suscitou diversas interpretações: uma que o relaciona com a possível origem geográfica do animal – "da Acaia" –, outra, com a idade, "velho". Cf. a ocorrência da mesma palavra em 611b18.

[106] Cf. Plínio, *História natural*, 11.74.

damos essa designação assemelha-se à bílis pela cor, mas não tem a mesma consistência líquida; mais se parece com a substância segregada pelo baço.

Todavia, os veados possuem, todos eles, na cabeça larvas vivas. Estas infestam uma cavidade situada debaixo da língua, em torno da vértebra a que se liga a cabeça. Em tamanho, não ficam atrás das larvas de maior dimensão que se encontram na podridão. Formam-se em grupos compactos e, em número, rondam no máximo cerca de vinte.

Logo, como íamos dizendo, os veados não têm vesícula biliar. Mas têm uns intestinos tão amargos que até os cães se recusam a comê-los, a menos que o veado esteja muito gordo. Também o elefante tem o fígado desprovido de vesícula biliar. Mas, quando se faz a sua dissecção, da zona onde se forma a bílis nos animais que a possuem, derrama-se, em maior ou menor quantidade, um fluido que se lhe assemelha.

Dentre os animais que absorvem a água do mar e que têm pulmão, o golfinho não tem vesícula biliar. As aves e os peixes todos a têm, como também os quadrúpedes ovíparos, em maior ou menor quantidade. Há peixes que a têm sobre o fígado, como os esqualos, o siluro, o anjo-do-mar, a raia-pontuada, a tremelga e, entre os peixes longos, a enguia, o peixe-agulha e o tubarão-martelo. O cabeçudo[107] tem-na também aderente ao fígado, e é, em proporção ao seu tamanho, a mais volumosa que se encontra entre os peixes. Outros a têm aderente aos intestinos e ligada ao fígado por uns canais muito delgados. Em particular, o bonito tem a vesícula biliar estendida ao longo dos intestinos e de igual comprimento, ou até muitas vezes com o dobro do tamanho. Outros a têm junto aos intestinos, a uma distância maior ou menor; é o caso do tamboril, do esturjão, da sínagris[108], da moreia e do espadarte.

---

[107] Este é um animal com os olhos na parte superior da cabeça, de modo que olhe para o céu; é dessa característica que lhe vem o nome.
[108] Cf. *supra*, nota 92.

Muitas vezes, até o mesmo gênero de animais apresenta uma ou outra das duas disposições dessa vesícula, caso dos congros, que ora a têm ligada ao fígado, ora separada e mais abaixo. O mesmo se passa com as aves. Algumas têm a vesícula biliar anexa ao estômago, outras aos intestinos, como o pombo, o corvo, a codorniz, a andorinha e o pardal. Umas tantas a têm ao mesmo tempo junto do fígado e do estômago, como o maçarico; outras junto do fígado e dos intestinos, como o falcão e o milhafre.

Os rins e a bexiga

16. Todos os quadrúpedes vivíparos têm rins e bexiga[109]. Entre os ovíparos não quadrúpedes, nenhum os possui, caso das aves ou dos peixes. E dos quadrúpedes a exceção é a tartaruga, que os apresenta de um tamanho proporcional às outras partes[110]. Esse mesmo animal tem rins idênticos aos do boi. O rim do boi é como um órgão único formado de muitos de pequenas dimensões[111]. O bisonte tem também todos os órgãos internos semelhantes aos do boi.

O coração e o fígado

17. Quanto à posição, em todos os animais que possuam esses órgãos ela é a mesma. O coração fica ao centro, exceto no homem. Este o tem mais à esquerda, como já atrás dissemos[112]. O coração tem sempre a ponta voltada para a frente; os peixes poderiam parecer exceção, porque neles essa ponta não está voltada para a região peitoral, mas para

---

[109] Cf. *Partes dos animais*, 670b23 ss.
[110] Cf. *infra*, 519b15, 541a9, *Partes dos animais*, 671a28, 676a29, *Geração dos animais*, 720a6.
[111] Cf. *Partes dos animais*, 671b5.
[112] Cf. *supra*, 496a15.

a cabeça e para a boca. Neles, a parte alta do coração está ligada ao ponto em que se juntam as guelras direita e esquerda. Há também outros canais que vão do coração a cada uma das guelras, maiores nos peixes de maiores dimensões e mais reduzidos nos de menor tamanho. O que sai da parte alta do coração nos animais maiores é um tubo espesso e branco. Poucos são os peixes que têm esôfago, o congro e a enguia, por exemplo, que é, mesmo nesses, de tamanho muito reduzido.

Entre os animais que têm fígado, uns o têm constituído de um único lobo e situado do lado direito, outros o têm dividido desde a base, com a parte maior à direita. Em certos animais, de fato, cada uma das partes está separada da outra, sem mesmo se unirem na base. Entre os peixes, este é o caso dos esqualos; há também uma raça de lebres, na região em volta do lago Bolbe[113], na chamada Sícine, e noutros locais, que poderiam dar a ideia de ter dois fígados devido à distância que separa os canais de conexão, como acontece também com o pulmão das aves.

O baço e o esôfago

O baço fica, em todos os animais, por natureza, do lado esquerdo, e os rins dispõem-se, em todos os seres que os têm, da mesma maneira. Mas já se tem visto quadrúpedes que, depois de seccionados, têm o baço à direita e o fígado à esquerda[114]. Esses casos, porém, podem considerar-se aberrações.

A traqueia, em todos os animais, conduz ao pulmão (de que modo, é assunto a tratar mais adiante[115]), enquanto o esôfago leva ao estômago através do diafragma, nos animais

---

[113] Este lago situa-se na Macedônia: cf. Ésquilo, *Persas*, 494, Tucídides, 1.58.
[114] Cf. *supra*, 496b15-19.
[115] Cf. *Partes dos animais*, 665a19-21.

que o possuem. Os peixes, como se disse acima[116], na sua maioria não o têm, pois neles o estômago está diretamente ligado à boca. É por isso que, frequentemente, nos peixes grandes quando em perseguição dos pequenos o estômago assoma à boca.

O estômago

Todos os animais a que nos referimos têm estômago, sempre na mesma posição (situado logo abaixo do diafragma), seguido dos intestinos, que terminam no ponto de saída dos excrementos, que se chama ânus. Há diversos tipos de estômago. Em primeiro lugar, entre os quadrúpedes vivíparos, os animais com cornos e que não têm duas fiadas de dentes têm quatro cavidades desse tipo[117]. Deles diz-se que ruminam[118]. De fato, nesses animais o esôfago parte da boca, 507b segue um percurso descendente junto ao pulmão, e do diafragma passa à pança. Esta é, no seu interior, rugosa e repartida. Ligado a esta, perto do ponto onde abre o esôfago, encontra-se aquilo que, em função do aspecto, se chama barrete. Este é, por fora, semelhante ao estômago, por dentro, a uma rede. Mas em tamanho o barrete é muito menor do que a pança. Vem depois o folhoso, enrugado por dentro e com saliências, equivalente em tamanho ao barrete. Segue-se a chamada coalheira, de dimensões maiores do que o folhoso e de forma alongada. Dentro tem inúmeras saliências, grandes e lisas. A partir daí começa o intestino.

É assim, portanto, o estômago dos animais com cornos e que não têm duas fieiras de dentes. Há diferenças entre eles quanto à forma e tamanho desses órgãos e também porque o esôfago lhes penetra no estômago ao centro ou lateralmente. Em contrapartida, os animais com dupla fiada de

---

[116] Cf. *supra*, 507a10, 591b8, *Partes dos animais*, 675a9.
[117] Cf. *Partes dos animais*, 674b13.
[118] Cf. 632b1.

dentes só têm um estômago, caso do homem, do porco, do cão, do urso, do leão e do lobo. Quanto ao chacal[119], todos os órgãos internos são idênticos aos do lobo. Logo, todos eles têm apenas um estômago, seguido do intestino. Mas uns têm um estômago maior, como o porco e o urso (o do porco com umas tantas saliências lisas[120]), outros muito menor, não muito maior do que os intestinos, por exemplo, o cão, o leão e o homem. Nos restantes, as formas variam de acordo com os tipos de estômago já mencionados. Assim, uns o têm igual ao do porco, outros, ao do cão, independentemente de os animais serem maiores ou menores. As diferenças registradas nesses animais têm a ver com o tamanho, a forma, a espessura ou a finura do estômago e com o lugar em que ele comunica com o esôfago.

Os intestinos

A natureza dos intestinos[121] é também diferente em cada um dos grupos de animais de que falamos, os que não têm duas fiadas de dentes e os que as têm; varia em tamanho, espessura e rugosidades. Os dos animais que não têm uma fiada dupla de dentes são sempre maiores. É que os próprios animais são todos eles também maiores. Os de pequeno porte são poucos, e não há um único animal realmente pequeno que tenha cornos. Alguns têm apêndices intestinais, e nenhum animal tem intestino direito se não tiver uma dupla fiada de dentes. O elefante tem um intestino com constrições[122], de modo que pode dar a ideia de ter quatro estômagos. É nele que se encontra o alimento, sem que haja nenhum receptáculo à parte. As vísceras são seme-

---

[119] Cf. 630a9-17, Plínio, *História natural*, 8.52 (34), Eliano, *História dos animais*, 12.28.
[120] Cf. *supra*, 507b7-8, *Partes dos animais*, 675a28.
[121] Cf. *Partes dos animais*, 675a31-b37.
[122] Cf. Plínio, *História natural*, 11.79.

508a lhantes às do porco, com a particularidade de ter um fígado quatro vezes maior que o do boi, como também as outras vísceras. Mas o baço é proporcionalmente menor do que se podia esperar.

A disposição é a mesma, no que se refere ao estômago e aos intestinos, para os quadrúpedes ovíparos, como o cágado e a tartaruga, o lagarto, os dois tipos de crocodilo[123] e, em geral, para todos os animais desse gênero. Todos têm, de fato, um estômago simples e único, ora parecido com o do porco, ora com o do cão.

As vísceras das serpentes

O gênero das serpentes é semelhante e tem, por assim dizer, todos os órgãos parecidos com uma classe dos ovíparos terrestres, a dos lagartos; basta imaginá-los alongados e tirar-lhes as patas. Ou seja, as serpentes são cobertas de escamas, com as partes dorsais e abdominais idênticas às dos lagartos. A única diferença está em que não têm testículos, mas antes, à semelhança dos peixes, dois canais que se juntam num só e um útero longo e bifurcado. Os outros órgãos internos são semelhantes aos dos lagartos, salvaguardado o princípio de que todas as suas vísceras, devido à estreiteza e ao comprimento do animal, são estreitas e longas, a ponto de poderem se confundir graças à semelhança de forma que apresentam. A traqueia, por exemplo, é muito longa, e o esôfago mais ainda. O começo da traqueia é de tal modo próximo da boca que dá ideia de que a língua lhe fica por baixo. Por seu lado, a traqueia parece projetar-se sobre a língua, porque esta se contrai e não permanece no lugar como nos outros animais. A língua das serpentes é fina, longa e escura, e pode estender-se bastante para fora da boca. O que caracteriza, relativamente à língua das outras espécies, a das serpentes e a dos lagartos é ter a extremidade bifurca-

---

[123] O de rio e o terrestre.

da, sobretudo no caso das serpentes. Nestas a ponta da língua é fina como um cabelo[124]. Também a foca[125] tem a língua bifurcada. Quanto ao estômago, a serpente tem-no semelhante a um intestino, mas mais largo, e do tipo do do cão. Segue-se o intestino propriamente dito, que é longo, delgado e único até o extremo. Sobre a faringe fica o coração, pequeno e em forma de rim. Daí que por vezes mais pareça não ter a ponta voltada para o peito. Continuando, o pulmão é simples, dividido por um canal fibroso, muito alongado e totalmente separado do coração. O fígado é longo e simples, o baço pequeno e arredondado, como o dos lagartos. Têm uma vesícula biliar igual à dos peixes; nas espécies aquáticas esta se situa junto ao fígado, nas restantes, perto dos intestinos na maior parte dos casos. Todas têm os dentes em serra. Quanto às costelas são em número igual ao dos dias do mês, ou seja, trinta. Há quem diga que se passa com as serpentes um fenômeno semelhante ao que acontece com os filhotes das andorinhas: se se lhes furar os olhos, voltam a nascer[126]. E o mesmo se passa com as caudas dos lagartos e das serpentes: se se cortarem, voltam a crescer.

508b

As vísceras dos peixes

Os intestinos e o estômago têm configuração idêntica nos peixes. Todos têm um estômago único e simples, mas variável quanto à forma. Assim, uns o têm completamente igual ao intestino, como o chamado papagaio[127], que parece ser também o único peixe ruminante. Quanto ao intestino,

---

[124] Cf. *Partes dos animais*, 660b6-10, 691a6.
[125] Cf. *Partes dos animais*, 691a8.
[126] Cf. infra, 563a14, *Geração dos animais*, 774b31, Plínio, *História natural*, 8.41, Eliano, *História dos animais*, 17.20.
[127] Cf. 591b22, *Partes dos animais*, 675a4, Plínio, *História natural*, 9.29, Eliano, *História dos animais*, 2.54.

é longo e simples, e a prega que forma não tem o dobro do seu comprimento.

É uma característica particular dos peixes, como também da maioria das aves, terem apêndices intestinais. Mas as aves têm-nos embaixo e em pequeno número, e os peixes em cima junto ao estômago; alguns os possuem em quantidade, caso do góbio, do cação, da perca, do rascasso, do pregado, da cabra e do sargo. A tainha tem muitos apêndices de um lado do estômago e um apenas do outro. Alguns os têm, mas em pequeno número; o serreno e a sereia[128], por exemplo. A dourada também tem poucos. Aliás, até os peixes de uma mesma espécie apresentam diferenças, como é o caso da dourada, que pode ter mais ou menos. Há também os que não têm nenhum, caso da maioria dos selácios. Os outros, ora têm poucos, ora uma quantidade apreciável. Mas todos os peixes têm os seus apêndices junto ao estômago.

As aves

As aves apresentam diferenças, quer entre elas, quer em relação às outras espécies, no que diz respeito aos órgãos internos. De fato, umas têm, antes do estômago, um papo, o galo, por exemplo, o pombo-torcaz, o pombo-comum[129] e a perdiz. O papo é uma pele que forma uma grande bolsa, na qual a comida entra em primeiro lugar, mas não é digerida. No ponto em que o papo se liga ao esôfago estreita e depois vai alargando, e, no ponto em que conflui com o estômago, adelgaça-se.

Na maior parte das aves o estômago é carnudo e resistente, com uma pele dura por dentro, que se separa da parte

---

[128] Estas duas designações aludem à cor respectiva dos peixes, um semelhante à do fígado, outro à do mar. Trata-se de animais não identificados. Os nomes indicados na versão portuguesa são, portanto, os dos espécimes mais prováveis.

[129] Sobre os vários tipos de pombo, cf. *infra*, 544b1 ss.

carnuda. Outras não têm papo, mas nesse caso apresentam um esôfago grande e largo, em toda a sua extensão ou na parte próxima do estômago. Estão nesse caso o corvo e as gralhas. A codorniz, por seu lado, tem um esôfago largo embaixo, enquanto o maçarico e a coruja têm a parte inferior ligeiramente mais larga. Pelo contrário, o pato, o ganso, a gaivota, o mergulhão e a abetarda têm o esôfago amplo e largo em toda a sua extensão, e o mesmo se passa com muitas outras aves. Algumas possuem um pedaço de estômago parecido com um papo, como o peneireiro. Há aquelas que não têm nem esôfago nem um papo amplo, mas em contrapartida apresentam um estômago alongado; é o caso das aves de pequeno porte, como a andorinha e o pardal. Poucas são as que não têm nem papo nem esôfago largos, mas antes um esôfago muito extenso, caso das aves de longo pescoço como o caimão, por exemplo. Quase todas essas aves expelem excrementos mais úmidos[130] do que os das outras. A codorniz ocupa um lugar à parte no que se refere a esses órgãos; tem papo e, antes do estômago, um esôfago largo e espaçoso. Em proporção com o seu tamanho, o papo distancia-se bastante da parte do esôfago que precede o estômago.

A maioria das aves tem um intestino fino e simples depois de desdobrado. Os apêndices intestinais das aves são, como atrás referimos[131], poucos e não se situam na parte superior como os dos peixes, mas embaixo na extremidade do intestino. Nem todas os têm, mas a maior parte sim, caso do galo, da perdiz, do pato, do corujão, da cegonha, do bufo-real, do ganso, do cisne, da abetarda e da coruja. Algumas aves de pequeno porte também os têm, mas minúsculos, o pardal, por exemplo.

---

[130] Cf. *Partes dos animais*, 674b30.
[131] Cf. *supra*, 508b15.

Livro III

Órgãos da reprodução

1. Tratamos, portanto, até agora, dos outros órgãos internos, indicamos-lhes o número e a natureza e quais as diferenças entre eles. Resta falarmos dos órgãos que intervêm na reprodução[1]. Estes são de fato internos em todas as fêmeas, mas nos machos apresentam numerosas diferenças. Assim, entre os animais sanguíneos, há machos que não têm vestígio de testículos[2], e outros que os têm, mas interiores. Destes últimos, uns os têm perto das nádegas, na região dos rins, outros na zona do abdômen. Outros ainda no exterior. O pênis dessas espécies ora está ligado ao abdômen, ora está suspenso, como os testículos. Quando está ligado ao abdômen, está de modo diverso nos animais que urinam para a frente e nos que urinam para trás.

Particularidades dos testículos

Nenhum peixe tem testículos, nem nenhum outro animal com guelras, nem o gênero das serpentes na sua totali-

---
[1] Cf. *Geração dos animais*, 716a1-721a30.
[2] Cf. *Geração dos animais*, 716b15, 717b34.

dade, nem de um modo geral os ápodes que não sejam internamente vivíparos. As aves têm testículos, mas no interior, próximo da região lombar. Nos quadrúpedes ovíparos passa-se o mesmo, caso do lagarto, da tartaruga, do crocodilo e, dentre os vivíparos, do ouriço-cacheiro[3]. Das demais espécies com testículos internos, umas os têm no abdômen; por exemplo, o golfinho dentre os ápodes[4], ou o elefante dentre os quadrúpedes vivíparos[5]. Outras os têm à vista.

A diferença relativa ao modo de aderência dos testículos ao ventre ou à região adjacente já atrás a deixamos explícita[6]. Assim, os testículos ora estão ligados à região posterior e não são destacados, como acontece nos animais do gênero dos porcos, ora são pendentes, como no homem. Os peixes, já o referimos[7], não têm testículos, nem as serpentes[8]. Mas possuem dois canais que partem do diafragma, um de cada lado da coluna vertebral, para se unirem numa só passagem por cima do orifício dos excrementos. "Por cima", isto é, na zona próxima da espinha dorsal. Esses canais, no período da cópula, enchem-se de líquido seminal e, se se comprimirem, derrama-se deles um esperma esbranquiçado. As diferenças que existem no nível desses órgãos devem confirmar-se em *Quadros anatômicos*, e delas falaremos mais adiante com maior pormenor, no estudo dedicado a cada espécie em particular[9].

Todos os ovíparos, sejam eles bípedes ou quadrúpedes, têm sempre os testículos próximos da região lombar, por baixo do diafragma. Nuns animais são mais esbranquiçados, noutros, mais amarelados, e inteiramente envolvidos por uma rede de vasos muito finos. De cada um deles parte

---

[3] Cf. *Geração dos animais*, 717b27, 719b16.
[4] Cf. *Geração dos animais*, 716b27, 719b9.
[5] Cf. *Geração dos animais*, 719b15.
[6] Cf. *supra*, 500b3.
[7] Cf. *supra*, 509b3.
[8] Cf. *supra*, 508a12, e *infra*, 540b30.
[9] Cf. *infra*, 540b6 ss.

um canal, e os dois acabam por se juntar num único, tal como acontece nos peixes[10], sobre o orifício dos excrementos. Esse canal corresponde ao pênis, que não se distingue nas espécies de pequenas dimensões, mas nas maiores, como no ganso e noutras do mesmo gênero, é mais visível, quando termina a cópula.

Os canais, nos peixes e nos animais a que nos referimos, existem na região lombar, abaixo do estômago e dos intestinos, e entre eles e a veia cava, de onde partem os canais para cada um dos testículos. Do mesmo modo que nos peixes, na época da reprodução, os canais se enchem de sêmen e se tornam visíveis, mas, passada essa fase, muitas vezes nem se distinguem. O mesmo se passa com os testículos das aves. Antes da reprodução, umas os têm pequenos e outras praticamente invisíveis; mas na hora da cópula, apresentam os testículos muito desenvolvidos[11]. Esse fenômeno é particularmente evidente no pombo-torcaz e na perdiz, a ponto de se pensar que essas espécies não têm testículos durante o inverno.

510a

Entre os animais que têm os testículos na parte anterior do corpo, uns os têm internos na região do abdômen, o golfinho, por exemplo, outros, exteriores, à vista, na extremidade do abdômen. Nesses animais com testículos exteriores, as características desses órgãos são as mesmas; a única diferença está em que uns têm os testículos sem mais nada, e outros os têm envolvidos no chamado escroto[12].

Os testículos propriamente ditos, em todos os vivíparos terrestres, obedecem à disposição seguinte. Da aorta partem canais até o polo superior de cada um dos testículos, além de outros dois que provêm dos rins. Estes últimos são vasos sanguíneos, enquanto os que partem da aorta não têm sangue. Do polo superior do testículo e ao longo de toda a

---

[10] Cf. *supra*, 509b15-19.

[11] Cf. *infra*, 564b10, *Geração dos animais*, 717b8.

[12] Cf. *Geração dos animais*, 719a30-b5.

sua extensão parte um canal mais espesso e mais tendinoso do que os outros, que circunda cada testículo até chegar de novo ao ponto de partida. De cada um dos polos, os canais voltam a reunir-se num ponto, à frente, no pênis. Os canais que recurvam e os que se aplicam contra os testículos estão envoltos numa mesma membrana, de modo que dão a ideia de que constituem um só canal, a menos que se abra a membrana. De toda maneira, o canal em contato com o testículo contém um líquido sanguinolento, mas menos do que os canais superiores provenientes da aorta. Pelo contrário, nos canais que se dobram na cavidade onde está o pênis, esse líquido é branco.

Da bexiga parte também um canal, que vem se juntar, em cima, a essa cavidade; em volta dela, o chamado pênis constitui uma espécie de bainha. Observemos o que acaba de ser dito a partir dessa gravura: o ponto A representa o início dos canais que vêm da aorta. Os dois KK, os polos superiores dos testículos e os canais descendentes. Os WW, os canais que saem dos anteriores e se aplicam contra o testículo. Os BB correspondem aos canais dobrados que contêm o líquido branco. D é o pênis. E, a bexiga. E os dois YY, os testículos[13].

510b   Quando se seccionam ou retiram os testículos, os canais seminais sobem. Os testículos eliminam-se, nos seres jovens, por esmagamento, ou, quando a intervenção se faz mais tarde, por corte. Aconteceu já que um touro acabado de castrar cobriu uma vaca e conseguiu ter ereção e fecundá-la[14]. São essas portanto as características dos testículos nas diversas espécies.

....

[13] O texto era seguramente acompanhado de uma gravura. As letras escolhidas podem corresponder, pela sua forma, ao elemento referido; ou repetirem a inicial do conceito que simbolizam: A, *arkhé, aortes;* KK, *képhalai, kathékontes.*

[14] Cf. 632a15, *Geração dos animais,* 717b3-4.

Particularidades do útero

O útero, nos animais que o possuem, nem sempre está disposto da mesma maneira nem é, em todos, igual; há diferenças entre os diversos vivíparos, como também nos ovíparos. Seja como for, o útero tem dois braços em todos os animais que o têm junto dos órgãos genitais, um à direita e o outro à esquerda[15]. Mas a extremidade superior é única, como também o orifício, que se assemelha, na maior parte dos animais de grande porte, a um canal muito carnudo e cartilaginoso. Dessas partes, uma se chama matriz ou útero (de onde vem a expressão "irmãos uterinos"[16]), a outra, que é o canal e o orifício do útero, vagina. Portanto, em todos os vivíparos, bípedes ou quadrúpedes, o útero fica sempre abaixo do diafragma, caso do ser humano, da cadela, da porca, da égua e da vaca. Mesmo nos animais com cornos, a posição do útero é também a que referimos. Na extremidade do que se chama os cornos da matriz, esta apresenta, na maior parte dos casos, uma trompa em espiral.

Nos ovíparos que põem ovos no exterior, pelo contrário, a disposição do útero[17] não é sempre a mesma. Uns, as aves, o têm perto do diafragma; outros, caso dos peixes, o têm embaixo, como os vivíparos bípedes ou quadrúpedes, com a diferença de que nesse caso o "útero" é fino, membranoso e alongado, de modo que, nos peixes minúsculos, cada um dos braços da matriz parece formar um só ovo, como se nesses peixes, de que se diz que têm mílharas, os ovos fossem apenas dois. Mas na realidade não se trata de um só ovo, mas de muitos, e, por isso mesmo, cada um deles pode se fragmentar numa quantidade de outros.

O "útero" das aves tem, do lado de baixo, o respectivo canal carnudo e resistente, mas as partes próximas do dia-

---

[15] Cf. *Geração dos animais*, 716b32.

[16] Aristóteles relaciona corretamente *delphys* com *adelphós*.

[17] Nos animais ovíparos não existe útero. Aristóteles refere-se, nesses casos, a ovários e ovidutos.

fragma são membranosas e muito finas, de modo que dá ideia de que os ovos se encontram fora do "útero". No entanto, nas aves maiores, a membrana é mais visível, e, quando se sopra ar no canal, ela levanta-se e incha. Nas menores, nenhum desses pormenores é tão perceptível.

A posição do "útero" é ainda a mesma nos quadrúpedes que são ovíparos, como a tartaruga, o lagarto, a rã e outros animais do mesmo tipo. Assim, o canal inferior é único e mais carnudo, enquanto a parte fendida e os ovos estão em cima, junto do diafragma. Todos os ápodes que dão à luz suas crias, mas que são interiormente ovíparos[18], caso dos esqualos e dos animais do gênero dos selácios (chama-se selácio ao animal sem patas, que tem guelras e é vivíparo), todos eles têm um "útero" bifurcado, que se prolonga até o diafragma, como nas aves[19]. Mais ainda, o órgão em causa alonga-se por meio dos seus dois braços, a partir de baixo até o diafragma; os ovos formam-se aqui ou mais acima, onde o diafragma começa. Em seguida estendem-se para a parte mais larga e as crias saem dos ovos. As diferenças entre o "útero" desses peixes, se comparados entre si ou com outros animais, podem observar-se em pormenor em *Quadros anatômicos*.

Também o gênero das serpentes registra variantes em relação aos animais de que vimos a tratar e dentro das espécies do próprio gênero. De fato, enquanto todos os outros tipos de serpente são ovíparos, só a víbora é vivípara[20], depois de primeiro ter gerado ovos dentro de si própria. Assim, seu "útero" é próximo do dos selácios. Mas a matriz das serpentes, alongada como o seu próprio corpo, prolonga-se de forma contínua, desde baixo, por um canal único, de um lado e de outro da espinha dorsal, como se houvesse um canal de cada lado, até o diafragma; aí os ovos

---

[18] Estes animais foram designados ovovivíparos.
[19] Cf. *infra*, 564b20.
[20] Cf. *infra*, 558a25 ss.

dispõem-se em linha[21] e são postos não um a um, mas em bloco[22].

Todos os animais que são interna ou externamente vivíparos têm o útero na parte de cima do estômago, enquanto os ovíparos, todos eles, o têm embaixo, na região lombar. Os que dão à luz crias, mas são interiormente vivíparos, apresentam-no com características ambíguas; de fato, a parte inferior do útero onde os ovos se formam situa-se na região lombar, e a que fica próxima do orifício de saída apresenta-se sobre os intestinos. Há ainda mais uma diferença que distingue os úteros uns dos outros. Assim, os animais com cornos que não têm uma fiada de dentes dupla apresentam lobos[23] no útero, quando estão prenhes; entre os animais duplicidentados pode passar-se o mesmo, caso, por exemplo, da lebre, do rato e do morcego. Pelo contrário, todos os outros vivíparos com uma fiada de dentes dupla, e com patas, têm o útero liso, ligando-se nesse caso o embrião diretamente ao útero e não a um lobo.

Tal é, portanto, nos animais a disposição das partes não homogêneas, externas e internas. 511b

Partes homogêneas

2. Das partes homogêneas, a mais comum em todos os animais sanguíneos é o sangue, como também o elemento em que o sangue naturalmente circula (o chamado vaso); vêm depois as partes análogas a estas, o soro[24] e as fibras, e o que sobretudo constitui o corpo dos animais, ou seja, a carne e a parte que lhe corresponde em cada animal. Há também o osso e seus análogos, como a espinha e a cartilagem;

---

[21] Cf. *Geração dos animais*, 770a26.
[22] Cf. *infra*, 558b1.
[23] Cf. 586b10-12, *Geração dos animais*, 745b29-746a8.
[24] Cf. *supra*, 487a3.

depois a pele, a membrana, os tendões, os pelos, as unhas e seus homólogos; por fim, a gordura, o sebo e as excreções, ou seja, a matéria fecal, o fleuma[25], a bílis amarela e a negra.

O sangue e o aparelho circulatório

Como a natureza do sangue e dos vasos sanguíneos parece constituir um princípio vital[26], é pelo seu estudo que se deve começar, tanto mais que alguns dos nossos predecessores não trataram bem essa matéria. A razão dessa ignorância está na dificuldade de observação. De fato, nos animais já mortos, a natureza dos vasos principais deixa de ser perceptível, dado que são eles que mais se contraem logo que o sangue os abandona (é que o sangue escoa-se num só fluxo, como se se entornasse de uma vasilha; de fato, o sangue não existe em porções independentes, a não ser uma pequena quantidade no coração; constitui um todo que circula nos vasos). Por outro lado, nos animais vivos não é possível observar o funcionamento dessas partes, porque são, por natureza, internas. De tal forma que quem observasse os animais mortos e dissecados não poderia observar os princípios mais relevantes; e os que fizeram a observação nos homens em estado de magreza extrema tiraram conclusões sobre os vasos a partir dos fenômenos perceptíveis do exterior.

Teoria de Siénesis

É a seguinte a descrição feita por Siénesis, o médico de Chipre[27]: "Sobre a natureza dos grandes vasos: a partir

---

[25] Cf. *supra*, 487a6.

[26] Cf. *Geração dos animais*, 740a17, 762b25.

[27] Este médico é apenas referido neste trecho, mas o texto que representa a sua teoria vem citado no *Corpus hippocraticum*, *De natura ossium*, 9.174 *Littré*.

do olho, passando pelo sobrolho, pelas costas, ao longo do pulmão, por baixo dos seios, estende-se um vaso da direita para a esquerda e outro da esquerda para a direita. Este último passa pelo fígado até o rim e o testículo; o primeiro segue até o baço, o rim e o testículo; a partir daí vão dar ao pênis."

Teoria de Diógenes de Apolônia

Diógenes de Apolônia[28] dá esta outra versão: "No homem, os vasos sanguíneos têm a disposição seguinte: há dois que são muito grandes. Esses se estendem através do abdômen, ao longo da espinha dorsal, um à direita e outro à esquerda, até as pernas do lado respectivo e, para cima, em direção à cabeça, ao longo das clavículas passando pela garganta. Desses dois partem outros que se ramificam por todo o corpo, do da direita para o lado direito, do da esquerda para o esquerdo. Desses, os dois maiores seguem para o coração pela região da espinha dorsal; outros, um pouco mais acima, atravessam o peito sob a axila e dirigem-se para cada uma das mãos, do lado respectivo. Um se chama esplênico, o outro, hepático. Cada um se divide, no extremo, em dois ramos, de que um segue para o polegar[29] e o outro para a palma. Daí partem ramificações numerosas e finas para o resto da mão e para os outros dedos. Outros vasos mais delgados partem dos anteriores, do lado direito para o fígado, do esquerdo para o baço e para os rins. Os que se dirigem para as pernas separam-se no ponto em que elas se unem e percorrem toda a coxa. O maior atravessa a parte de trás da coxa e torna-se mais saliente; o outro fica dentro da coxa e é um pouco menos espesso. Depois atravessam o joelho e

512a

---

[28] Diógenes de Apolônia foi contemporâneo de Anaxágoras (c. 440-430 a.C.) e distinguiu-se como físico e filósofo. Cf. G. S. Kirk, J. E. Raven (1974), *Los filósofos presocráticos*, tradução espanhola, Madrid, 593-618.

[29] Cf. *supra*, 503a24.

seguem para a perna e para o pé. Como acontece com os vasos que vão para as mãos, estes atingem também a planta do pé e daí ramificam-se pelos dedos. Dos vasos grandes partem para o ventre e para o pulmão inúmeros vasos, que são finos. Os que se estendem até a cabeça através da garganta parecem grandes no nível do pescoço. De cada um deles partem, no ponto em que terminam, para a cabeça inúmeras ramificações, umas da direita para a esquerda, outras da esquerda para a direita. Cada um desses conjuntos termina perto da orelha. Há outro vaso no pescoço que, junto da grande veia, se divide em dois, um pouco menor do que aquela, onde vem ter a maior parte dos vasos da própria cabeça. Essas duas veias prolongam-se pelo interior da garganta, e de cada uma delas saem outros vasos que se encaminham, por baixo da omoplata, até a mão. Há também, ao longo da veia esplênica e da hepática, outros vasos um tanto menores, que costumam se lancetar quando há uma dor à flor da pele. Mas, se a dor se manifesta no abdômen, a incisão faz-se na própria veia hepática e na esplênica. Dessas duas últimas partem outras que se estendem sob as mamas. Há outras ainda que, a partir destas, avançam através da espinal medula até os testículos, e que são delgadas. Outras se ramificam por baixo da pele e através da carne até os rins, e vão terminar, no homem, nos testículos, na mulher, no útero. Os vasos provenientes do ventre, primeiro, são largos, depois, tornam-se mais finos, até trocarem de lugar, os da direita para a esquerda, e vice-versa. Dá-se-lhes o nome de veias seminais.

    O sangue mais espesso forma-se sob a carne; mas, à medida que se derrama nas zonas mencionadas, torna-se delgado, quente e espumoso."[30]

---

[30] Este texto de Diógenes corresponde ao fr. 6 Diels (9.163 *Littré*).

Teoria de Pólibo

3. São essas as teorias de Siénesis e de Diógenes. Mas há outra, de Pólibo[31]. "Os vasos formam quatro pares: o primeiro passa por trás da cabeça, atravessa a zona externa do pescoço, segue, de um lado e do outro, ao longo da coluna vertebral, até as ancas e as coxas; continua depois, através das pernas, para o lado exterior dos tornozelos e para os pés. Eis por que, para combater as dores dorsais e lombares, se fazem sangrias na curva das pernas e do lado de fora dos tornozelos.

Outro par de veias sai da cabeça, segue para as orelhas e atravessa o pescoço: são as chamadas jugulares. Cada uma delas segue pelo interior junto à coluna vertebral, chega aos músculos lombares, passa aos testículos e às coxas, atravessa o lado interior da curva das pernas até atingir o interior dos tornozelos e os pés. Razão por que, em caso de dor nos músculos lombares e nos testículos, se fazem sangrias na curva das pernas e no interior dos tornozelos.

O terceiro par vai das têmporas, através do pescoço, por baixo das omoplatas, até o pulmão. O da direita passa para a esquerda, por baixo da mama, e dirige-se para o baço e para o rim; o da esquerda segue para a direita, sai do pulmão, passa por baixo da mama e chega ao fígado e ao rim. Um e outro terminam no ânus.

O quarto par sai da parte anterior da cabeça e dos olhos, passa por baixo do pescoço e da clavícula; aí, os dois vasos estendem-se pela parte alta dos braços, na direção dos cotovelos, depois percorrem o antebraço até o pulso e as articulações dos dedos; logo, seguem pelo lado inferior dos braços até as axilas e a parte superior das costas, até que um atinge o baço e o outro o fígado. Depois percorrem a parte alta do abdômen e dirigem-se ambos para o pênis."

513a

....

[31] Pólibo foi discípulo e genro de Hipócrates; o texto que lhe é atribuído reaparece em *Sobre a natureza dos homens* (6.58-60 L, 1.364 K), como também no *Sobre a natureza dos ossos* (9.174-176 L, 1.506 K).

Teoria de Aristóteles

Estas são mais ou menos as teorias emitidas por outros autores. Há também os especialistas que, sem descreverem os vasos com tanto pormenor, todos concordam em estabelecer-lhes o ponto de partida na cabeça e no cérebro, o que é uma sugestão errada[32]. Dado que a observação, como atrás afirmamos, é difícil, só nos animais asfixiados depois de previamente se fazerem emagrecer é possível obter um conhecimento razoável dos fatos, para quem se interessa por esse tipo de questão[33].

É a seguinte a natureza dos vasos sanguíneos[34]. Há dois vasos no tórax, ao longo da coluna vertebral do lado de dentro. O maior fica mais à frente, o menor, atrás dele; o maior situa-se um pouco mais à direita, o menor, mais à esquerda; há quem chame a este último aorta[35], por se poder observar, mesmo nos cadáveres, a sua parte tendinosa. Esses vasos têm origem no coração[36]. Atravessam depois as outras vísceras, por onde vão passando, conservando integralmente sua natureza de vasos; em contrapartida, o coração é uma espécie de parte destes, sobretudo do que fica mais à frente e é maior, dado que os vasos em causa se situam acima e abaixo e no meio fica o coração.

O coração apresenta sempre cavidades, mas nos animais minúsculos mesmo a maior delas mal se vê. Nos de tamanho

---

[32] É evidente que essa posição é diversa da defendida por Diógenes de Apolônia, que apontava o coração como a origem dos vasos. Cf. também Platão, *Timeu*, 70b, para idêntica posição.

[33] Esta é, naturalmente, uma metodologia de Aristóteles, que ele contrasta com as restantes que foi citando.

[34] *Flebs* designa, em Aristóteles, "o vaso sanguíneo", sem distinção de veias e de artérias.

[35] É claro que Aristóteles propõe, para o nome de aorta, uma relação etimológica com algo que o texto não deixa perceber. Por isso as hipóteses propostas são várias: de *aorte* com *airo*, "erguer", que não parece muito adequada; ou com *horáo*, "ver", o que confere melhor com o sentido do passo.

[36] Cf. *Partes dos animais*, 647b5, 665b16, 666b25, 667b14.

intermédio, vê-se também a segunda; nos maiores, as três.
Portanto, no coração a ponta está virada para a frente, como acima ficou dito[37], a cavidade maior encontra-se na parte superior direita do coração, a menor, à esquerda, e a intermédia, entre as duas anteriores. As duas últimas são muito menores do que a superior. Contudo, todas essas cavidades comunicam com o pulmão, sendo essas comunicações, excetuada uma[38], imperceptíveis devido à pequenez dos canais condutores.

513b

Assim, a grande veia[39] parte da cavidade maior, em cima à direita; depois, de novo convertida em vaso, atravessa a cavidade intermédia[40], como se esta fosse uma porção de vaso onde o sangue se estanca. A aorta, por seu lado, sai da cavidade intermédia, mas não do mesmo modo; nesse caso a comunicação faz-se por um canal muito mais apertado. A grande veia atravessa o coração e deste passa à aorta[41]. A grande veia é constituída por um tipo de membrana ou pele, enquanto a aorta é mais estreita e mais tendinosa. À medida que esta progride em direção à cabeça e às partes inferiores, torna-se mais estreita e completamente tendinosa.

Primeiro a grande veia, na parte em que ainda não se ramifica e é grande, sobe do coração até o pulmão e o ponto de contato com a aorta. Reparte-se então em dois ramos, de que um segue para o pulmão e o outro para a coluna vertebral e para a última vértebra do pescoço. O vaso que segue para o pulmão, sendo este um órgão duplo, começa por se subdividir em dois; prolonga-se depois junto a cada brônquio e a cada orifício, sendo maior junto aos maiores e menor junto dos menores, de modo que não se encontra ne-

....

[37] Cf. *supra*, 496a10.
[38] Ou seja, a artéria pulmonar.
[39] Aristóteles refere-se à veia cava superior, que não parte de, mas sim termina na aurícula direita.
[40] O ventrículo esquerdo.
[41] Este é um trecho de leitura difícil e de sentido incorreto, sobre cuja interpretação os comentadores divergem.

nhuma parte que não tenha orifício nem um pequeno vaso. É verdade que os extremos são de um tamanho imperceptível, por serem demasiado pequenos, mas o pulmão parece, todo ele, cheio de sangue. Os canais que provêm da grande veia situam-se por cima dos brônquios, que se estendem a partir da traqueia. A veia que segue para a vértebra do pescoço e para a coluna vertebral regressa outra vez ao longo da coluna. É a ela que Homero se refere nos seus versos quando diz[42]: "Corta-lhe por completo a veia que segue costas acima, até o pescoço." A partir dessa veia saem vasos pequenos para cada flanco e para cada vértebra; junto da vértebra que se situa sobre os rins, a mesma veia reparte-se em dois ramos.

É assim que se ramificam as extensões da grande veia. Acima delas, a veia que procede do coração bifurca-se outra vez, por completo, em duas direções. Uma parte dirige-se para os lados e para as clavículas, prolonga-se depois, através das axilas, para os braços no caso do homem, nos quadrúpedes, para as patas anteriores, nas aves, para as asas, e nos peixes, para as barbatanas peitorais. As partes iniciais desses vasos, no ponto em que têm a primeira bifurcação, chamam-se jugulares; as que se bifurcam e se dirigem ao pescoço seguem junto à traqueia. Quando são comprimidas do exterior, sem haver propriamente asfixia, fazem que as pessoas cerrem os olhos e desmaiem. Fazendo o percurso que definimos, sempre com a traqueia entre elas, prosseguem até as orelhas, no ponto de articulação dos maxilares com a cabeça. Aí se subdividem de novo em quatro vasos, dos quais um par faz uma curva, desce através do pescoço e do ombro, para se encontrar no cotovelo com o ramo que procede da grande veia; a outra parte chega à mão e aos dedos. Cada braço do outro par procedente de cada uma das orelhas dirige-se para o cérebro e subdivide-se em inúmeras ramificações, muito finas, que percorrem a membrana conhecida

---

[42] *Ilíada*, 13.546-547.

por meninge, que rodeia o cérebro. O cérebro propriamente dito é, em todos os animais, desprovido de sangue[43]; nenhum vaso, nem pequeno, nem grande, lá vai dar. Quanto ao resto das ramificações que provêm desta veia, umas circulam em torno da cabeça, outras vão terminar nos órgãos dos sentidos e nos dentes, através de vasos extremamente delgados.

4. As partes do vaso menor, designado por aorta, subdividem-se também e seguem o mesmo trajeto das da grande. Somente os canais e as ramificações da aorta são muito menores do que os da grande veia.

É essa a disposição dos vasos que se situam acima do coração. A parte da grande veia que fica abaixo do coração atravessa, elevando-se, o diafragma e liga-se à aorta e à coluna vertebral por canais membranosos e lassos. Dela se destaca um único vaso, curto mas largo, que atravessa o fígado, de onde deriva uma rede de vasos finos que desaparecem no fígado. Esse vaso que atravessa o fígado reparte-se em dois braços, um dos quais termina no diafragma, no chamado centro frênico, e o outro volta a subir pela axila até o braço direito, onde se junta aos outros vasos à altura da dobra interna da articulação. É por isso que os médicos fazem uma sangria nesse vaso para tratar certas doenças hepáticas. 514b

Do lado esquerdo da grande veia, um vaso pequeno mas grosso segue até o baço, onde as suas ramificações se perdem. Outra parte, que se destaca do lado esquerdo da grande veia, sobe, da mesma maneira que vimos antes, ao braço esquerdo. Enquanto o vaso que sobe para o braço direito é o que atravessa o fígado, este outro é distinto do que se prolonga para o baço.

Há ainda outras ramificações provenientes da grande veia: uma que se dirige para o epíploon, outra para o chamado pâncreas. A partir desta última, uma quantidade de vasos estende-se pelo mesentério. Todos eles se reúnem num único vaso, grande, que segue ao longo de todo o intestino e do es-

---

[43] Cf. *supra*, 495a4, *Partes dos animais*, 652a35-36.

tômago até o esôfago. Em torno desses órgãos dispõe-se uma quantidade de vasos que são ramificações dos anteriores.

Portanto, até os rins, a aorta e a grande veia formam cada uma um vaso único. Mas, nesse ponto, elas aderem mais à coluna vertebral e cada uma subdivide-se em dois braços que desenham um lambda[44]; aí a grande veia recua em relação à aorta. Mas é sobretudo no nível do coração que a aorta se prende mais à coluna vertebral. A aderência faz-se através de vasos tendinosos e pequenos.

A aorta, ao sair do coração, é um vaso bastante grosso, mas no seu percurso torna-se mais delgado e tendinoso. Da aorta saem vasos na direção do mesentério, como acontece também com a grande veia; a diferença está em que são muito menores, estreitos e fibrosos. De fato, terminam em vasos finos, de forma variada e fibrosos. Ao fígado e ao baço não chega nenhum vaso vindo da aorta[45].

As divisões de cada uma dessas veias estendem-se para cada anca, e ambas penetram até o osso. Por outro lado, há vasos que, a partir da grande veia e da aorta, vão até os rins[46]. Mas não os penetram até a cavidade, ficam-se pela massa dos rins. Da aorta partem outros dois canais que vão até a bexiga, robustos e contínuos; outros provêm da cavidade dos rins e não têm nenhuma comunicação com a grande veia. Do meio de cada rim destaca-se um vaso oco e tendinoso, que se estende ao longo da coluna vertebral através de regiões estreitas. A seguir, cada um deles penetra na anca do lado respectivo para lhe voltar a aparecer à superfície. Suas extremidades vão dar à bexiga e ao pênis, nos machos, ou ao útero, nas fêmeas. Da grande veia nenhum vaso se estende até o útero, mas provenientes da aorta chegam muitos e compactos. Há ainda outros vasos que partem da aorta e da

---

[44] Cf. *supra*, 510a29-35.

[45] É evidente que chegam, assegurando a irrigação com sangue arterial. São, respectivamente, as artérias hepática e esplênica, que os naturalistas da época não tinham possibilidade de observar.

[46] Cf. *supra*, 497a4-17, 514b15-16.

grande veia depois da sua bifurcação: uns, que são grandes e ocos, seguem primeiro para a virilha e depois, através das pernas, prosseguem até os dedos dos pés; outros atravessam também a virilha e as coxas, mas entrecruzam-se, da esquerda para a direita e da direita para a esquerda. Vão-se juntar na curva da perna aos vasos precedentes.

Particularidades de certos animais

A disposição das veias e seu ponto de partida tornam-se claros a partir do que ficou dito. Essa mesma disposição encontra-se em todos os animais sanguíneos, no que se refere ao ponto de origem dos vasos e ao percurso dos maiores (na realidade, a infinidade dos outros vasos não tem as mesmas características em todos eles; há que ter em conta que nem as partes se apresentam em todos da mesma maneira, e que nem todas existem nos diferentes animais). Como nem em todos a nossa percepção é a mesma; a visibilidade é mais clara nos que têm muito sangue e são de grande porte. Nos pequenos e nos que não têm muito sangue, quer por natureza, quer pela acumulação de gorduras no corpo, não é igualmente possível proceder a uma boa observação dos vasos. É que, no que se refere a estes últimos, os canais desaparecem por baixo da gordura, como algumas condutas de água debaixo da lama[47]. Quanto aos anteriores, apenas dispõem de um pequeno número de vasos, que são mais fibras do que vasos. A grande veia é, porém, em todos bem perceptível, mesmo nos menores.

Os tendões

5. Os tendões apresentam-se, nos animais, desta forma. Seu início reside também no coração[48]. É que o próprio co-

---

[47] Cf. *Partes dos animais*, 668a24-27, Platão, *Timeu*, 77c ss.
[48] Cf. *Partes dos animais*, 666b13.

ração, na cavidade maior, tem tendões; mesmo a chamada aorta é um vaso tendinoso, cujas extremidades não passam de tendões. De fato, deixam de ser ocas e passam a ter a consistência de tendões no ponto em que confinam com as articulações dos ossos. Todavia, a natureza dos tendões não é contínua a partir de um ponto de origem único, como a dos vasos. Estes, de fato, são como as linhas de um desenho[49]: acompanham o contorno do corpo inteiro, de tal modo que, nos indivíduos muito magros, todo o corpo aparece coberto de vasos (é que os vasos preenchem, nos magros, o que nos gordos é carne); os tendões, pelo contrário, distribuem-se em volta das articulações e das ligações dos ossos. Se fossem de natureza contínua, nos indivíduos magros tal continuidade seria claramente perceptível.

As partes onde se encontram os principais tendões são, antes de mais nada, a que comanda o salto (a chamada curva da perna); um outro tendão, este duplo, é o tendão propriamente dito[50]; há também os que ampliam a força física, o extensor[51] e o deltoide. Os restantes, que não têm designação própria, encontram-se nas ligações dos ossos. De fato, todos os ossos que se articulam entre si são ligados por tendões e, em volta de todos os ossos, há inúmeros tendões. A cabeça constitui uma exceção por não ter nenhum; são as suturas dos ossos que, por si sós, lhe asseguram a consistência.

A natureza do tendão permite-lhe rasgar-se no sentido do comprimento, mas não no da largura, e ter uma grande elasticidade. Em torno dos tendões acumula-se uma mucosidade, branca e viscosa, que os lubrifica e lhes está claramente na origem. Enquanto um vaso sanguíneo pode ser cauterizado, um tendão sujeito ao fogo é completamente destruído. Se se lhe fizer um corte, não volta a unir-se. Por fim, as par-

---

[49] Cf. *Partes dos animais*, 654b29, *Geração dos animais*, 743a2.
[50] Ou o ligamento do pescoço (*Ilíada*, 10.456, *Odisseia*, 3.449-450) ou o tendão de Aquiles (*Ilíada*, 4.521).
[51] Cf. Platão, *Timeu*, 84e, que o identifica com o tendão do ombro e do braço.

tes do corpo onde não há tendões não correm o risco de entumescer. A maioria dos tendões encontra-se na zona dos pés, das mãos, das costelas, das omoplatas, do pescoço e dos braços. Todos os animais sanguíneos têm tendões. Mas nos que não possuem articulações, por não terem pés nem mãos, eles são delgados e imperceptíveis. Por isso, nos peixes, os que são mais visíveis são os que se ligam com as barbatanas.

As fibras

6. As fibras[52] são algo intermédio entre tendões e vasos. Há umas que contêm um líquido, o soro, e fazem a transição dos tendões para os vasos e destes para os tendões. Mas há também outro tipo de fibras que se forma no sangue[53], mas não no de todo e qualquer animal. Quando essas fibras são retiradas do sangue, este não coagula; se não lhe forem retiradas, coagula. Essas fibras existem na maior parte dos animais; mas estão ausentes do sangue do veado, do gamo, do antílope[54] e de mais uns tantos. É por essa razão que o sangue desses animais não coagula tanto como o dos restantes; o do veado coagula praticamente como o da lebre (num e noutro, a coagulação não produz uma matéria compacta, como acontece nos outros animais; antes origina uma substância flácida, como o leite, quando se lhe não acrescenta o coalho); o do antílope coagula mais; pode atingir uma consistência semelhante à do carneiro ou talvez um pouco menos.

Eis o que se pode dizer sobre vasos, tendões e fibras.

516a

....

[52] Por fibra, aqui se entende o tecido conjuntivo, como a fibrina do sangue. Cf. Platão, *Timeu*, 82c-d.
[53] Cf. *infra*, 520b24, *Partes dos animais*, 650b15, 651a17.
[54] Cf. *Partes dos animais*, 663a 11.

Os ossos

7. Nos animais, os ossos ligam-se todos a um[55], e são contínuos entre si como os vasos. Não há nenhum osso que seja independente dos outros. Os ossos têm seu ponto de partida na coluna vertebral, situação comum a todos os animais dotados de esqueleto. A coluna compõe-se de vértebras e estende-se da cabeça até a região lombar. Todas as vértebras têm uma perfuração; na parte de cima, o osso da cabeça, o chamado crânio, está na continuação das últimas vértebras. A parte sinuosa desse osso é a sutura. O crânio não é igual em todos os animais. Em alguns, constitui-se de uma só peça, caso do cão; noutros, como no homem, de várias. Aliás, na espécie humana, a fêmea tem a sutura disposta em círculo, enquanto o macho dispõe de três suturas, que se unem na parte superior e formam um triângulo[56]. Já se viu também uma cabeça humana sem suturas[57].

A cabeça compõe-se não de quatro ossos, mas de seis. Dois deles ficam perto das orelhas e são pequenos em comparação com os restantes. À cabeça ligam-se os ossos das maxilas. Em todos os outros animais o maxilar inferior é móvel; o crocodilo é o único animal que move o maxilar superior[58]. Nos maxilares está implantada a dentição; cada dente é um osso, em parte compacto e em parte oco, e é o único osso que resiste ao cinzel.

À coluna vertebral ligam-se as clavículas e as costelas. Há também o esterno, situado entre as costelas. As primeiras costelas estão ligadas entre si, enquanto as outras não. De fato, nenhum animal tem ossos na zona do estômago. Há ainda os ossos dos ombros, as chamadas omoplatas, a que se ligam os dos braços e, a estes, os das mãos. Todos os animais que possuem membros anteriores têm uma disposição de ossos idêntica.

---

[55] A coluna vertebral. Cf. *Partes dos animais*, 654b12.
[56] Cf. *supra*, 491b2 ss., *Partes dos animais*, 653b1.
[57] Cf. Heródoto, 9.83.
[58] Cf. *supra*, 492b23, *Partes dos animais*, 660b26, 691b28.

Embaixo, onde a coluna vertebral termina, depois da anca, fica a cavidade cotiloide; seguem-se os ossos dos membros inferiores, das coxas e das pernas, os chamados ossos longos; deles fazem parte os tornozelos e os chamados astrágalos em todos os animais que têm tornozelo. Na sequência destes, vêm os ossos do pé.

516b

Assim, em todos os vivíparos sanguíneos com patas, os ossos não apresentam grandes diferenças; diferem apenas, por analogia, em dureza, fragilidade ou tamanho. Mais ainda, no mesmo animal há ossos que têm medula e outros não. Certos animais poderiam parecer totalmente desprovidos de medula óssea, o leão, por exemplo[59], porque a tem em pequena quantidade, delgada e existente em poucos ossos. É só nas coxas e nas patas anteriores que a apresenta. Aliás, dentre todos os animais, é o leão que tem os ossos mais robustos. São realmente de tal forma duros que, se se esfregarem uns nos outros, fazem faísca como se fossem pedras.

O golfinho também tem ossos e não espinhas. Os ossos dos outros animais sanguíneos ou apresentam diferenças insignificantes, caso das aves, ou são substituídos por algo análogo, como nos peixes. Assim, entre estes últimos, os vivíparos têm cartilagens, caso dos chamados selácios; os ovíparos têm uma espinha que equivale à coluna vertebral dos quadrúpedes. Uma particularidade dos peixes é que, em alguns, há espinhas finas espalhadas pela carne.

A serpente tem um sistema ósseo parecido com o dos peixes e uma coluna vertebral em forma de espinha.

Entre os quadrúpedes ovíparos, os grandes têm um esqueleto ósseo, os menores têm espinhas. Mas todos os animais sanguíneos têm coluna vertebral, sob a forma de osso ou de espinha. As outras partes do esqueleto existem em alguns animais e noutros não. A existência de certas partes condiciona a existência dos ossos que lhes correspondem. Assim, os animais desprovidos de pernas e de braços também

---

[59] Cf. *Partes dos animais*, 652a1-37.

não têm os ossos longos, como é igualmente o caso dos que, embora tendo as mesmas partes, não as têm semelhantes; as diferenças são então por excesso ou por defeito, ou não há mais do que uma simples analogia.
Assim é a natureza dos ossos dos animais.

As cartilagens

8. A cartilagem tem também uma natureza semelhante à dos ossos, de que se distingue por uma questão de excesso ou de defeito. E, como acontece com os ossos, a cartilagem, se se cortar, não volta a crescer. Nos sanguíneos, terrestres e vivíparos, as cartilagens não são perfuradas, nem exibem medula como os ossos. Nos selácios, porém (que têm uma espinha cartilaginosa), quando são chatos, a cartilagem que lhes forma a coluna vertebral é semelhante aos ossos; possui inclusive um líquido que se parece com a medula. Por outro lado, nos vivíparos marchadores, há cartilagens em volta das orelhas, das narinas, como também em certas extremidades ósseas.

Cornos, unhas e cascos

9. Há ainda outros tipos de partes que não têm a mesma natureza das precedentes, embora não se afastem muito; é o caso das unhas, dos cascos, das garras e dos cornos, como também do bico – que aparece nas aves –, nos animais que os possuem. Estas partes são flexíveis e divisíveis, enquanto o osso não apresenta nem uma nem outra dessas características, mas é quebradiço.

Por outro lado, a cor dos cornos, das unhas, das garras e dos cascos acompanha o tom da pele e dos pelos[60]. De fato, nos animais de pele negra, são também negros os cornos, os

---

[60] Cf. *Geração dos animais*, 745a22, 785b3.

cascos e as garras, se as tiverem; nos de pele branca, brancos; nos de cor intermédia, do mesmo tom. Outro tanto se passa com as unhas. Os dentes, pelo contrário, são da mesma substância dos ossos. É por isso que nos homens de raça negra, como os etíopes e outros do gênero, os dentes, como os ossos, são brancos, mas as unhas negras, da cor da pele.

Os cornos, na grande maioria, são ocos do lado em que aderem ao osso que faz saliência na cabeça e os penetra por dentro; mas na ponta são compactos e constituídos de uma só peça; só os dos veados[61] são compactos em toda a sua extensão e se ramificam[62]. Por outro lado, dos animais que têm cornos nenhum os perde, exceto o veado, que os muda todos os anos, a menos que tenha sido castrado. Sobre os efeitos da castração se falará mais adiante[63]. Os cornos aderem mais à pele do que ao osso; daí que, na Frígia e noutras regiões, haja bois que abanam os cornos[64] como se fossem orelhas.

Entre os animais que têm unhas (e têm-nas todos os que têm dedos, e dedos todos os que têm membros, menos o elefante[65]; este não tem dedos separados; os que têm mal se articulam e são por completo desprovidos de unhas), portanto, entre os animais que têm unhas, uns as apresentam direitas, como o homem, outros curvas, como o leão, no caso dos animais terrestres, e a águia, entre os voadores.

517b

Os pelos

10. Quanto aos pelos e seus análogos, como também à pele, passa-se o seguinte. Todos os vivíparos marchadores

---

[61] Cf. *supra*, 500a18, *Partes dos animais*, 663b12, Plínio, *História natural*, 11.45.

[62] Nos veados e outros cervídeos não há cornos (formados por queratina), mas sim uma armação formada por osso, que é caduca e regenerável.

[63] Cf. 631b19 ss.

[64] Cf. Diodoro Sículo, 1.201, Plínio, *História natural*, 11.45, Eliano, *História dos animais*, 2.20, 17.45.

[65] Cf. *supra*, 497b23.

têm pelos; por sua vez, os ovíparos com patas apresentam placas córneas; escamas são apenas próprias dos peixes que põem ovos granulados[66]; dos peixes longos, o congro não tem ovos desse gênero, nem a moreia; a enguia não os tem de nenhuma espécie[67].

A espessura ou o comprimento dos pelos variam consoante as partes do corpo em que se encontram, e de acordo com a natureza da pele. Na maioria dos casos, nas peles mais grossas os pelos são também mais duros e mais grossos; são mais abundantes e mais compridos nas partes mais recônditas e mais úmidas, se esse lugar for propício à existência de pelos. O mesmo se passa com os seres que têm escamas ou placas córneas. Ainda sobre os pelos: nos animais que os têm fracos, uma boa alimentação pode torná-los mais duros; nos que os têm duros, mais macios e mais esparsos. Há diferenças que têm a ver com lugares mais quentes ou mais frios; assim, no corpo humano, os pelos são espessos nos lugares quentes, e mais fracos nos frios. Além disso, os pelos fracos são mais lisos, os duros são frisados[68].

11. O pelo é, por natureza, próprio para ser cortado. Entre os pelos há diferenças qualitativas. Alguns vão ganhando, pouco a pouco, uma dureza tal que a certa altura já não parecem pelos, mas antes espinhos, como os dos ouriços-cacheiros[69]. O mesmo se passa com as unhas; de fato, em certos animais, as unhas são de um tipo que não difere, em dureza, dos ossos.

A pele

O homem é, de todos os animais, o que, em relação ao seu tamanho, tem a pele mais fina. Existe, em todos os tipos

---

[66] Cf. *supra*, 510b26.
[67] Cf. *infra*, 538a3-13, 570a3-24.
[68] Cf. *Geração dos animais*, 782b35.
[69] Cf. *supra*, 490b28, *Geração dos animais*, 781b33.

de pele, uma mucosidade viscosa, menos abundante nuns casos e mais noutros; deste último tipo é exemplo a dos bois. É dessa substância que se faz a cola. Há locais onde se faz também cola dos peixes. A pele, em si mesma, é insensível quando cortada. Este é sobretudo o caso da pele da cabeça, por ser aí que existe menos carne entre ela e o osso[70]. Onde não houver senão pele, esta, uma vez cortada, não regenera, como acontece com as maçãs do rosto, com o prepúcio ou com a pálpebra[71]. Em todos os animais a pele pertence ao grupo das partes contínuas; só há interrupções nos canais por onde, naturalmente, se faz a evacuação, como também na boca e nas unhas. Todos os animais sanguíneos têm pele, mas, como já acima referimos[72], nem todos têm pelos.

518a

A cor dos pelos

Os pelos mudam de cor com a idade, e no homem embranquecem[73]. Mudança idêntica opera-se também nos outros animais, embora não com a mesma evidência, à exceção do cavalo[74]. O pelo vai embranquecendo a partir da ponta. Contudo a maior parte dos cabelos brancos já nasce assim de raiz. De onde se conclui que o embranquecimento não resulta da secura, como pretendem alguns; porque nada há que seja seco de origem. Na doença de pele conhecida por mal branco[75], todos os pelos embranquecem. Já tem havido casos em que, na fase da doença, os pelos se tornam brancos; mais tarde, depois da cura, esses caem e os que nascem são pretos. Os pelos embranquecem mais depressa se andarem cobertos do que se estiverem expostos ao ar. No ho-

---

[70] Cf. *Partes dos animais*, 656b6 ss.
[71] Cf. *supra*, 493a27.
[72] Cf. *supra*, 498b16 ss.
[73] Cf. *Geração dos animais*, V.4-6.
[74] Cf. *Geração dos animais*, 783a11.
[75] Cf. *Geração dos animais*, 784a26.

mem, embranquecem primeiro nas têmporas, e os cabelos da frente mais depressa do que os de trás. Os pelos púbicos são os últimos a embranquecer.

No homem, que é o único animal a apresentar essa particularidade, há pelos de nascença e outros que só aparecem mais tarde, com a idade. De nascença são os da cabeça, das pestanas e das sobrancelhas; dos que nascem mais tarde, os primeiros são os do púbis, depois os das axilas e, em terceiro lugar, os do queixo. São portanto em igual número os lugares em que os pelos existem de nascença como aqueles em que aparecem mais tarde.

Os pelos que se perdem e caem com a idade são sobretudo e antes de quaisquer outros os da cabeça. Mas trata-se somente dos cabelos da frente, porque a calvície não começa por trás. Assim, a queda do cabelo no alto da cabeça chama-se calvície, a dos sobrolhos, pelada. Mas nenhuma delas se verifica no homem antes que tenha relações sexuais. Não se encontram crianças, nem mulheres, nem eunucos carecas. Mas, se se proceder à castração antes da puberdade, os pelos que deviam aparecer mais tarde não chegam a nascer. Se ela for feita posteriormente, são só esses que caem, exceção feita aos do púbis[76]. A mulher não tem pelos no queixo. Há, no entanto, algumas que os têm, em pequena quantidade, quando entram na menopausa; outro tanto acontece com as sacerdotisas da Cária[77], o que é considerado um presságio. Os outros pelos existem na mulher, mas em menor quantidade. Há também homens e mulheres que, por natureza, são desprovidos dos pelos que aparecem mais tarde; desses, alguns são também impotentes, os que não apresentam pelos púbicos.

Os pelos restantes crescem mais ou menos, em função do lugar onde estão implantados; assim, crescem mais os da cabeça, depois os da barba e principalmente os que são mais finos. Com a velhice, os sobrolhos podem tornar-se mais es-

---

[76] Cf. 631b30 ss., *Geração dos animais*, 784a5-9.
[77] Cf. Heródoto, 1.175, 8.104.

pessos a ponto de ser preciso cortá-los[78]; tal acontece por eles se encontrarem numa sutura óssea e por esses ossos, com o passar dos anos, se afastarem e deixarem passar a umidade[79]. As pestanas não crescem, mas caem quando passa a haver atividade sexual, e quanto maior ela for mais elas caem; são uns pelos que levam muito tempo a embranquecer. Os pelos que se arrancam até a flor da idade voltam a crescer; depois disso, já não. Todo pelo tem, na raiz, uma substância viscosa, e logo após ter sido arrancado atrai os corpos leves em que esse lado toque.

Todos os animais que apresentam pelos de cores diferentes possuem a mesma variedade na cor da pele e na mucosa da língua[80].

Na região próxima do queixo, há quem tenha o lábio superior e o próprio queixo cobertos de pelo, e há quem os tenha lisos e as faces barbudas. Os que têm o queixo rapado são menos sujeitos à calvície.

Há determinadas doenças que propiciam o crescimento de pelos, o que, em particular, é o caso da tuberculose. O mesmo se passa com a velhice e com a morte; há, nessas circunstâncias, cabelos que, de macios, se tornam mais duros. Situação semelhante acontece com as unhas.

As relações sexuais frequentes estimulam a queda mais rápida dos pelos de nascença, mas aceleram o aparecimento dos que são mais tardios. Quem tem varizes é menos suscetível à calvície, e, se já for calvo quando essa doença se manifesta, em certos casos fica peludo.

O pelo não cresce pela ponta que se corta, é a partir de baixo que desponta e se torna mais comprido. Nos peixes, as escamas vão-se fazendo mais duras e mais grossas[81], e mais duras ainda quando os peixes emagrecem ou envelhecem. Nos quadrúpedes, com a idade, os pelos nuns casos e a lã nou-

---

[78] Cf. *Partes dos animais*, 658b19-20.
[79] Cf. *Geração dos animais*, 782a25-b27.
[80] Cf. *Geração dos animais*, 786a21 ss., Plínio, *História natural*, 8.72.
[81] Cf. *Geração dos animais*, 783b6.

tros tornam-se mais longos, mas diminuem em quantidade. Os cascos e as garras, conforme o caso, são, com a idade, mais compridos, o que acontece também com o bico das aves. As garras crescem da mesma maneira que as unhas.

As penas

519a   12. Quanto aos seres alados, as aves, por exemplo, não há mudanças de cor com a idade, à exceção do grou. Esse animal, que começa por ser de um tom cinza, fica com as penas mais escuras à medida que envelhece[82]. Em consequência das mudanças de estação, quando, por exemplo, fica mais frio, as aves de plumagem uniforme passam por vezes do negro, mais ou menos cerrado, ao branco, como acontece com o corvo, o pardal e a andorinha. Mas o inverso, que raças brancas fiquem pretas, não se verifica. Em contrapartida, com a mudança de estação[83], a maioria das aves muda de cor, de tal modo que, para quem não estiver familiarizado com o processo, elas ficam irreconhecíveis.

Outros pormenores relativos ao pelo

Há também animais que mudam a cor do pelo de acordo com as mudanças de água. Há-os, por exemplo, que num lugar são brancos e noutro negros. Também a cópula pode ser afetada; há em certos lugares uma água tal que os carneiros que a bebem e cobrem as fêmeas depois de a terem bebido geram crias negras. Esse era o efeito provocado, na Calcídica trácia – ou seja, na Assirítide – pelo chamado rio Frio[84].

---

[82] Cf. *Geração dos animais*, 785a21-25, Plínio, *História natural*, 10.42.

[83] Cf. *Geração dos animais*, 786a30.

[84] A região em causa parece ser a que se situa na Trácia, a sul do mar Negro, onde corria um rio chamado Assírio. Cf. G. Huxley (1971), "Kallimachos, the Assyrian river and the bees of Demeter", *Greek, Roman and Byzantine Studies*, 12, 211-215.

Também na região de Antandros[85] há dois rios, um que torna os carneiros brancos e o outro, pretos. Parece também que o rio Escamandro põe os carneiros amarelados. Há quem diga que é por isso que Homero lhe chama Xanto, em vez de Escamandro[86].

Portanto, os animais em geral não têm pelos no interior e, nas extremidades, apresentam-nos na parte superior mas não na inferior. Só a lebre tem pelos no interior das mandíbulas e debaixo das patas[87]. Por seu lado a baleia-azul[88] não tem dentes na boca, mas uns pelos que se parecem com as cerdas do porco.

Os pelos quando são cortados crescem, como vimos[89], a partir de baixo e não das pontas. As penas não crescem nem de um lado nem do outro; caem. A asa das abelhas, como a de todos os outros animais que têm uma asa sem divisórias, quando se arranca não volta a nascer. Tampouco o aguilhão: quando a abelha o perde, morre[90].

As membranas

13. Há também membranas[91] em todos os animais sanguíneos. A membrana assemelha-se a uma pele compacta e fina, mas de uma natureza diferente; nem se rasga nem se estica. Todos os ossos e todas as vísceras são envolvidos por membranas, tanto nos animais grandes como nos pequenos. Mas nos menores não são perceptíveis, por serem muito finas e minúsculas.

....

[85] Antandros era uma cidade da Tróade. Cf. Eliano, *História dos animais*, 8.21, 12.36.
[86] Xanto significa exatamente "amarelo". Cf. *Ilíada*, 20.74, Eliano, *História dos animais*, 8.21.
[87] O nome do animal, *dasypous*, "pata peluda", alude a esta característica. Cf. *Geração dos animais*, 774a35, Plínio, *História natural*, 11.94.
[88] Há insegurança na designação e identificação deste animal.
[89] Cf. *supra*, 518b27-28.
[90] Cf. 626a17, Plínio, *História natural*, 11.19.
[91] Cf. *Partes dos animais*, 673b4-11.

As membranas maiores são, antes de mais nada, as duas que envolvem o cérebro[92]; dessas, a que segue o contorno do osso é mais resistente e mais espessa do que a que rodeia o cérebro. Depois dessas, vem a membrana que envolve o coração. Se cortada ou arrancada, uma membrana não se regenera; como também os ossos sem membrana gangrenam.

O epíploon

14. O epíploon[93] é igualmente uma membrana. Todos os animais sanguíneos o possuem. Mas nuns é seboso, noutros, desprovido de gordura. Tem o seu princípio e o seu ponto de aderência, nos vivíparos com dupla fiada de dentes, no meio do estômago, no local onde há uma espécie de sutura desse órgão. Nos seres que não têm uma dupla fiada de dentes, liga-se da mesma maneira ao grande estômago.

A bexiga

15. A bexiga assemelha-se também a uma membrana, mas de outro gênero; a diferença está na elasticidade que possui. Nem todos os animais têm bexiga, mas todos os vivíparos a têm, e, dos ovíparos, só a tartaruga[94]. Se se corta a bexiga, os bordos também não se regeneram, a não ser que o corte seja dado mesmo à entrada da uretra. Há, no entanto, raras exceções, que já se têm observado. Depois da morte, a bexiga não dá passagem a nenhum líquido, enquanto em vida deixa passar até formações sólidas, de que se formam, nos doentes, os cálculos. Há casos em que se encontraram na bexiga formações tais que se assemelham muito a conchas.

[92] Cf. *supra*, 494b29.
[93] Cf. *Partes dos animais*, 677b14, Plínio, *História natural*, 11.80.
[94] Cf. *supra*, 506b27, *Partes dos animais*, 671a31, Plínio, *História natural*, 11.83.

São essas as características das veias, tendões, pele, fibras, membranas, como também dos pelos, unhas, garras, cascos, cornos, dentes, bico, cartilagens, ossos e de outras partes análogas.

A carne

16. A carne[95], ou tudo aquilo que por natureza se lhe assemelha nos animais sanguíneos, encontra-se em todos eles entre a pele e o osso, ou as partes análogas ao osso. De fato, a semelhança que existe entre a espinha e o osso corresponde à semelhança entre o tecido equivalente à carne nos animais que têm espinhas e a esta nos animais que têm ossos. A carne pode dividir-se em todos os sentidos, e não só no do comprimento, como acontece com os tendões e as veias. Quando os animais perdem peso, a carne desaparece e deixa apenas os vasos e as fibras[96]. Se, pelo contrário, estiverem sobrenutridos, a gordura substitui a carne[97]. Nos animais que têm muita carne, os vasos são menores, o sangue mais vermelho e as vísceras e o estômago pequenos. Em contrapartida, nos que possuem vasos grandes, o sangue é mais escuro, as vísceras e o estômago grandes e as carnes mais reduzidas. Nos animais com um estômago pequeno, a gordura tende a acumular-se na carne.

A gordura e o sebo

17. Entre a gordura e o sebo há diferenças[98]. O sebo é friável, em todos os sentidos, e solidifica, se arrefecido. A gordura é fluida e não solidifica. As sopas feitas de animais

---
[95] Cf. *Partes dos animais*, 653b19-654a31.
[96] Cf. *supra*, 515b1.
[97] Cf. *Geração dos animais*, 726a6.
[98] Cf. *Partes dos animais*, 651a20 ss.

com gordura, como o cavalo e o porco, não coalham; se feitas de animais com sebo, como o carneiro e a cabra, coalham. Diferem também pelo lugar do corpo onde se encontram. Assim, a gordura forma-se entre a pele e a carne, o que não acontece com o sebo, que está na base das carnes. Também o epíploon apresenta gordura nos animais com gordura e sebo nos animais com sebo. Têm gordura os animais com dupla fiada de dentes e sebo os que não a têm.

No que se refere às vísceras, o fígado é gorduroso em alguns animais, por exemplo, entre os peixes, nos selácios. Dele se faz óleo, depois de fundido. Mas os mesmos selácios têm muito pouca gordura tanto na carne como no estômago – ou seja, gordura espalhada. Nos peixes, o sebo se parece com a gordura e não coalha.

Em todos os animais, a gordura ou está infiltrada na carne ou à parte. Aqueles em que a gordura não está separada têm o epíploon e o estômago menos gordos, caso da enguia; de fato, a gordura que ela apresenta em volta do epíploon é pouca. Mas, na maior parte dos animais, a gordura acumula-se na região abdominal, sobretudo nos que fazem pouco movimento. O cérebro é luzidio de gordura nos animais que a têm, como o porco, e seco nos animais com sebo. No que se refere às vísceras, é em volta dos rins que se acumulam mais gorduras[99]; no entanto, o rim direito apresenta sempre menos gordura, e, por mais carregados que os rins estejam dela, há sempre, no intervalo entre eles, uma parte que a não tem. São sobretudo os animais com sebo os que têm os rins assim envolvidos, e muito particularmente o carneiro; este chega a morrer quando tem os rins completamente recobertos de sebo[100]. Essa concentração de gordura nos rins resulta do excesso de alimentação, como acontece, por exemplo, em Leontinos, na Sicília. É por isso que nessa região se levam os carneiros a pastar ao fim do dia, para que consumam menos quantidade de alimento.

---

[99] Cf. *Partes dos animais*, 672a1 ss.
[100] Cf. Plínio, *História natural*, 11.206.

18. Em todos os animais, a parte que, nos olhos, rodeia a íris apresenta essa mesma característica. De fato, todos os que são dotados desse tipo de componente nos olhos, e que não tenham olhos secos[101], possuem a parte em volta da íris gordurosa.

Os animais que são gordos, machos ou fêmeas, são sempre menos férteis[102]. Todos eles tendem a engordar mais quando envelhecem do que quando são jovens, e sobretudo quando atingem dimensões máximas em largura e em comprimento passam a ganhar barriga.

O sangue

19. Quanto ao sangue[103], passa-se o seguinte. É ele que constitui por excelência a parte fundamental e comum a todos os animais sanguíneos; não se trata de um elemento adventício, mas imprescindível a todos os que não são destruídos. O sangue, na sua totalidade, encontra-se contido em recipientes, os chamados vasos[104], e, fora deles, com exceção única do coração, não existe em nenhuma outra parte. O sangue é, em todos os animais, insensível ao toque, do mesmo modo que a excreção do ventre[105]. Tampouco o cérebro ou a medula são sensíveis ao toque. Seja qual for o lugar do corpo de um animal em que se fira a carne, aparece sangue, a menos que a carne esteja podre. O sangue, se estiver em bom estado, é naturalmente doce e de cor vermelha. Se estiver alterado, por um fator natural ou por doença, torna-se mais escuro. O sangue melhor nem é muito espesso nem muito fluido, se não estiver alterado por um fator natural ou por doença. Dentro do ser vivo é sempre líquido

---

[101] Os insetos, por exemplo.
[102] Cf. *Geração dos animais*, 726a3.
[103] Cf. *Partes dos animais*, 649b21 ss., Plínio, *História natural*, 11.90.
[104] Cf. *Partes dos animais*, 650a34.
[105] Cf. *Partes dos animais*, 652b6, 656a24.

e quente, mas se se derramar para o exterior coagula em todos, menos no veado, no gamo ou em animais do mesmo tipo. De resto, todo o sangue coagula, a menos que se lhe retirem as fibras[106]. O sangue do touro é, dentre todos, o que coagula mais rapidamente[107].

Entre os sanguíneos, têm mais sangue os que são vivíparos interna e externamente do que os ovíparos sanguíneos.

Os seres saudáveis, por natureza ou em consequência de um regime correto, não têm o sangue nem demasiado abundante, como ele fica quando se acabou de ingerir demasiado líquido, nem escasso, como é próprio dos que têm excesso de peso. Assim, os gordos têm um sangue puro, mas em pequena quantidade, e quanto mais engordam menos sangue têm.

521a É que a gordura não tem sangue. E a matéria adiposa não apodrece, enquanto o sangue e as partes irrigadas se deterioram rapidamente, sobretudo as que rodeiam os ossos.

O homem é o ser que tem o sangue mais fino e mais puro, e, dos vivíparos, são o touro e o burro os que o têm mais espesso e mais negro. Por outro lado, nas partes inferiores do corpo o sangue é mais espesso e mais negro do que nas superiores[108]. O sangue dos animais pulsa nos vasos, em todo o corpo ao mesmo tempo, e é, dos diversos humores, o único que se distribui por todo o corpo, como é também o único que persiste enquanto existe vida. Aliás, o sangue é, nos animais, aquilo que se forma primeiro no coração, antes ainda que todo o resto do corpo se diferencie. Se houver uma perda de sangue abundante por derramamento, dá-se um desmaio; e, se a perda for excessiva, produz-se a morte. Se o sangue se tornar excessivamente fluido, cai-se doente; o sangue fica então uma espécie de soro, e apresenta uma fluidez tal que já se viu até quem sue sangue[109]. Há seres em que o sangue derramado

---

[106] Cf. *supra*, 515b31 ss.

[107] Cf. *Partes dos animais*, 651a4. Sobre o efeito mortal do sangue do touro, se ingerido, cf. Heródoto, 3.15, Plutarco, *Temístocles*, 31.

[108] Cf. *Partes dos animais*, 647b34-35.

[109] Cf. *Partes dos animais*, 668b6.

absolutamente não coagula, ou, se coagula, é de forma desigual e descontínua. Durante o sono, o sangue torna-se menos abundante nas regiões periféricas, de forma que, se forem picadas, não sangram como durante a vigília. Por cozedura[110], do soro produz-se sangue, e do sangue gordura[111]. É por doença do sangue que ocorrem hemorragias pelo nariz ou pelo ânus, ou que aparecem varizes. Se o sangue apodrecer no corpo, forma-se pus, e do pus uma pústula.

O sangue das fêmeas é diferente do dos machos. Apresenta-se mais espesso e mais escuro nas fêmeas do que nos machos, em estado de saúde equivalente e com a mesma idade, como também nas fêmeas há menos sangue nas regiões periféricas e mais no interior. Dentre as fêmeas de todos os animais, a mulher[112] é de longe a que tem mais sangue, e, no que se refere ao chamado fluxo menstrual, é nas mulheres, dentre todos os animais, que ele é mais abundante[113]. Quando esse sangue menstrual se altera, chama-se-lhe perda. Mas as mulheres estão menos sujeitas a doenças do que os homens. São raras as que sofrem de varizes, de hemorroidas ou de hemorragias nasais. Se lhes acontecer algum desses percalços, a menstruação não se faz normalmente[114].

Com a idade, o sangue altera-se em quantidade e qualidade. Em seres muito jovens, o sangue é parecido com o soro e abundante; nos velhos, é espesso, negro e em pouca quantidade; na força da vida, apresenta características intermédias. O sangue nos velhos coagula com facilidade, mesmo o que circula nas regiões periféricas, o que não acontece nos jovens. O soro é um sangue a que falta cocção[115], ou por não ter sido submetido a nenhuma, ou por ter regressado a uma forma mais fluida.

....

[110] Cf. *infra*, 521b2-3, *Partes dos animais*, 651a17.
[111] Cf. *Partes dos animais*, 652a10, 672a4.
[112] Cf. *Geração dos animais*, 765b18.
[113] Cf. *Geração dos animais*, 727a22.
[114] Cf. 587b33, *Geração dos animais*, 727a12.
[115] Cf. *supra*, 521a17.

A medula

20. Sobre a medula[116]. Trata-se também de um humor que se encontra em certas espécies sanguíneas. Todos os humores que por natureza se encontram no corpo existem em receptáculos; como o sangue existe nos vasos, a medula está nos ossos, e outros fluidos estão nas membranas, quer na pele, quer nos intestinos. Nos seres jovens, a medula é muito semelhante ao sangue, mas com a idade torna-se gordura nos animais que possuem gordura e sebo nos que possuem sebo. Nem todos os ossos têm medula, só os que são ocos, e mesmo desses alguns não a têm. De fato, entre os ossos do leão há alguns que não têm vestígios dela, e outros que têm alguma, mas pouca. É daí que vem a ideia de que os leões não têm medula nenhuma, como já antes referimos[117]. Nos porcos, os ossos têm pouca medula, e há mesmo alguns que não possuem nenhuma.

O leite

Todos os humores de que temos falado são praticamente sempre congênitos nos animais. Pelo contrário, o leite e o esperma só aparecem mais tarde. Destes, o leite, quando existe, tem sempre a natureza de uma secreção, mas o esperma, em alguns casos, não; em certos animais, como nos peixes, por exemplo, corresponde ao que se chama leite.

Todos os animais com leite produzem-no nas mamas. Todos os que são vivíparos interior ou exteriormente as têm, caso de todos os que têm pelos, como o homem e o cavalo, ou os cetáceos, como o golfinho, a toninha e a baleia; todos estes têm também mamas e leite. Pelo contrário, os que são exteriormente vivíparos ou ovíparos não têm mamas nem leite, os peixes e as aves, por exemplo[118].

---

[116] Cf. *Partes dos animais,* 651b20-652a23.
[117] Cf. *supra,* 516a7.
[118] Cf. *Partes dos animais,* 692a10.

O leite tem sempre uma componente aquosa, que se chama soro, e uma matéria consistente designada por caseína. Quanto mais caseína o leite tiver, mais espesso é. De toda maneira, o leite dos animais que só têm uma fiada de dentes coalha (é por isso que o leite dos animais domésticos serve para fazer queijo), enquanto o dos que têm uma dupla fiada de dentes não coalha – como lhes acontece também com a gordura – e é fluido e adocicado. O leite mais fluido é o do camelo, depois o da égua, e em terceiro lugar o da burra. O mais espesso é o da vaca. Com o frio, o leite não coalha, antes se torna mais soroso. Pelo contrário, o fogo o faz coalhar e engrossar.

522a

Em nenhum animal o leite aparece antes que ele fique prenhe. Mas forma-se na época da maternidade, ainda que nem o primeiro[119] nem o último leite prestem. Para além da gravidez, em função do consumo de certos alimentos, ele pode aparecer em pequena quantidade. Assim, aconteceu já com mulheres de idade avançada a quem se suga o leite, por vezes em quantidade bastante para amamentar uma criança.

A gente da região do Eta[120], quando as cabras não se deixam cobrir, arranjam urtigas[121] e esfregam-lhes as tetas com força, de modo que provoque dor. Então, quando as ordenham, num primeiro jato sai um líquido ensanguentado, depois outro purulento e por fim leite, de uma qualidade em nada inferior ao das fêmeas que foram cobertas.

Em nenhum macho, nos vários animais como também no homem, se forma em geral leite; nuns tantos, porém, pode aparecer. Assim, em Lemnos, das tetas de um bode (que são duas junto ao pênis) se ordenhou leite suficiente para fazer queijo; quando esse bode cobria uma fêmea, o mesmo sucedia com as crias que dele nasciam. Mas tais fenômenos são considerados prodígios, já que o criador de Lemnos, depois de consultado o deus, ficou sabendo que sua fortuna ia au-

....
[119] Cf. *infra*, 573a25, Plínio, *História natural*, 11.96, 28.33.
[120] O Eta é uma montanha da Tessália.
[121] Cf. Eliano, *História dos animais*, 9.48.

mentar. Também em alguns homens, depois da puberdade, uma pressão faz correr um pouco de leite. Se se lhes fizer uma sucção, pode mesmo correr bastante quantidade.

O queijo

Existe no leite uma substância gordurosa[122] que, quando ele coalha, se parece muito com o azeite. Na Sicília, e em todo o lado onde o leite de cabra abunda, ele é misturado com o de ovelha. O leite que melhor coalha é não só o que possui mais caseína, mas também aquele em que a caseína é menos gorda.

Certos animais têm mais leite do que o necessário para amamentar as crias, e por isso ele serve também para fazer queijo e para armazenar, sobretudo o leite de ovelha, de cabra e, além desses, o de vaca. O leite de égua e de burra, na Frígia, são misturados para o fabrico do queijo. Há mais caseína no leite de vaca do que no de cabra. Dizem os pastores que uma ânfora[123] de leite de cabra permite fazer dezenove queijos de um óbolo[124]; se o leite for de vaca, trinta.

Há outros animais cujo leite é apenas o suficiente para as crias; não produzem excedentes que deem para fazer queijo.

É o caso dos animais que têm mais de duas mamas. Nenhum deles produz excesso de leite, nem o leite que produzem serve para fazer queijo.

O suco da figueira e o coalho[125] ajudam a coalhar o leite. O suco de figueira esprime-se e recolhe-se num pano de lã. Depois de se passar por água, coloca-se a lã num pouco de leite; este, misturado com o outro leite, o faz coalhar. O coalho,

---

[122] A manteiga. Cf. Plínio, *História natural*, 28.133.
[123] Cerca de 20 l.
[124] Esta é, com certeza, uma avaliação pelo preço.
[125] Cf. *Ilíada*, 5.902-903, *Partes dos animais*, 676a6 ss., *Geração dos animais*, 729a11, 739b22.

por sua vez, é leite. Forma-se no estômago das crias ainda em fase de amamentação.

21. O coalho é portanto leite que em si mesmo contém fogo[126], proveniente do calor do animal e resultante da cozedura do leite[127]. Todos os ruminantes têm coalho, como também, dentre os animais com dupla fiada de dentes, a lebre. Quanto mais antigo for o coalho, melhor. Para se tratar a diarreia, é esse coalho que se usa e o da lebre. Mas o melhor coalho é o das crias dos ruminantes.

A produção do leite

Os animais que têm leite produzem-no em quantidade maior ou menor de acordo com seu tamanho e com a alimentação. Assim, no Fase, há umas vacas pequenas que produzem, cada uma, leite com fartura; as vacas do Epiro, que são grandes[128], dão cada uma delas uma ânfora e meia de leite por cada par de mamas[129]. Quem as ordenha tem de estar de pé, ligeiramente inclinado, porque sentado não chegaria às tetas[130]. Com exceção do burro, os outros quadrúpedes do Epiro são grandes, em particular os bois e os cães. O gado grande precisa naturalmente de mais pasto. Mas a região tem pastagens abundantes e terrenos próprios para as condições de cada estação. Os bois e os carneiros maiores são os chamados pírricos, que tiram o nome do rei Pirro[131].

[126] Cf. *Geração dos animais*, 739b22.
[127] Dentro do estômago do animal.
[128] Cf. 595b18, Plínio, *História natural*, 8.70, Eliano, *História dos animais*, 3.33, 12.11.
[129] Uma ânfora e meia corresponde a cerca de 30 l de leite.
[130] Cf. Eliano, *História dos animais*, 16.33.
[131] A maioria dos comentadores concorda em que o Pirro aqui referido é Pirro Neoptólemo, o filho de Aquiles e de Didamia, e não Pirro II, rei do Epiro, nascido em 318 a.C., talvez mesmo já depois da morte de Aristóteles.

Quanto aos pastos, há uns que reduzem o leite, como a luzerna da Média[132], sobretudo no caso dos ruminantes. Outros o fazem aumentar, como o cítiso e a ervilhaca. O cítiso em flor não presta (porque queima) e as ervilhacas não convêm no caso das fêmeas prenhes (porque lhes tornam o parto mais difícil). Mas, por regra, os quadrúpedes que não têm problemas alimentares, ao mesmo tempo que ficam mais propensos à reprodução, dão também muito leite quando estão bem nutridos. Alguns alimentos que causam gases ativam também o leite, caso das favas dadas com fartura às ovelhas, às cabras, às vacas e às cabras montesas; é que as favas fazem distender as tetas. É sinal de que a ordenha será abundante quando, antes do parto, as mamas pendem para o chão. O leite dura muito tempo nas fêmeas que o têm, se se mantiverem afastadas do macho e se tiverem uma alimentação conveniente; é, nos quadrúpedes, principalmente o caso da ovelha, cujo tempo de ordenha pode durar oito meses.

Em geral os ruminantes produzem um leite abundante e bom para fazer queijo. Nos arredores de Torone[133], as vacas só perdem o leite poucos dias antes de terem as crias, mas têm-no todo o resto do tempo. Nas mulheres, o leite com uma cor acinzentada é mais alimentício do que o branco. As mulheres morenas têm um leite mais saudável do que as brancas. De toda maneira, o leite mais nutritivo é o que é mais rico em caseína. Pelo contrário, o mais pobre nesse componente é melhor para as crianças.

O esperma

22. Todos os animais sanguíneos ejaculam esperma[134]. As razões e o modo por que ele contribui para a fecundação

---

[132] Cf. Plínio, *História natural*, 18.43.
[133] Cidade da Macedônia. Cf. *infra*, 530b10, 548b15.
[134] Cf. *Geração dos animais*, 735a29-736a23.

é matéria de que trataremos noutro lugar¹³⁵. Em proporção com o tamanho do seu corpo, o homem é o que mais esperma produz. O dos animais que têm pelos é viscoso, o dos restantes não tem viscosidade. Em todos é branco. Heródoto[136] está enganado ao escrever que o esperma dos etíopes é negro. Quando é saudável, o esperma é branco e espesso ao ser emitido, mas cá fora torna-se fluido e escuro. Se exposto ao frio não coagula; torna-se ainda mais fluido e semelhante à água em cor e consistência. Pelo contrário, sob o efeito do calor coagula e fica mais espesso. Quando é ejaculado, depois de ter permanecido algum tempo no útero, apresenta-se mais espesso, e às vezes até seco e compacto. O que é capaz de fecundar, se se colocar na água vai ao fundo; o que não tem essa capacidade, dissolve-se. É falso o que Ctésias escreveu sobre o esperma do elefante[137].

---

[135] Cf. *Corpus hippocraticum*, *Sobre a geração*, 8.2, Aristóteles, *Geração dos animais*, 721a35.

[136] 3.101. Cf. ainda *Geração dos animais*, 736a10.

[137] Cf. *Geração dos animais*, 736a2-5. Dizia Ctésias que, ao secar, o esperma do elefante se tornava duro como o âmbar.

Livro IV

Principais gêneros de animais não sanguíneos

1. Sobre os animais sanguíneos, relatamos acima as partes que apresentam em comum, as que são particulares de cada gênero, as que não são homogêneas e as homogêneas, as internas e as externas. Temos de considerar agora os não sanguíneos. 523b
São vários os gêneros que lhes correspondem. Por exemplo, os chamados cefalópodes. Incluem-se nesse gênero todos os não sanguíneos que têm, por fora, uma parte carnuda e, por dentro – se a tiverem –, uma parte dura, do mesmo modo que os sanguíneos. É o caso dos chocos. Há depois os crustáceos. Pertencem a esse grupo todos os que têm uma parte sólida no exterior e por dentro são moles e carnudos. A parte dura que os constitui não é friável, mas pode dobrar-se; a esse gênero pertencem as lagostas e os caranguejos. Há também os testáceos. Esses são animais com uma parte interior carnuda e uma exterior sólida; esta é friável e quebradiça, mas não se dobra. Estão nesse caso os caracóis e as ostras. Em quarto lugar vêm os insetos, a que pertence um grande número de espécies diferentes de animais. Incluem-se nos insetos todos os animais que, como o nome indica, apresentam segmentos, quer na face abdominal, quer na dorsal, ou em ambas, e que não possuem uma parte ós-

sea e outra carnuda separadamente, mas consistem numa matéria de natureza intermédia, ou seja, têm o corpo igualmente rijo por dentro e por fora. Há insetos sem asas, como o iulo e a escolopendra; outros, com asas, a abelha, o besouro e a vespa, por exemplo. Há ainda casos em que a mesma espécie pode ter asas ou não, as formigas, por exemplo, que ou são aladas ou não, e os chamados pirilampos.

Os cefalópodes

Os que se designam por cefalópodes têm, no exterior, as partes seguintes. Primeiro o que se designa por tentáculos, depois, a seguir a estes, a cabeça, e em terceiro lugar o saco que envolve as partes interiores, que há quem designe também por cabeça, o que é uma nomenclatura errada[1]. Vêm, por fim, as barbatanas, em torno do saco. Em todos os cefalópodes a cabeça fica entre os tentáculos e as vísceras. Todos têm oito tentáculos com duas fiadas de ventosas, salvo numa variedade de polvos[2]. É exclusivo dos chocos, das lulas pequenas e das grandes ter dois longos tentáculos, terminados por uma parte áspera, com uma dupla fiada de ventosas. Usam-nos para agarrar e levar à boca a comida e, quando há tempestade, lançam-nos sobre os rochedos como se fossem âncoras, e lá ficam presos[3].

524a É com aquela espécie de barbatanas que têm em volta do manto que eles nadam. Nos tentáculos, todos sem exceção apresentam ventosas.

O polvo serve-se dos tentáculos como de pés e de mãos. É com os dois situados sobre a boca que ele prende os alimentos. Com o último, que é mais pontiagudo, o único que tem uma cor esbranquiçada e que se apresenta bi-

---

[1] Cf. *Partes dos animais*, 685a5.

[2] Cf. *infra*, 525a17.

[3] Cf. *Partes dos animais*, 685a34, Plínio, *História natural*, 9.28, Eliano, *História dos animais*, 5.41.

furcado na ponta (essa bifurcação vem no prolongamento do ráquis; designa-se por ráquis a parte lisa, que fica oposta às ventosas), desse tentáculo serve-se para a cópula. Diante do manto e por cima dos tentáculos situa-se um tubo, por onde expele a água que entra na cavidade visceral quando abre a boca para engolir. Pode voltá-lo para a direita e para a esquerda. É pelo mesmo tubo que expulsa a tinta. Esse tipo de animal nada obliquamente, na direção do que se chama a cabeça, estendendo os tentáculos. Esse modo de nadar permite-lhe ver para a frente (já que os olhos se situam em cima); a boca fica para trás. Quanto à cabeça, enquanto está vivo, tem-na dura e como se estivesse inchada[4]. É da face inferior dos tentáculos que se serve para agarrar e prender, e a membrana situada entre eles mantém-na completamente distendida. Mas, se for lançado para a praia, deixa de poder agarrar.

Há uma diferença entre os polvos e os outros cefalópodes de que já tratamos. É que nos polvos a cavidade visceral é pequena, e os tentáculos, longos; nos outros, a cavidade é longa e os tentáculos são curtos, de modo que não servem para a locomoção. Se os compararmos uns com os outros, a lula é mais comprida, o choco, mais espalmado. Dentre as lulas, as chamadas gigantes são muito maiores; há as que chegam a medir cinco côvados[5]. Pode haver chocos que atingem dois côvados, como também os tentáculos do polvo podem ser desse mesmo tamanho ou ainda maiores. As lulas-gigantes são relativamente raras e não têm a mesma forma que as lulas pequenas. A parte pontiaguda das lulas-gigantes é mais chata e tem uma barbatana em círculo que rodeia toda a cavidade visceral, enquanto na lula pequena há um espaço livre. A lula-gigante, como de resto também a pequena, existe em alto-mar.

....
[4] Cf. Plínio, *História natural*, 9.46.
[5] O côvado equivale a 0,444 m. Logo, essas espécies gigantes podem ultrapassar os 2 m.

524b   Em todos esses animais, a cabeça está situada em seguida aos apêndices e entre eles, que são designados por tentáculos. Compreende a boca[6], onde estão implantados dois dentes. Por cima ficam dois grandes olhos, entre os quais se situa uma cartilagem pequena com um cérebro de dimensões reduzidas. Na boca fica uma pequena massa carnuda. Nenhum desses animais tem propriamente língua, e é essa massa carnuda que lhe faz as vezes.

Depois da cabeça, no exterior, pode-se ver uma parte que parece um saco. A carne que a constitui é suscetível de se repartir, não no sentido longitudinal, mas em círculo[7]. Todos os cefalópodes possuem uma pele que envolve essa carne.

A seguir à boca têm um esôfago longo e estreito, a que se segue um papo grande e arredondado, como o das aves. Vem depois o estômago, semelhante a uma coalheira, que, pela forma, se parece com a espiral dos búzios. Do estômago dirige-se para cima, na direção da boca, um intestino delgado; mesmo assim, o intestino é mais espesso do que o esôfago.

Nenhum cefalópode tem vísceras[8], mas apenas o que se chama fígado[9] e, por cima, o saco da tinta. É o choco o cefalópode que o tem mais cheio e maior. O que se passa é que todos os cefalópodes, quando assustados, projetam a tinta, o choco, sobretudo. O tal fígado situa-se abaixo da boca e é atravessado pelo esôfago. Na parte superior do intestino encontra-se, por baixo, o saco da tinta, envolvido pela mesma membrana que o intestino; de forma que é pela mesma passagem que saem a tinta e os excrementos. Por outro lado, esses animais apresentam no corpo uma espécie de pelos[10].

[6] Cf. *Partes dos animais*, 678b7, 684b10.
[7] Cf. *Partes dos animais*, 654a17.
[8] Vísceras" é utilizado por Aristóteles num sentido muito restrito. Na realidade, o manto dos cefalópodes delimita uma cavidade, denominada visceral, onde se situa a maioria dos órgãos desses animais.
[9] O órgão designado por *mytis* é excretor e pode equivaler ao fígado ou ao pâncreas. Cf. *Partes dos animais*, 679b11, 680a22.
[10] Cf. *infra*, 529a23.

O choco, a lula pequena e a lula-gigante têm as partes rígidas no interior do corpo, na região dorsal; é o que se chamam osso do choco e bastonetes[11]. Mas existem diferenças; assim, o osso é resistente e largo, de uma consistência intermédia entre uma espinha de peixe e o osso, e feito de uma substância quebradiça e esponjosa, enquanto o das lulas é fino e mais cartilaginoso. Também pela forma esse órgão é diverso de uma espécie para a outra, do mesmo modo que o manto. Os polvos não têm, no interior, nenhuma parte tão dura como esta, mas o revestimento da cabeça é cartilaginoso e torna-se mais duro se o animal já for crescido.

As fêmeas são diferentes dos machos. Estes têm, por baixo do esôfago, um canal que vai do cérebro à parte inferior do manto. O ponto em que ele termina assemelha-se a uma teta. Nas fêmeas há dois órgãos desse gênero e situados em cima. Em ambos os sexos, encontram-se, por baixo dessas "tetas", uns corpos avermelhados[12].

O polvo tem um ovo que forma uma massa única, de contorno irregular e volumoso. O líquido que lhe fica dentro é de uma só cor, mole e de tom branco. O tamanho do ovo é tal que daria para encher um recipiente maior do que a cabeça do próprio polvo. O choco possui dois sacos que contêm muitos ovos, brancos como pedras de granizo[13]. A disposição de cada uma dessas partes pode observar-se em *Quadros anatômicos*.

Todos os machos desse grupo de animais diferem das fêmeas, principalmente no caso dos chocos. Assim, a face dorsal do saco, para além de ser mais escura do que a abdominal, é mais rugosa no macho do que na fêmea; o macho tem também a face dorsal raiada e a extremidade posterior mais pontiaguda.

Há várias espécies de polvos. A primeira, que é a de maiores dimensões, compreende os que vivem à superfície

---

[11] Cf. *Partes dos animais*, 654a21.
[12] Talvez as guelras. Cf. *supra*, 524b22.
[13] Cf. *Geração dos animais*, 717a3, 720b21, 758a6.

(os que se encontram junto à costa são bem maiores do que os de alto-mar); há outros que são pequenos, matizados e que não são comestíveis. Outras duas variedades são o polvo conhecido por almiscarado, que se caracteriza pelo comprimento dos tentáculos e por ser o único cefalópode com uma só fiada de ventosas (todos os outros têm duas), e aquele outro a que uns chamam *bolitena* e outros *ózolis*[14]. Há dois outros tipos que vivem em conchas, um a que há quem chame náutilo ou argonauta ou também "ovo do polvo"[15]. Apresenta uma concha semelhante à valva côncava de um bivalve, mas privada da outra metade. Este é um animal que vive muitas vezes junto à costa e que as ondas podem lançar para terra firme; mas, se lhe cair a concha, ele fica perdido e morre em terra. Trata-se de animais pequenos, que pela forma se parecem com os *bolitenas*. Há outro polvo que vive numa concha como o caracol. Nunca sai da concha, mantém-se lá dentro como de resto também o caracol, e estende, de vez em quando, os tentáculos para fora. E é tudo quanto aos cefalópodes.

Os crustáceos

2. Dentre os crustáceos, um primeiro grupo é o das lagostas, para além de outro, que lhes é próximo, o dos lavagantes. Estes últimos distinguem-se das lagostas por terem pinças e por mais umas tantas diferenças, que são poucas. Há também o dos camarões e por fim o dos caranguejos. Há inúmeras espécies de camarões e de caranguejos; dentre os camarões, há os palêmones, os camarões-cinzentos e os de tamanho pequeno (que são de um tipo que não cresce); o dos caranguejos reparte-se em mais espécies ainda, que são difíceis de enumerar. O de maiores dimensões

---

[14] "Cebola" ou "malcheiroso"; trata-se por certo de designações populares e locais.

[15] Cf. Plínio, *História natural*, 9.47.

corresponde àquilo a que se chama aranha-do-mar; em segundo lugar vêm os paguros, os caranguejos de Heracleotis[16] e, por fim, os caranguejos-de-rio. Há uns tantos que são menores e sem nome específico. Nas costas da Fenícia encontram-se outros que se chamam "cavalos", porque correm a uma velocidade tal que é difícil apanhá-los. Quando se abrem, são ocos por dentro, por falta de alimento. Há ainda outro gênero de crustáceos, pequeno como os caranguejos, e de aspecto parecido com o lavagante[17].

Todos esses animais, no entanto, como já atrás referimos[18], têm uma parte sólida, que forma uma espécie de casca, por fora, em vez da pele, e são carnudos por dentro; na parte inferior têm um certo número de lâminas, onde as fêmeas depositam os ovos.

Quanto às patas, as lagostas têm cinco de cada lado, com as respectivas pinças na ponta. Também os caranguejos apresentam ao todo dez patas, com pinças. Entre os camarões, os palêmones têm cinco patas de cada lado, agudas na ponta as que estão situadas junto à cabeça, e mais outras cinco de cada lado na região do ventre, achatadas na ponta. Não apresentam lâminas na parte baixa do corpo, mas na face dorsal são semelhantes às lagostas. O camarão-cinzento é diferente. Tem primeiro quatro patas de cada lado, seguidas de mais três patas delgadas, de cada lado também; o resto, ou seja, a maior parte do corpo, não apresenta patas. As patas de todos esses animais dobram-se em sentido oblíquo, como as dos insetos, e as pinças, quando existem, para dentro[19]. A lagosta tem ainda cauda e cinco barbatanas[20]. O palêmone, por sua vez, tem cauda e quatro barbatanas. O camarão-cinzento tem as barbatanas, de cada lado, mesmo

....
[16] Cf. *Partes dos animais*, 684a10, onde se diz que estes caranguejos têm patas curtas, por oposição a outros que as têm delgadas.
[17] Talvez os lagostins.
[18] Cf. *supra*, 523b5-6.
[19] Cf. *Partes dos animais*, 683b35.
[20] Cf. *supra*, 490a2, *Partes dos animais*, 684a1-4.

junto à cauda. Um e outro têm a parte média da cauda espinhosa, mas no cinzento essa parte é larga e no palêmone pontiaguda. O caranguejo é o único dos animais desse tipo que não tem cauda. Como também o corpo dos camarões e das lagostas é alongado e o dos caranguejos, arredondado.

No que diz respeito à lagosta, macho e fêmea são diferentes. Assim, a primeira pata da fêmea é bifurcada, enquanto a do macho tem apenas um ramo; a fêmea tem as barbatanas abdominais grandes e imbricadas até a parte estreita do abdômen, o macho tem-nas pequenas e não imbricadas. Por fim, no macho as patas posteriores são grandes e pontiagudas, como se fossem esporões, enquanto as da fêmea são pequenas e rombas. Uns e outras têm, à frente dos olhos, duas antenas compridas e rugosas e, por baixo destas, outras menores e lisas.

Os olhos de todos esses animais são duros e viram-se, para fora e para dentro, obliquamente. Do mesmo modo também os olhos da maior parte dos caranguejos são móveis, e mesmo mais.

O lavagante é, no conjunto, de um tom acinzentado com manchas escuras. As patas que tem na parte inferior, em seguida às grandes, são oito. Tem depois as pinças grandes, muito maiores e mais largas na ponta do que as da lagosta, e de tamanho assimétrico. A da direita tem a ponta alongada e fina, a da esquerda tem-na grossa e arredondada. Cada uma delas é fendida na extremidade, como uma mandíbula com dentes embaixo e em cima; somente a da direita tem-nos todos pequenos e dispostos em serra, e a da esquerda tem os do bordo em forma de serra e os de dentro em forma de molar. Estes últimos são, embaixo, em número de quatro e todos soldados e, em cima, em número de três e separados. As duas pinças têm a parte superior móvel, e assim fazem pressão sobre a face inferior. São curvas na direção uma da outra, como se a natureza as tivesse feito para agarrar e apertar. Por cima das pinças grandes encontram-se duas outras, que são peludas, um pouco abaixo da boca, e por baixo destas últimas uma espécie de guelras minúsculas[21] em torno da boca, que são peludas e abundantes. Esses órgãos estão em constante movimento. O animal dobra e aproxima da boca as duas patas peludas. As patas situadas junto à boca apresentam também apêndices finos.

O lavagante tem dois dentes como a lagosta, e por cima umas antenas longas, mesmo assim mais curtas e mais delgadas do que as da lagosta. Mas tem também outras quatro antenas de forma idêntica, mas mais curtas e finas. Por cima delas, apresenta uns olhos pequenos e pouco salientes, que não têm o tamanho dos da lagosta. A superfície que fica por cima dos olhos, aguda e rugosa, parecida com uma fronte, é maior do que a da lagosta. De forma geral tem a fronte mais pontiaguda, o tronco muito mais largo do que o da lagosta e o corpo, no seu conjunto, mais carnudo e mais mole. Das oito patas que possui, quatro são bifurcadas na ponta e as outras quatro não. A zona do que se designa por abdômen[22] é dividida exteriormente em cinco partes; há uma sexta, terminal e achatada, com cinco lâminas. No interior, onde as fêmeas depositam os ovos, existem quatro partes peludas. Sobre cada uma das ditas partes, o lavagante tem uma espinha, curta e direita, voltada para fora. Tem o corpo inteiro liso, incluindo a zona do tronco, no que se distingue da lagosta, que o tem rugoso. Em contrapartida, a parte exterior das pinças maiores tem espinhos enormes. Não há diferenças a registrar entre o macho e a fêmea. Tanto um como o outro têm uma das duas pinças maior do que a outra, e nem um nem outro as têm nunca do mesmo tamanho[23].

526b

Todos os crustáceos absorvem a água do mar junto à boca[24]; os caranguejos expelem-na fechando uma pequena parte desse orifício, e as lagostas expulsam-na junto a uma

---

[21] Cf. *Partes dos animais*, 684a19-21.
[22] Cf. *supra*, 526a2.
[23] Cf. *Partes dos animais*, 684a26.
[24] Cf. *infra*, 527b17.

espécie de guelras que possuem e que, no caso delas, são numerosas.

Há aspectos comuns em todos esses animais. Todos têm dois dentes (mesmo as lagostas têm dois à frente); na boca, apresentam uma parte carnuda que faz as vezes de língua; vem a seguir um estômago logo depois da boca, exceção feita às lagostas, que têm um esôfago pequeno antes do estômago; depois do estômago, um intestino reto. Este termina, no caso das lagostas e afins e dos camarões, diretamente na cauda, no lugar onde se evacuam os excrementos e as posturas dos ovos; nos caranguejos, vai até ao ponto em que o abdômen se dobra[25] e ao meio deste (os ovos, também no caso deles, são postos no exterior). As fêmeas desses animais têm, junto ao intestino, o órgão em que se situam os ovos. É também comum a todos esses animais o chamado fígado ou hepatopâncreas.

Particularidades de cada espécie

Importa agora observar as particularidades próprias de cada espécie. Assim as lagostas possuem, como atrás se disse[26], dois dentes grandes e ocos, em cujo interior existe um humor semelhante ao fígado, e, no meio dos dentes, uma estrutura carnuda que constitui uma espécie de língua. Em seguida à boca, apresentam um esôfago curto e depois um estômago membranoso em cuja entrada se encontram três dentes, dois consecutivos e um terceiro por baixo. Da parte lateral do estômago parte um intestino simples e de espessura constante em toda a sua extensão, até o ponto de saída dos excrementos. Todos esses órgãos se encontram, de igual modo, nas lagostas, nos camarões e nos caranguejos; é que também estes últimos têm dois dentes.

527a

---
[25] Cf. *Partes dos animais*, 684a21-29.
[26] Cf. *supra*, 526b22-23.

Por sua vez, as lagostas apresentam um canal, que sai da parte inferior do tórax e se prolonga até o orifício dos excrementos; na fêmea, faz a função de útero, no macho, de canal seminal. Esse canal fica encostado à superfície côncava da carne, de modo que esta se situa entre ele e o intestino. Por seu lado, o intestino está sob a parte convexa, o canal na parte côncava, numa disposição semelhante à que se encontra nos quadrúpedes. Não há diferenças entre o canal do macho e o da fêmea. Ambos são finos e brancos; contêm um líquido amarelado e ligam-se ambos ao tórax. É também assim que nos camarões se apresentam os ovos e as circunvoluções[27].

Como sua característica própria, diversa da fêmea, o macho apresenta, na carne situada na parte inferior do tórax, dois corpos brancos e distintos, que se parecem, pela cor e pela configuração, com os tentáculos do choco. Esses corpos têm uma forma espiral como o hepatopâncreas do búzio. Têm o seu ponto de partida nas cavidades que ficam na base das últimas patas. Nesse ponto, os machos têm uma carne vermelha, cor de sangue, pegajosa ao tato, e que nada tem em comum com a carne. A partir desse órgão, que se encontra sobre o tórax e que tem forma de búzio, sai outra espiral com espessura semelhante à de um fio. Por baixo, encontram-se dois corpos granulados, aderentes ao intestino, que são as glândulas seminais. Estes são portanto os órgãos do macho. A fêmea tem ovos de cor vermelha, ligados ao estômago e a cada lado do intestino até a parte carnuda e envolvidos por uma membrana delgada. São estas portanto as partes internas e externas destes animais.

Particularidades dos caranguejos

3. No caso dos sanguíneos, acontece que as partes internas têm nomes próprios; pois todos esses animais têm as

---

[27] Frase estranha, talvez interpolada.

vísceras no interior. O mesmo não ocorre com nenhum dos que não são sanguíneos, que em comum com os sanguíneos têm apenas o estômago, o esôfago e o intestino.

Em relação aos caranguejos, a cujas pinças e patas nos referimos anteriormente, foi dito quais e onde as têm. Em geral todos apresentam a pinça do lado direito mais grossa e mais forte[28]. Como também já foi dito[29], a propósito dos olhos, que a maioria deles olha de lado. O tronco forma, no corpo dessas espécies, um todo indivisível com a cabeça e, em certos casos, até outra parte. Quanto aos olhos, uns os têm implantados lateralmente em cima, logo abaixo do dorso, e muito afastados; outros os têm ao centro e muito próximos um do outro, como, por exemplo, as sapateiras e as santolas. A boca situa-se abaixo dos olhos e tem dentro dois dentes, como na lagosta, que não são arredondados, mas alongados. Sobre os dentes existem dois opérculos, entre os quais está algo semelhante ao que na lagosta fica próximo dos dentes. O caranguejo absorve a água junto à boca, retendo-a com os opérculos, e expele-a pelos canais situados sobre a boca, tapando com os opérculos o lugar por onde ela entrou. Esses canais ficam logo abaixo dos olhos. Mal absorve a água, fecha a boca por meio dos dois opérculos e dessa forma expele a água do mar logo em seguida.

Em seguida aos dentes fica o esôfago, que é muito curto, de tal modo que dá a ideia de que o estômago se liga diretamente à boca. O estômago, que vem a seguir, divide-se em dois braços e, do meio, sai um intestino simples e estreito. Este termina debaixo do opérculo exterior, como acima se afirmou[30]. No caranguejo, o intervalo entre os opérculos, junto aos dentes, parece-se com o da lagosta.

No seu interior, o tronco apresenta um líquido amarelado, e também uma espécie de pequenos corpos brancos e de forma alongada, a par de outros salpicados de vermelho.

---

[28] Cf. *Partes dos animais*, 684a26.
[29] Cf. *supra*, 526a9.
[30] Cf. *supra*, 526b26-30.

O macho distingue-se da fêmea pelo tamanho, pela largura e pelo abdômen; a fêmea tem-no maior, mais destacado do corpo e mais peludo, como acontece também nas lagostas fêmeas.

É essa a disposição dos órgãos nos crustáceos.

Características gerais dos testáceos

4. Os animais testáceos, como os caracóis, os borrelhos e tudo o que se chama conchas, como também o grupo dos ouriços-do-mar, têm a parte carnuda, quando a têm, idêntica à dos crustáceos (ou seja, no interior) e a concha por fora, sem que dentro haja alguma substância sólida. Esses animais apresentam, de uns para os outros, inúmeras diferenças, quer no nível das conchas, quer no da carne no interior. De fato, alguns não têm carne, em absoluto, caso do ouriço-do-mar; outros têm, mas fica lá dentro e é invisível, à exceção da cabeça, como, por exemplo, os caracóis ou aqueles aos quais há quem chame volutas e, no mar, o búzio, o búzio-fêmea, o borrelho e os outros turbinados. Entre os restantes, uns são bivalves e outros univalves. Chamo bivalves aos que possuem duas conchas e univalves aos que só têm uma. Nesse último grupo, a parte carnuda fica a descoberto[31], como é o caso da lapa. Entre os bivalves, uns se podem abrir, como as amêijoas e os mexilhões; é que todas essas espécies têm as conchas presas de um lado e soltas do outro, de modo que podem fechar e abrir. Há outros que são bivalves mas estão presos dos dois lados, como os lingueirões. Há também os que são completamente cercados pela concha e não deixam à vista, da parte de fora, nenhum sinal de carne, como acontece com o que se chama ascídias.

Por outro lado, as próprias conchas diferem umas das outras. Uns testáceos apresentam uma concha lisa, como o lingueirão, o mexilhão e certas conchas que se designam por

---

[31] Cf. *Partes dos animais*, 679b24.

vezes por mactras; outros a têm rugosa, caso das ostras, dos funis, de certas variedades de conchas e dos búzios. Nesse último grupo, uns têm uma concha canelada, como o leque e algumas conchas, outros não têm estrias, como os funis e outras variedades de conchas.

Os testáceos variam também na espessura – mais grossa ou mais fina – da concha, quer no seu conjunto, quer em certas partes bem definidas, por exemplo, nos bordos. Uns têm uma concha de bordos finos, como os mexilhões, outros a têm de bordos espessos, como as ostras. Há também os que se movem pelos seus próprios meios, como o leque (há até quem diga que os leques voam, dado que é frequente saltarem para fora do recipiente usado na captura), e outros que não saem do lugar onde estão fixos, caso do funil[32]. Mas todos os turbinados se mexem e arrastam; mesmo a lapa solta-se para ir à procura de alimento. Um ponto comum entre esses animais e as outras conchas é terem a concha lisa por dentro.

A parte carnuda, quer nos univalves quer nos bivalves, está de tal modo presa à concha que é preciso fazer força para soltá-la; nos turbinados solta-se melhor. Há uma particularidade na concha desses últimos: é que a extremidade oposta à cabeça forma sempre uma espiral. Além disso, todos apresentam de nascença um opérculo[33]. Por outro lado, todos os turbinados têm a concha à direita e movem-se, não no sentido da espiral, mas no contrário[34].

São essas as diferenças que se registram na parte exterior dos animais desse gênero. Quanto aos órgãos internos, todos são, de natureza, muito semelhantes, sobretudo os turbinados (é no tamanho que as diferenças se verificam e por certos traços mais ou menos acentuados); não há também grandes diferenças entre os univalves e os bivalves na sua maioria; as variantes que apresentam são ligeiras; as di-

---

[32] Cf. 588b15, Eliano, *História dos animais*, 3.29.
[33] Cf. *Partes dos animais*, 679b18.
[34] Cf. *Marcha dos animais*, 706a13.

ferenças são maiores com os que não se movem. Esse ponto será esclarecido mais adiante[35]. A estrutura de todos os turbinados é a mesma; a única diferença está, como dissemos[36], na proporção (de fato, uns, os maiores, têm as partes maiores e mais visíveis, outros, pelo contrário, têm-nas menores). Há também divergências quanto à consistência, mais dura ou mais mole, ou a outras características do mesmo tipo. Assim, todos apresentam a parte carnuda que fica no bordo, à entrada da concha, resistente, embora em maior ou menor grau. Do meio dessa região carnuda partem a cabeça e dois tentáculos. Estes nos animais maiores são grandes, nos menores são minúsculos. A cabeça sai, em todos, da mesma maneira, e, se o animal é perturbado, ela recolhe-se para dentro da concha. Alguns têm boca e dentes, caso do caracol, afiados, pequenos e finos. Também têm trompa, como a das moscas, em forma de língua. Nos búzios-fêmeas e nos búzios, esse órgão é resistente, e, se comparado com o dos moscardos e dos estros que penetram na pele dos quadrúpedes, a sua potência é, em proporção, ainda mais forte. São até capazes de perfurar as conchas das suas presas. À boca segue-se sem interrupção o estômago. Esse órgão, nos gastrópodes, parece-se com o papo das aves[37]. Na face inferior apresentam dois pontos brancos e resistentes[38], parecidos com umas tetas, como existem também nos chocos, salvo que nestes que agora nos ocupam se apresentam mais rijos. Do estômago parte um esôfago simples e longo, que vai até o hepatopâncreas, no extremo da concha. Esses órgãos são perfeitamente visíveis nos búzios-fêmeas, e nos búzios encontram-se na espiral da concha.

Depois do esôfago vem o intestino; entre esses órgãos há continuidade, de modo que o conjunto se apresenta

---
[35] Cf. *Partes dos animais*, 683b8 ss.
[36] Cf. *supra*, 528b13-14.
[37] Cf. *Partes dos animais*, 679b9.
[38] Cf. *supra*, 527a22, 527a29-30.

como um canal simples, que vai até o orifício anal. O ponto de partida do intestino fica perto da espiral do hepatopâncreas, onde ele é mais largo (é que o hepatopâncreas é, em boa parte, uma espécie de órgão de excreção nos testáceos), depois dá a volta e torna a subir até a parte carnuda; a sua extremidade fica junto da cabeça, e é aí que se efetua a expulsão dos excrementos em todos os turbinados, terrestres e marinhos. Nos gastrópodes de grandes dimensões, parte do estômago, seguindo ao longo do esôfago sempre envolvido numa membrana fina, um canal longo e branco, de cor parecida com a das "tetas" referidas acima[39]. Apresenta segmentos, como o ovo da lagosta, com a diferença de que é branco, enquanto o ovo da lagosta é vermelho. Esse canal não possui nenhum orifício, nem abertura; está envolvido por uma membrana fina e encerra no interior uma cavidade estreita. Do intestino segue, para baixo, uma massa contínua, negra e rugosa, como a que se encontra nas tartarugas, mas menos escura. Os gastrópodes marinhos têm também essa massa e o canal branco, mas menor nas espécies menores.

Univalves e bivalves

Os univalves e os bivalves assemelham-se aos referidos gastrópodes em certos aspectos e diferem noutros. Também têm cabeça, tentáculos, boca e uma espécie de língua. Mas essas partes, nos de menores proporções, não são perceptíveis em função dessa mesma pequenez; como também não são visíveis quando os animais morrem ou não se mexem. Todos têm hepatopâncreas, mas nem sempre no mesmo lugar, nem com o mesmo volume ou com idêntica visibilidade; as lapas têm-no embaixo, no extremo da concha; os bivalves, na charneira[40]. Todos têm uma espécie de bar-

---

[39] Cf. *supra*, 529a2-3.
[40] Cf. *Partes dos animais*, 680a21-23.

bas dispostas em círculo[41], como nos leques. O chamado ovo, nos que o têm, na época de o terem, fica numa das metades da circunferência, como o branco dos gastrópodes. Porque há afinidade entre esses órgãos.

529b

Mas todas essas partes, como já dito, são visíveis nos animais grandes, enquanto nos pequenos não se distinguem por completo ou quase. Assim, é sobretudo nos leques grandes que elas são perceptíveis; são estes os que apresentam uma das valvas chata, como uma espécie de tampa. Nos outros testáceos, para além dos aqui referidos, o orifício dos excrementos fica de lado; é que existe um canal por onde o animal evacua.

O hepatopâncreas, como referimos[42], é em todos uma excreção envolta por uma membrana. O chamado ovo não tem canal de saída em nenhuma espécie; trata-se apenas de uma saliência na carne. Nem se situa do mesmo lado do intestino; o ovo fica à direita, o intestino, à esquerda. Nos outros testáceos, é desse modo que se faz a saída das excreções; mas na lapa selvagem, que há quem designe por orelha-do-mar, os excrementos saem pela parte inferior da concha, que é perfurada. Visível é nela também o estômago, a seguir à boca, e uma espécie de ovos. Mas sobre a disposição de todos esses órgãos consulte-se *Quadros anatômicos*.

O chamado bernardo-eremita[43] partilha, ao mesmo tempo, características dos crustáceos e dos testáceos. Pela constituição, aproxima-se do tipo das lagostas, e nasce sem nenhum revestimento[44]; mas, porque se mete dentro de uma concha na qual vive, torna-se semelhante aos testáceos; por isso parece pertencer em simultâneo aos dois grupos. Pela forma, pode-se dizer, em palavras simples, que esse animal se parece com as aranhas, exceção feita ao fato de ter a parte inferior da cabeça e do tórax maior do que a da aranha.

....
[41] Cf. *supra*, 524b21.
[42] Cf. *supra*, 529a11-12.
[43] Cf. *infra*, 548a14-21.
[44] Ou seja, concha.

Tem dois apêndices pequenos, delgados e vermelhos, e, sob eles, dois olhos grandes, que não são retráteis nem se inclinam para o lado, como os dos caranguejos, antes se mantêm direitos. Por baixo dos olhos fica a boca e, em volta dela, uma espécie de pelos abundantes. Vêm depois duas patas em pinça, que lhe servem para agarrar, e, de cada lado, outras duas, e uma terceira, menor. A parte inferior do tórax é completamente mole e, depois de aberta, amarela por dentro. Da boca sai um só canal que segue até o estômago. O canal de excreção não é perceptível. As patas e o tórax são duros, mas menos do que os dos caranguejos. Esse animal não está aderente à concha como os búzios-fêmeas ou os búzios, soltando-se facilmente. As espécies que se encontram dentro de conchas em espiral são mais alongadas do que as trompas[45]. Aliás, o tipo das trompas é um gênero distinto; embora próximo dos anteriores em tudo o mais, tem a pata bifurcada da direita pequena e a da esquerda grande, e por isso é sobretudo sobre esta última que se apoia ao andar[46]. Nas conchas desses animais e em alguns outros, encontra-se um parasita, cujo modo de aderência à concha é praticamente o mesmo; é o que se chama coxo.

A trompa tem a concha lisa, grande e arredondada, e uma forma parecida com a do búzio, mas distingue-se pela cor do pâncreas, que não é negra mas vermelha. Está fortemente presa à concha, no centro.

Quando está bom tempo, esses animais desprendem-se[47] e vão à procura de alimento; mas, se houver vento, os bernardo-eremitas mantêm-se abrigados nos rochedos e as trompas agarram-se como as lapas. O mesmo se passa com os hemorroides[48] e com todos os seres desse tipo. Aderem

---

[45] Cf. Eliano, *História dos animais*, 14.28.

[46] Período difícil de interpretar, pois Aristóteles refere-se à concha, mas descreve um paguro, que, eventualmente, a habitará.

[47] Cf. *supra*, 487b13, 528b1.

[48] Esta designação encontra-se apenas neste capítulo da *História dos animais*. O animal em causa é de difícil identificação. A designação foi atri-

às pedras quando levantam o opérculo, que se parece com uma espécie de tampa. Esse opérculo, nos turbinados, faz a mesma função da segunda concha nos bivalves[49]. O interior é carnudo e lá se situa a boca. A disposição é semelhante nos hemorroides, nos búzios e em todos os seres desse gênero.

Todos os animais que têm a pata esquerda maior não pertencem aos turbinados, mas às trompas. Há alguns borrelhos que albergam animais parecidos com lavagantes pequenos[50], que se encontram também nos rios. Diferem deles por terem a parte que se encontra no interior da concha mole. Sobre a forma que apresentam há que consultar *Quadros anatômicos*.

Os ouriços

5. Os ouriços[51] não dispõem de uma parte carnuda, e esse é seu traço peculiar. Em todos eles essa componente falta; não têm portanto nada que se pareça com carne no interior. Em contrapartida, todos têm granulações negras[52]. Há numerosas espécies de ouriços, mas comestível há só uma. É aquela em que se forma o que se chama ovos[53], que são grandes e comestíveis, e que se encontram tanto nos animais maiores como nos menores. Mesmo quando ainda minúsculos, já têm os tais ovos. Duas outras variedades são o que se designa por *espatangos* e *brissos*[54]. Estes últimos são ouri-

buída a animais de grupos diversos que se caracterizam por ter a extremidade do corpo vermelha.

[49] Cf. *Partes dos animais*, 679b18.
[50] Deve referir-se ao lagostim-de-água-doce, um macruro como a lagosta e o lavagante.
[51] Cf. *Partes dos animais*, 679b28-681a9.
[52] Cf. *infra*, 530b13, 31, *Partes dos animais*, 680a14.
[53] Cf. *Partes dos animais*, 680a25.
[54] Ou seja, respectivamente, "turbinados" e "espumosos".

ços de alto-mar e raros. Há ainda os chamados ouriços-grandes, que são os maiores de todos.

Há também outro tipo[55], de pequenas dimensões, mas com picos grandes e duros, que vive no mar a muitas braças de profundidade, e que por vezes se usa para tratar a estrangúria[56]. Na região de Torone[57], há ouriços-do-mar cuja concha, picos e ovos são brancos, e que são mais alongados do que os outros. Mas os picos que possuem não são grandes, nem rijos, mas antes moles. Os corpúsculos negros que lhes saem da boca são numerosos e ligam-se ao canal excretor, mas não comunicam entre si. Estabelecem assim no animal uma linha de separação. Os que se movem mais e com mais frequência são os comestíveis. A prova está em que têm sempre nos picos alguns resíduos[58].

Todos os ouriços possuem ovos, que em alguns são minúsculos e não servem para comer. Verifica-se que o que se pode chamar cabeça e boca, no ouriço, está na parte de baixo, enquanto em cima fica o orifício excretor. O mesmo se verifica nos turbinados e nas lapas. A razão está em que, como o alimento provém de baixo, a boca se situa de forma adequada; o excremento está em cima, na parte dorsal da concha. O ouriço tem, no interior, cinco dentes ocos, entre os quais fica um corpo carnudo equivalente à língua. A seguir vem o esôfago, depois o estômago, dividido em cinco partes e cheio de excreções. Todas as cavidades do estômago se reúnem numa só, no poro excretor, local onde a concha está perfurada. Por baixo do estômago, numa outra membrana, fica o que se chama os ovos[59], cujo número é ímpar e sempre o mesmo (ou seja, cinco, um número fantástico). Os corpúsculos negros situam-se em cima, presos à raiz dos dentes; têm um sabor amargo e não servem para

---

[55] Cf. *Geração dos animais*, 783a22.
[56] Cf. *Geração dos animais*, 783a20-21.
[57] Cf. *supra*, 523a7.
[58] Cf. *Partes dos animais*, 681a8.
[59] Cf. *Partes dos animais*, 680b3 ss.

comer. Em muitos animais há uma parte idêntica ou análoga. De fato, assim acontece nas tartarugas, nos sapos, nas rãs, nos turbinados e nos cefalópodes. Na cor há diferen- 531a ças, mas em todos esses animais os tais corpúsculos são mais ou menos incomestíveis. Seja como for, a boca do ouriço é contínua de ponta a ponta, embora aparentemente não se perceba essa continuidade, antes se assemelhe a uma lanterna sem membrana de proteção[60]. O ouriço serve-se dos picos como se fossem patas. Apoia-se sobre eles e move-os para mudar de lugar.

As ascídias

6. Dentre os testáceos, as chamadas ascídias[61] são os que têm uma natureza mais peculiar. São os únicos que têm o corpo totalmente escondido na concha, e esta é de uma matéria entre a membrana e uma casca, que se pode cortar como se fosse um couro curtido. Portanto, o animal adere aos rochedos por essa espécie de concha, e tem, além disso, dois canais separados um do outro, que são minúsculos e difíceis de ver; servem para expelir e ingerir o líquido. Não têm visível nenhum excremento, como acontece nos outros testáceos, entre os quais uns se assemelham ao ouriço, enquanto outros apresentam o chamado hepatopâncreas. Quando se abre o animal, lá dentro encontra-se primeiro uma membrana tendinosa em volta do equivalente à casca. É dentro dessa membrana que está a parte carnuda da ascídia, que em nada se parece com a dos outros testáceos. Mas essa carne, em todas as ascídias, é sempre a mesma. Essa parte

---

[60] Tornou-se convencional a chamada "lanterna de Aristóteles". Há, no texto, uma leitura dúbia, entre *stóma*, "boca", e *sôma*, "corpo", que dificulta o entendimento da ideia. Para alguns intérpretes do texto, é da boca que se está falando, o que motivou que esse órgão do ouriço tenha passado a chamar-se tecnicamente "lanterna de Aristóteles". Para outros, a imagem da "lanterna" aplica-se ao ouriço na sua totalidade.

[61] Cf. *Partes dos animais*, 681a10-35.

carnuda tem dois pontos de aderência, à membrana e à pele, em posição oblíqua. E, no ponto de aderência, aperta-se de um lado e do outro, naquele lugar onde se prolonga até os canais que perfuram a concha e que servem para expelir e para ingerir o alimento e o líquido[62]; um pode considerar-se uma espécie de boca, o outro, um orifício excretor. Um desses canais é grosso, o outro, fino. No interior do corpo há uma cavidade de cada lado, separadas por uma divisória pequena que faz a união[63]. Numa dessas cavidades encontra-se a matéria líquida. A ascídia não possui nenhuma outra parte orgânica ou sensorial, nem, como atrás dissemos a propósito dos outros testáceos[64], uma função excretora. A cor que lhe é própria é o amarelo ou o vermelho.

As anêmonas

As anêmonas[65] constituem igualmente um gênero à parte. É que também elas vivem fixas nos rochedos, como certos testáceos, mas de vez em quando se soltam. Não têm concha, antes apresentam todo o corpo carnudo. São sensíveis ao tato, atraem e retêm uma mão que se aproxime, como o polvo com seus tentáculos, a ponto de fazerem inchar a mão. Têm a boca situada no meio do corpo e vivem agarradas aos rochedos como se fossem uma concha[66]. Se um peixinho minúsculo lhes ficar ao alcance, agarram-no como fazem com a mão. Tudo de comestível que lhes esteja por perto é devorado. Há até uma variedade que se solta da rocha e come o que conseguir arranjar, ouriços-do-mar ou leques, por exemplo. É óbvio que não possuem nada que se

---

[62] Cf. *Partes dos animais*, 681a29-31. O alimento e o líquido são uma e a mesma coisa, porque é do líquido que o animal se alimenta.
[63] Cf. *Partes dos animais*, 681a34.
[64] Cf. *supra*, 531a15, *Partes dos animais*, 681a31.
[65] Cf. *infra*, 548a23.
[66] Cf. 590a32.

pareça com excrementos; desse ponto de vista assemelham-se às plantas[67].

Existem duas variedades de anêmonas: umas menores e mais comestíveis, outras maiores e mais duras, como as que existem na região de Cálcis. Durante o inverno têm a carne consistente (é essa a época de as apanhar e de as consumir); no verão deterioram-se; tornam-se flácidas e, se se lhes tocar, desfazem-se rapidamente e não se conseguem colher inteiras. Aliás, como sofrem com o calor, tendem a enfiar-se nos rochedos[68]. São estas, em resumo, as partes externas e internas dos cefalópodes, dos crustáceos e dos testáceos.

Os insetos

7. Importa agora abordar, seguindo a mesma metodologia, o gênero dos insetos. Esse é um tipo de animal que abrange uma grande quantidade de espécies, de que algumas, ainda que sejam congêneres entre si, não se podem incluir numa designação comum, caso da abelha, do abelhão, da vespa e de todos os animais desse tipo; como também aqueles outros que têm as asas em élitro, como o besouro, o escaravelho, a cantárida e outros parecidos.

Entre todos eles há três partes em comum: a cabeça, o tronco que contém o estômago e uma terceira, situada entre as duas anteriores, que corresponde ao tronco e ao dorso dos outros animais. Na maioria dos insetos, esta última parte constitui uma só peça; mas nos que são grandes e possuem muitas patas há quase tantas partes intermédias quantos os segmentos.

Todos os insetos continuam a viver depois de seccionados, salvo os que por natureza são muito frios, ou os que, pela pequenez do seu tamanho, arrefecem rapidamente. Até as vespas, uma vez seccionadas, continuam vivas. Se ainda

---
[67] Cf. *Partes dos animais*, 681a36-b13.
[68] Cf. Eliano, *História dos animais*, 7.35.

unidos à parte intermédia, a cabeça e o abdômen mantêm-se vivos; mas, sem ela, a cabeça não sobrevive. Os que são grandes e com muitas patas continuam vivos durante muito tempo depois de divididos em dois, e a parte cortada move-se para um e outro dos extremos da zona seccionada: quer no sentido do corte, quer no da cauda, como acontece com a chamada escolopendra[69].

Todos sem exceção têm olhos. Mas nenhum outro órgão sensorial é neles perceptível a não ser, em alguns, uma espécie de língua (o que também todos os testáceos têm), que lhes serve para perceber e para recolher os alimentos. Nuns esse órgão é mole, noutros, muito resistente, como acontece também no búzio[70]. Os moscardos e os estros têm-no rijo, assim como a grande maioria dos outros insetos. A todos os que são desprovidos de aguilhão posterior, ele serve-lhes de arma ofensiva. Como também todos os que o possuem não têm dentes, exceto um pequeno número; é ao penetrar na pele com esse órgão que as moscas aspiram o sangue, e é dele que os mosquitos[71] se servem para picar.

Alguns insetos também têm aguilhão. Uns o têm no interior do corpo, como as abelhas e as vespas[72], outros, no exterior, caso do escorpião[73]. Este é o único inseto a ter a cauda comprida[74]. Apresenta também pinças, caso daquela espécie de escorpião que vive nos livros[75].

Os insetos voadores, para além das outras partes, têm ainda asas. Há-os com duas, as moscas, por exemplo, e com quatro, caso das abelhas. Mas nenhum inseto que tenha ape-

[69] Cf. *Marcha dos animais*, 707a28, *Sobre a respiração*, 471b22.
[70] Cf. *supra*, 528b32.
[71] Cf. Heródoto, 2.95, *Geração dos animais*, 721a10.
[72] Cf. *Partes dos animais*, 683a8.
[73] Cf. *Partes dos animais*, 683a11.
[74] Cf. *supra*, 501a31.
[75] Sobre as variedades de escorpião, cf. Eliano, *História dos animais*, 6.20; sobre o escorpião dos livros, cf. *infra*, 557b8-10.

nas duas asas apresenta aguilhão atrás[76]. Além disso, entre os insetos voadores, uns têm um élitro sobre as asas, caso do besouro; outros não têm élitro, como a abelha. Mas nenhum deles recorre à cauda para voar, nem tem túbulo nem divisões nas asas[77]. Há também uns tantos com antenas à frente dos olhos, como as borboletas e os lucanos.

Entre os insetos saltadores, uns têm as patas posteriores maiores, outros têm um "leme" que dobram para trás, como os membros posteriores dos quadrúpedes[78].

Todos têm a face dorsal diferente da abdominal, como de resto acontece com todos os outros animais. A carne que lhes forma o corpo nem tem a estrutura da das conchas, nem a do interior dos testáceos, nem mesmo a da carne propriamente dita; é uma substância mista. Eis por que não têm nem espinhas, nem ossos, nem "osso" como o do choco[79], nem uma concha protetora. O corpo defende-se com a própria rigidez e não necessita de outra proteção. Têm pele, mas particularmente fina.

532b

São essas as partes exteriores dos insetos. No interior encontra-se, logo em seguida à boca, um intestino que, na grande maioria, é simples e reto até o orifício excretor. Nuns tantos, poucos, apresenta uma espiral. Nenhum inseto tem vísceras ou gordura, como aliás nenhum dos animais não sanguíneos. Há também alguns com estômago e, na continuação dele, o resto do intestino, que pode ser simples ou em espiral; é o caso dos gafanhotos.

A cigarra[80] é o único dos insetos, como também de todos os outros animais, que não tem boca. Apresenta, como os insetos com aguilhão atrás, uma espécie de língua, que é longa, contínua e sem divisórias, de que se serve para se alimentar de orvalho, o único alimento que consome. Não

---

[76] Cf. *Partes dos animais*, 683a14.
[77] Cf. *supra*, 519a28.
[78] Cf. *Partes dos animais*, 683a35.
[79] Cf. *supra*, 524b25-35.
[80] Cf. *infra*, 556a14 ss., *Partes dos animais*, 682a18-21.

acumula excrementos no abdômen. Há diversas variedades de cigarra, que diferem pelo tamanho maior ou menor, e pelo fato de aquelas a que chamamos cantadeiras apresentarem uma fissura sob o corselete e uma membrana visível, que não existe nas cigarras pequenas.

Animais invulgares

Há ainda, no mar, certos animais invulgares que é difícil, pela própria raridade com que aparecem, classificar num gênero determinado. Houve já pescadores, gente com experiência, que disseram ter visto no mar animais parecidos com tacos de madeira, negros, arredondados e de uma grossura uniforme; outros parecidos com escudos[81], de cor avermelhada e com barbatanas numerosas; outros ainda, pela forma e pelo tamanho, idênticos a um órgão sexual masculino, salvo que, em vez de testículos, apresentam duas barbatanas. Dizem os tais pescadores que este último veio uma vez agarrado a uma cana com muitos anzóis.

Eis como se apresentam as partes externas e internas de cada gênero animal, com as particularidades respectivas e os elementos em comum.

Os sentidos

8. Há que abordar agora a questão dos sentidos, que não são semelhantes em todos os animais; uns os têm todos, outros, apenas alguns. No máximo – e para além desse número não há outras distinções – são cinco: visão, audição, olfato, paladar e tato. O ser humano, como também os vivíparos terrestres e, para além desses, os ovíparos sanguíneos, todos possuem claramente o conjunto completo, a não ser

---

[81] O grego *aspis* serve para designar "o escudo", como também a "serpente áspide".

que um dado gênero apresente uma atrofia, caso da toupeira. Esta não tem visão, porque não possui olhos perceptíveis[82]; mas, se se lhe arrancar a pele da cabeça, que é grossa, no local onde deviam estar os órgãos externos da visão, há, por dentro, uma espécie de olhos atrofiados, que possuem integralmente as mesmas partes que uns olhos normais. Têm íris, a parte que fica no interior da íris, a que se chama pupila, e a parte gordurosa em volta; simplesmente todas essas partes são menores do que nos olhos que estão a descoberto. Mas nenhuma delas é perceptível exteriormente em função da espessura da pele, como se na gênese do animal a formação natural dos olhos se tivesse interrompido. Porque existem, vindos do cérebro, no ponto de junção com a medula, dois canais tendinosos e resistentes que se estendem até as órbitas, mas terminam nos dentes caninos superiores[83].

Os outros animais têm também a percepção da cor, dos sons, dos odores e do gosto. O quinto sentido, o chamado tato, todos os animais o possuem.

Órgãos dos sentidos

Portanto, em certos animais os órgãos dos sentidos são perfeitamente visíveis, sobretudo os olhos. De fato, a localização dos olhos é bem determinada, como também a do órgão da audição. Alguns animais têm orelhas, outros, uns canais auditivos bem à vista. O mesmo se passa com o olfato; uns têm narinas, outros, canais olfativos, o gênero das aves, por exemplo. Outro tanto se diga do órgão do gosto, a língua. Nos animais aquáticos e sanguíneos que se designam por peixes, o órgão gustativo, a língua, existe, mas de um

---

[82] Cf. *supra*, 491b28.

[83] Esta observação, que não se aplica à toupeira, foi considerada uma intromissão espúria.

modo imperfeito; a língua que apresentam é ossificada[84] e não se solta. Todavia, em certos peixes o céu da boca é carnudo, caso, entre os peixes de rio, da carpa, de tal modo que, se se não fizer uma observação cuidadosa, pode parecer que se trata de uma língua[85].

O ouvido dos peixes

Que os peixes possuem o órgão do paladar é manifesto. De fato, muitos deles têm preferência por certos sabores em particular, mordem sobretudo o isco feito do bonito e de outros peixes gordos, o que pressupõe que gostam de provar e de comer esse tipo de alimentos. Quanto ao ouvido e ao odor, não têm nenhum órgão visível. Pois o que se poderia tomar como tal, na região das narinas, não se liga ao cérebro. Trata-se de canais obstruídos ou que apenas comunicam com as guelras. Mas que os peixes ouvem e cheiram é evidente.

533b

É óbvio que fogem de ruídos estridentes, como o dos remos das embarcações, de modo que se podem até capturar facilmente nos esconderijos onde se refugiam. O que se passa é que um ruído, mesmo que ligeiro ao ar livre, parece sempre, a quem o ouve dentro de água, desagradável, sonoro e retumbante. É o que aliás acontece na caça ao golfinho. Depois de os terem reunido e cercado com as canoas, de dentro delas os pescadores provocam ruído no mar; por esse meio forçam os golfinhos a fugir para a terra e a dar à costa; capturam-nos então sob o atordoamento do ruído. E no entanto os golfinhos não têm órgãos da audição perceptíveis[86]. Mais ainda, quando se anda na faina, os que tomam parte na campanha evitam o mais possível fazer barulho com os remos ou com as redes. Quando percebem que uma

---

[84] Cf. *Partes dos animais*, 660b23.
[85] Cf. *Partes dos animais*, 660b34-661a1.
[86] Cf. *supra*, 492a29, *infra*, 534b7-10.

grande quantidade de peixes está reunida num lugar determinado, lançam as redes a uma distância que julgam suficiente para que o ruído dos remos e o da rebentação contra o navio não chegue ao local onde os peixes se encontram. Recomendam a todos os marinheiros que naveguem no mais completo silêncio, até os cercarem. Por vezes mesmo, quando querem reunir os peixes, utilizam um processo semelhante ao praticado na captura dos golfinhos. Ou seja, fazem ruído com pedras, de modo que assuste os peixes, para que se reúnam num mesmo local e se deixem cercar pelas redes. Antes que eles estejam cercados, como se disse, é proibido fazer barulho; mas, depois de se fechar o cerco, dá-se sinal para gritar e fazer ruído. Porque, quando ouvem o ruído e a confusão, os peixes assustam-se e enfiam-se na rede.

Por outro lado, quando os pescadores, de longe, se apercebem de grandes bancos de peixe à procura de alimento à superfície, se o mar está calmo e o tempo é bom, e pretendem conhecer-lhes o tamanho e saber de que espécie se trata, se navegarem sem fazer ruído, passam despercebidos e capturam os peixes ainda à superfície; mas, se acontecer que alguém faça barulho antes do tempo, veem-se os peixes em fuga.

Há ainda, em certos cursos de água-doce, uns peixinhos pequenos aos quais há quem chame escorpiões-de-água--doce. Como eles se escondem nos rochedos, há quem os apanhe batendo nos rochedos com pedras. Na fuga, eles acabam caindo na rede, o que prova que ouvem o barulho e ficam atordoados.

Portanto, que os peixes ouvem é o que fica provado dessa nossa argumentação. Há mesmo quem defenda que são os peixes os animais com o ouvido mais apurado; essa opinião vem do fato de os que a defendem fazerem a sua vida no mar e conhecerem muitos casos desse gênero. Dentre os peixes, os que têm o ouvido mais apurado são a tainha, o *cremps*, o peixe-lobo, a salema, o calafate e muitos outros da mesma espécie[87]. Os restantes têm um ouvido menos apurado, e talvez por isso prefiram viver em águas profundas.

O olfato dos peixes

O mesmo se passa com o olfato. Na realidade, a maioria dos peixes recusa-se a tocar na isca que não esteja fresca, e nem todos se deixam atrair pela mesma isca; cada espécie tem as suas preferências, que escolhe pelo olfato. Há os que se deixam atrair por alimentos fétidos, caso da salema em relação aos excrementos. Além disso, há uma quantidade de peixes que vive em cavidades profundas; a esses, quando os pescadores os querem atrair para os apanhar, untam-lhes a entrada da cavidade onde vivem com produtos que cheiram a sal, que os fazem sair rapidamente. É esse o método usado para apanhar a enguia. Coloca-se um recipiente com salga, em cujo gargalo se põe o que se chama crivo[88]. De modo geral, todos os peixes se deixam atrair mais depressa pelo cheiro do grelhado. Por isso, chamusca-se a carne dos chocos para produzir esse cheiro e usa-se como isca para outros peixes. Porque assim eles aproximam-se sem demora. Diz-se também que, se se metem nas nassas polvos grelhados, não é com outro objetivo que não seja o de provocar um cheiro de churrasco.

Por outro lado, os peixes que se deslocam em cardumes, quando se lança fora água de lavar o peixe ou se despejam esgotos, fogem como se lhes sentissem o cheiro. Afirma-se também que os peixes são muito sensíveis ao cheiro do seu próprio sangue. Essa reação fica patente do fato de eles fugirem e se porem a distância quando há por perto sangue de peixe. De modo geral, se se puser nas nassas isca podre, eles recusam-se a entrar ou sequer a aproximar-se. Se, pelo con-

---

[87] Cf. Eliano, *História dos animais*, 9.7.
[88] Cf. Eliano, *História dos animais*, 14.8.

trário, se usar uma isca fresca que cheire a churrasco, eles acorrem de longe e enfiam-se na rede.

O que vimos a afirmar é sobretudo evidente no caso dos golfinhos. Esses animais não têm à vista nenhum órgão auditivo, mas apanham-se quando estão aturdidos com o barulho, como se disse acima[89]. E, apesar de não terem também um órgão do olfato perceptível, possuem um faro muito apurado.

Os sentidos dos animais não sanguíneos

É portanto claro que os animais aqui referidos dispõem de todos os sentidos. As outras espécies de seres repartem-se em quatro grupos, que englobam, no seu conjunto, os tipos restantes; são eles, os cefalópodes, os crustáceos, os testáceos e, por fim, os insetos.

Dentre esses animais, os cefalópodes, os crustáceos e os insetos têm todos os sentidos: têm visão, olfato e gosto. De fato, os insetos captam os aromas a distância, quer tenham asas, quer não tenham, caso das abelhas e das formigas pequenas em relação ao mel, que percebem de longe pelo cheiro. Há muitos insetos que sucumbem ao cheiro do enxofre. Por outro lado, as formigas abandonam o formigueiro se o salpicarmos com orégãos ou com enxofre, como também grande parte dos insetos foge do cheiro do fumo de uma haste de veado. E mais do que tudo é o cheiro a incenso que os põe em debandada.

Por seu lado, os chocos, os polvos e as lagostas apanham-se com isca. Assim, os polvos agarram-se de tal forma aos rochedos que se não conseguem arrancar; e, mesmo se cortados, não se desprendem. Mas, se se lhes chegar um pouco de coniza, soltam-se assim que a cheiram.

Outro tanto se passa com o gosto. De fato, cada espécie procura um alimento diferente, e nem a todas agradam os

───────────
[89] Cf. *supra*, 533b10-14.

mesmos sabores; assim, a abelha nunca pousa em nada que seja pútrido, mas prefere tudo o que for doce; enquanto o mosquito não se aproxima de nada que seja doce, mas de tudo o que for ácido.

Por seu lado, o tato, como antes deixamos dito[90], existe em todos os animais.

Os testáceos possuem odor e gosto (como o prova o uso da isca); veja-se o caso do búzio[91]: a isca que se usa para apanhá-lo é pútrida, e se ele se deixa atrair por esse tipo de isca é porque a cheira de longe. Também os testáceos sentem o paladar, como se prova pelo mesmo tipo de teste. É que, se um ser se aproxima daquilo que reconhece pelo cheiro, é porque também o paladar lhe agrada. Aliás, todos os animais que têm boca registram sensações agradáveis ou desagradáveis pelo paladar.

Sobre a visão e a audição, nada há de seguro nem de irrefutável. Dá ideia de que os lingueirões, se se fizer barulho, submergem, e que se enfiam mais para baixo ainda se sentirem o ferro a aproximar-se[92] (porque só uma pequena parte do seu corpo aparece; o resto está metido numa espécie de casulo); os leques, se se lhes aproximar o dedo, abrem e fecham como se o vissem. Os pescadores de trompas, quando pescam com isca, não as capturam seguindo a direção do vento. Nem falam, mantêm-se em silêncio, por estarem convencidos de que elas cheiram e ouvem. Dizem que, se falarem, as trompas fogem. Entre os testáceos, os que parecem ter um olfato menos apurado são, dos que se movem, o ouriço, e dentre os que se não movem, as ascídias e as percebas.

A voz

9. É essa a disposição dos órgãos dos sentidos em todos os animais; passemos agora à questão da voz. Voz e ruído

---

[90] Cf. *supra*, 489a18.
[91] Cf. Eliano, *História dos animais*, 7.34.
[92] Trata-se de uma vara de ferro que serve para capturá-los.

são duas coisas distintas, e ainda uma terceira é a linguagem. A voz propriamente dita não é produzida por nenhum outro órgão que não seja a faringe[93]. Assim, os animais que não tenham pulmão também não têm voz. A linguagem consiste na articulação da voz através da língua. Logo, as vogais são emitidas pela voz e pela laringe, as consoantes, 535b pela língua e pelos lábios. É com umas e outras que se produz a linguagem. Portanto, os animais que não tenham língua, ou que a não tenham solta, não falam. Mas é possível emitir sons com outros órgãos. Assim, os insetos não têm voz nem linguagem, mas produzem ruído por meio do ar que lhes passa no interior, não com o que sai para o exterior. Porque nenhum deles expira; uns zumbem, como a abelha e os alados; de outros diz-se que cantam, a cigarra, por exemplo. Todos esses insetos emitem um som com a membrana que têm sob o corselete, quando são segmentados; há assim uma espécie de cigarra que produz um som pelo atrito do ar[94]. Por seu lado, as moscas, as abelhas e todos os outros insetos do mesmo gênero produzem ruído ao levantar voo e ao se contraírem[95]; na verdade, o som resulta do atrito do ar no interior do corpo. Quanto aos gafanhotos, é pela fricção dos seus "lemes" que produzem o som.

Sons emitidos pelos peixes

Nenhum cefalópode emite som nem produz nenhum ruído natural, como também nenhum crustáceo. Os peixes não têm voz (já que não têm pulmão, nem traqueia, nem faringe); todavia, emitem determinados sons e gritos a que

---

[93] Aristóteles confunde faringe com laringe. Cf. *Partes dos animais*, 664a17. Parece que só Galeno conseguiu fazer essa distinção.

[94] Atrito contra a referida membrana. Cf. *Sobre a respiração*, 475a15-18, Eliano, *História dos animais*, 1.20.

[95] Para Aristóteles, não são as asas que produzem o som, mas a fricção interna do ar. Cf. *Sobre o sono e a vigília*, 456a11 ss., *Sobre a respiração*, 474b31 ss.

se chama voz, caso do peixe-lira e do calafate (esses peixes produzem uma espécie de grunhido), o pimpim-do-aqueloo, ou ainda o *chalcis*[96] e o peixe-cuco. O *calchis* produz uma espécie de silvo, o peixe-cuco, um som parecido com o da ave correspondente, o que justifica que tenham o mesmo nome[97]. Todos esses animais emitem algo parecido com a voz, uns pelo atrito das guelras (porque essa zona é formada de matéria espinhosa[98]), outros por ação dos órgãos internos que rodeiam o estômago. Porque cada um desses animais retém o ar, que depois fricciona ou agita para produzir os sons. Há igualmente certos selácios que parecem soltar gritos. Mas não é correto dizer que esses animais tenham voz, mas simplesmente que emitem sons. Assim, os leques, quando se deslocam apoiando-se na água (processo a que se chama "voar"), produzem um silvo, como também as andorinhas-do-mar. Estas últimas voam sem tocar na água, graças às asas largas e longas que possuem. Do mesmo modo que, quando as aves voam, o som que produzem com as asas não é uma voz, também o ruído produzido por esses animais não o é.

536a O golfinho produz também um grito e uma espécie de murmúrio, quando sai da água, mas não se trata da mesma coisa de que temos vindo a falar. No caso do golfinho é mesmo de voz que se trata, por ser dotado de pulmão e de traqueia; apenas como não tem a língua solta nem lábios, não pode produzir sons articulados.

Gritos dos quadrúpedes ovíparos

Entre os seres que dispõem de língua e de pulmão, os ovíparos quadrúpedes ou ápodes têm voz, mas fraca; uns

---

[96] Ignora-se qual a espécie de peixe a que Aristóteles atribuía este nome. *Chalcis* é o nome de um gênero de répteis.
[97] Cf. Eliano, *História dos animais*, 10.11.
[98] Cf. *Partes dos animais*, 660b25.

silvam, como as serpentes, outros têm uma voz suave e débil, outros um cicio leve, caso das tartarugas. A rã tem uma língua peculiar; a parte anterior é aderente como a língua dos peixes, enquanto nos outros animais está solta; por seu lado, a parte próxima da faringe está solta e dobrada, o que lhe permite produzir uma voz que lhe é própria. O coaxar das rãs na água corresponde ao grito dos machos quando chamam as fêmeas para o acasalamento. Porque cada espécie animal tem um grito próprio para a cópula e para o acasalamento, caso dos porcos, dos bodes e dos carneiros. O macho da rã coaxa quando põe à superfície da água a maxila inferior e distende a superior. As bochechas parecem então transparentes por efeito da distensão, ao mesmo tempo que os olhos brilham como luzeiros. De fato, na maior parte das vezes acasalam durante a noite.

Gritos das aves

O gênero das aves, por seu lado, emite uma voz. As aves capazes de linguagem são sobretudo as que têm uma língua larga ou as que a têm fina. No entanto, em certas espécies, a fêmea e o macho soltam o mesmo pio; noutras, não. Por outro lado, as aves pequenas produzem sons mais variados e são mais ruidosas do que as grandes. É sobretudo na época do acasalamento que cada espécie se põe a cantar. Há umas também que gritam enquanto lutam, como a codorniz; outras, antes da luta, para desafiar o adversário, caso da perdiz; ou depois da vitória, como o galo. Há grupos em que tanto cantam os machos como as fêmeas, o rouxinol, por exemplo; a fêmea deixa de cantar somente enquanto choca os ovos e quando tem filhotes[99]. Noutras espécies, pelo contrário, é só o macho que canta, como nos galos e nas codornizes, e as fêmeas não cantam.

....
[99] Cf. 632b21 ss.

Voz dos quadrúpedes ovíparos

536b Os quadrúpedes ovíparos têm, cada um, uma voz diferente, mas nenhum se exprime pela linguagem, que é exclusiva do homem. Todo ser que produz uma linguagem também tem voz; mas nem todos os que têm voz produzem uma linguagem. Os surdos de nascimento são também mudos. São capazes de emitir sons, mas não têm propriamente uma linguagem articulada. As crianças, do mesmo modo que não comandam as outras partes do corpo, também a princípio não têm o controle da língua. Esta é ainda imperfeita e só mais tarde se solta, de modo que a maior parte das vezes o que elas fazem é vagir e palrar.

As vozes e as línguas variam de região para região. A voz, no que se lhe refere, caracteriza-se por ser aguda ou grave, e a natureza dos sons emitidos não difere dentro do mesmo gênero de animal. Por outro lado, nos sons articulados, que se poderiam designar como uma espécie de linguagem, há diferenças não só entre as várias espécies de animais, como também dentro de cada espécie conforme os lugares; por exemplo, entre as perdizes, umas cacarejam e outras pipilam. Entre as aves de pequeno porte, há casos em que os filhotes diferem, no canto, dos progenitores, se não tiverem sido criados com eles, e se se habituarem a ouvir o canto de outras aves. Já se viu mesmo um rouxinol ensinar os filhos a cantar, o que significa que a linguagem e a voz não são da mesma natureza, e que aquela é suscetível de ser educada. Os homens emitem todos o mesmo tipo de voz, mas não a mesma linguagem. A voz do elefante, que não passa através do nariz mas apenas da boca, parece-se com a expiração humana e com um suspiro ruidoso; quando passa pelas narinas produz um som rouco como o da trombeta.

O sono e a vigília

10. A propósito do sono e da vigília, é um fato comprovado que todos os animais terrestres e sanguíneos dormem e acordam. Realmente todos os que têm pálpebras as fecham para dormir. Parece ainda que não são os homens os únicos que sonham, mas que o fazem também os cavalos, os cães, os bois, ou mesmo os carneiros, as cabras e todas as espécies de quadrúpedes vivíparos. Os latidos dos cães durante o sono são a prova disso. Quanto aos ovíparos, esse ponto não está ainda comprovado, mas é evidente que também eles dormem. O mesmo se passa com os animais aquáticos, como os peixes, os cefalópodes, os crustáceos, as lagostas e outros ainda. Sem dúvida o sono de todos esses seres é bastante curto, mas é evidente que dormem. Não é a partir dos olhos que se pode tirar a prova (porque nenhum deles tem pálpebras), mas da imobilidade em que ficam. Os peixes deixam-se apanhar, a menos que sejam vítimas dos piolhos-do-mar ou dos chamados pulgões-do-mar, a ponto de se poder mesmo apanhá-los com a mão. De fato, se ficarem muito tempo imóveis, esses parasitas lançam-se sobre eles em grande quantidade, durante a noite, e devoram-nos. Formam-se no fundo do mar e são em tal quantidade que, se a isca de peixe pousar no fundo, eles a comem. É frequente os pescadores retirarem, em volta da isca, uma espécie de bola que eles chegam a formar.

Mas há ainda outras razões que abonam de forma mais concludente que os peixes dormem. Muitas vezes consegue-se cair sobre eles de improviso, para apanhá-los com a mão ou com o arpão, sem que eles se apercebam. Nessa ocasião eles ficam completamente imóveis e sem se mexer, para além de um movimento leve da cauda. Prova também de que eles dormem é a forma como se precipitam, se qualquer movimento lhes perturbar o sono. Fogem como se acordados em sobressalto. Comum é também, na pesca com lanterna, apanhá-los porque estão dormindo. É visível que quem anda à pesca de atuns[100] os envolve na rede adormecidos, já que no momento da captura eles se mantêm imóveis e deixam ver a parte branca do ventre. Dormem mais de noite do que de dia, de forma que o movimento do lançar das redes não os faz mexer. A maior parte das vezes dormem no fundo, pousados na areia ou num rochedo, ao abrigo de uma pedra ou de um banco de areia; os peixes achatados dormem mesmo enterrados na areia. Distinguem-se pelo relevo à superfície da areia e apanham-se arpoando-os com um tridente. É assim que se apanha muitas vezes o peixe-lobo, a dourada, a tainha e todos os peixes do mesmo tipo, com um tridente, durante o dia, porque eles estão dormindo. Se assim não fosse, certamente nenhum deles se deixaria apanhar com um tridente. Os selácios chegam a dormir tão profundamente que podem ser apanhados à mão. O golfinho, a baleia e outros animais com orifício respiratório dorsal dormem com esse mesmo orifício fora de água, para poderem respirar, movendo lentamente as barbatanas. Há mesmo quem já tenha ouvido o golfinho ressonar[101].

Os cefalópodes também dormem da mesma maneira que os peixes. E o mesmo se passa com os crustáceos.

Os insetos pertencem igualmente ao número dos animais que se entregam ao sono, como fica provado por várias circunstâncias: pode-se constatar que se mantêm sossegados e imóveis. Sobretudo no caso das abelhas esse fato é evidente. Ficam quietas e deixam de zumbir durante a noite. O mesmo é também visível naqueles insetos que se encontram por todo o lado. Não é só por verem mal que ficam sossegados de noite (é um fato que todos os animais com olhos duros têm uma visão fraca[102]), mas mesmo à luz das tochas não os vemos mais inquietos.

....

[100] Cf. Plínio, *História natural*, 10.75, Eliano, *História dos animais*, 13.16, 15.5-6.

[101] Cf. *infra*, 566b15, *Sobre a respiração*, 476b20, Plínio, *História natural*, 10.75, Eliano, *História dos animais*, 11.22.

[102] Cf. *Partes dos animais*, 683a27.

O animal que mais sonha é o homem. As crianças muito pequenas não sonham[103]. Na maior parte dos casos, o sonho ocorre a partir dos quatro ou cinco anos. Já se tem visto pessoas, homens e mulheres, que nunca tiveram nenhum sonho. Acontece, porém, com pessoas nessa situação, que, com o avançar da idade, passam a ter sonhos e, em função disso, sofrem mudanças fisiológicas que nuns casos conduzem à morte, noutros, a um depauperamento geral[104]. É essa a situação no que diz respeito à sensação, ao sono e à vigília.

Diferença de sexos

11. Em certas espécies animais há macho e fêmea, noutras não, e é só por analogia que se pode dizer destas últimas que geram e ficam prenhes[105]. Não há macho nem fêmea nas espécies que vivem fixas[106], nem em geral nos testáceos[107]. Entre os cefalópodes e os crustáceos, por seu lado, há macho e fêmea, como também entre os terrestres sanguíneos com duas ou quatro patas, e entre todos aqueles que, após a cópula, produzem um ser vivo idêntico, um ovo ou uma larva. Nos outros grupos, a regra é absoluta, ou há distinção de sexo ou não há: em todos os quadrúpedes, por exemplo, há macho e fêmea, enquanto nos testáceos essa distinção não existe. Passa-se com estes o mesmo que com as plantas, que ou são fecundas ou estéreis[108]. Entre os insetos e os peixes há espécies que não apresentam nenhuma distinção de sexo; a enguia, por exemplo, não é macho nem fêmea, como

538a

---

[103] Cf. 587b10, *Sobre os sonhos* 461a13, 462b5, *Geração dos animais*, 779a12.
[104] Cf. *Sobre os sonhos* 462a31, 462b9, Plínio, *História natural*, 10.98.
[105] Cf. *Geração dos animais*, 715a20.
[106] Cf. *supra*, 487b6 ss.
[107] Cf. *Geração dos animais*, 761a24 ss.
[108] Cf. *Geração dos animais*, 715b17 ss.

também não tem capacidade de procriação[109]. Os que afirmam ter visto algumas a que aderem uma espécie de pelos, de vermes ou de algas não prestaram atenção à localização desses elementos, o que retira toda a validade ao seu testemunho. A verdade é que nenhum animal desse tipo produz uma cria viva se não tiver tido ovos primeiro. Ora, nunca se viu uma enguia com ovos. Por outro lado, os vivíparos transportam a cria no útero e é aí que ela se mantém fixa, não no ventre; ou seria digerida, como acontece com os alimentos. Quanto à diferença que alguns estabelecem entre enguia macho e fêmea, a primeira com uma cabeça maior e mais longa, e a fêmea com ela menor e mais achatada, não é de uma diferença fêmea/macho que se trata, mas de uma questão de variedades.

Há também certas espécies de peixes, designadas por machorras, que pertencem ao tipo dos peixes de rio, como a carpa e o barbo. Esses animais nunca têm ovos nem "leite", e aqueles cuja carne é consistente e que estão gordos apresentam um intestino pequeno e têm fama de ser de excelente qualidade.

Há ainda outros peixes que se parecem com os testáceos e as plantas; entre eles há os que concebem e procriam, mas não os que fecundam. Nos peixes, os tipos que apresentam essa característica são a solha, a bica e o serrano. Em todas essas espécies claramente há ovos.

Entre os sanguíneos terrestres que não são ovíparos, na maior parte dos casos os machos são maiores e vivem mais tempo do que as fêmeas, exceção feita aos onagros, em que são as fêmeas as maiores e as que vivem mais tempo. Entre os ovíparos e as espécies que produzem larvas, como nos peixes e nos insetos, as fêmeas são maiores do que os machos[110].

É o caso das serpentes, das tarântulas, dos sardões e das rãs. O mesmo se diga dos peixes, como os selácios de pequenas dimensões, a maior parte dos que vivem em bancos

---

[109] Cf. *infra*, 570a16 ss., *Geração dos animais*, 762b26-28.
[110] Cf. *Geração dos animais*, 721a18.

e todos os de rochedo. A prova de que as fêmeas vivem mais tempo do que os machos está em que se colhem mais fêmeas velhas do que machos. 538b

Em todos os animais, as partes superiores e anteriores dos machos são mais fortes, mais potentes e mais protegidas, enquanto nas fêmeas o são as partes consideradas posteriores e inferiores. Nesse aspecto, o mesmo se passa com o homem e com todos os outros vivíparos terrestres. A fêmea é também menos musculosa e tem as articulações menos robustas; tem os pelos mais finos, nas espécies com pelos, ou o mesmo acontece com aquilo que lhes é análogo, nas que não os têm. As fêmeas têm igualmente a carne mais flácida do que os machos, os joelhos mais unidos e as pernas mais delgadas. Nelas os pés são mais delicados, nas espécies que os tiverem.

No respeitante à voz, todas as fêmeas a têm mais fina e mais aguda, em todos os animais com voz, menos o boi. Nesse caso, as fêmeas têm uma voz mais grave do que os machos[111]. As partes que, naturalmente, correspondem à defesa, como os dentes, as presas, os cornos, os esporões e todas as outras do mesmo gênero, aparecem, em certas espécies, nos machos, mas não nas fêmeas. Assim, por exemplo, a corça não tem hastes, e em certas aves com esporões as fêmeas não os possuem. Do mesmo modo a fêmea do javali não tem presas; em certas espécies, porém, essas características existem em ambos os sexos, mas mais fortes e mais desenvolvidas nos machos.

É o caso dos cornos dos touros, que são mais poderosos do que os das vacas[112].

---

[111] Cf. *Geração dos animais*, 786b22, 787b9.
[112] Cf. *Partes dos animais*, 661b25-662a6.

Livro V

A reprodução

1. Portanto, todas as partes, interiores e exteriores, que são comuns a todos os animais, e ainda questões relativas aos sentidos, à voz, ao sono, como também às características das fêmeas e dos machos, essa é matéria que já ficou tratada atrás. Falta analisar o modo de reprodução dos animais, desde o princípio. 539a
São muitos e variados os modos de reprodução. E, se em alguns aspectos obedecem a regras diferentes, de certa maneira assemelham-se também. Uma vez que já se procedeu à classificação dos gêneros, é dentro do mesmo ponto de vista que tentaremos proceder agora ao seu estudo. Simplesmente, então[1] tomamos como ponto de partida o ser humano, enquanto dessa vez teremos de considerar a questão do homem no fim[2], por ser a mais complexa.
Devemos começar, antes de mais nada, pelos testáceos, passar depois aos crustáceos e chegar em seguida às outras espécies, ou seja, os cefalópodes e os insetos, depois os peixes, vivíparos e ovíparos, e as aves. A seguir, abordaremos os animais terrestres, ovíparos e vivíparos. São vivíparos al-

---
[1] Cf. *supra*, 491a19.
[2] No livro VII.

guns quadrúpedes, como também o homem, que é o único bípede a sê-lo.

Há, entre os animais, um aspecto em comum com as plantas: estas tanto provêm de uma semente fornecida por outras plantas como nascem espontaneamente, pela formação de um princípio gerador. Entre estas últimas, umas recebem alimento do solo, enquanto algumas se desenvolvem sobre outras plantas, como se afirma no meu tratado *Sobre as plantas*[3].

Assim também entre os animais, uns nascem de outros animais, com os quais apresentam afinidade de forma; outros são de geração espontânea e não provêm dos que lhes são congêneres. Destes últimos há os que nascem da terra putrefata ou das plantas[4], como acontece com uma grande quantidade de insetos, outros se formam dentro dos próprios animais, a partir de dejetos que se lhes acumulam nos órgãos. Nos que têm progenitores, se estes forem um macho e uma fêmea, o nascimento resulta de uma cópula. Nos peixes, pelo contrário, há os que não são machos nem fêmeas[5], e que, sem deixar de pertencer ao mesmo gênero de outros peixes, são de uma espécie diferente, ou mesmo totalmente independente. Outros só têm fêmeas e não machos. Deles nasce o que corresponde, no caso das aves, aos ovos de vento[6]. Esses ovos, nas aves, são sempre estéreis (porque, por natureza, nunca vão além da formação de um ovo), a não ser que interfira no processo um outro modo de geração, por união ao macho. Esse ponto merecerá um trata-

---

[3] O *Tratado sobre as plantas* de Aristóteles é um texto perdido. A obra incluída no *Corpus aristotelicum* procede de uma versão latina, feita diretamente a partir de uma tradução árabe.

[4] Cf. *infra*, 551a1.

[5] Cf. *infra*, 551a6-13.

[6] Cf. *infra*, 559b20, *Geração dos animais*, 749b1, 750b32 ss. Esses são ovos gerados por efeito do vento, na concepção dos antigos: cf. Plínio, *História natural*, 8.67, Varrão, 2.1, Virgílio, *Geórgicas*, 3.274, Santo Agostinho, *Cidade de Deus*, 30.5.

mento mais minucioso adiante⁷. Em certos peixes, logo que os ovos se formam espontaneamente, produzem-se, a partir deles, pequenos seres vivos; apenas em certos casos, esse desenvolvimento faz-se por si só, noutros, necessita da intervenção do macho. A forma como essa intervenção ocorre é assunto de que se tratará também mais à frente⁸. Porque o processo é praticamente o mesmo das aves.

Todos os seres que nascem espontaneamente, dentro de outros animais, na terra, nas plantas, ou nas partes dos animais e das plantas, e que tenham macho e fêmea, acasalam e produzem um ser, que não se parece com os progenitores e é imperfeito. Assim, do acasalamento dos piolhos nasce o que se chama a lêndea, das moscas, as larvas, das pulgas, as larvas ovoides; desses acasalamentos não nascem então seres com capacidade de gerar, nem nenhum outro ser propriamente dito, para além das tais larvas.

Devemos portanto começar pelo acasalamento e indicar quais os seres que acasalam; passaremos depois aos outros fenômenos, abordando os que constituem casos particulares, como também os caracteres em comum.

O acasalamento dos quadrúpedes vivíparos

2. Acasalam os gêneros de animais em que há fêmea e macho; mas o acasalamento não é o mesmo em todos os casos nem se faz de maneira semelhante. Assim, entre os vivíparos sanguíneos que tenham patas, todos possuem um órgão próprio para a cópula, sendo no entanto que o acasalamento não se processa em todos de igual maneira. Os animais que urinam para trás acasalam garupa contra garupa⁹, caso dos leões, das lebres e dos linces. Com as lebres, acontece com frequência que a fêmea se adianta e cobre o ma-

....
⁷ Cf. *infra*, 541a26, 559b20, *Geração dos animais*, 756b13 ss.
⁸ No livro VI.
⁹ Cf. *supra*, 500b15, *infra*, 579a31, *Partes dos animais*, 689a31.

cho. Na maioria dos outros animais passa-se o mesmo. Em boa parte dos quadrúpedes, o coito praticado é o que lhes é possível, subindo o macho para cima da fêmea; como também o gênero das aves procede desse modo e não conhece outro. Há no entanto algumas diferenças entre as aves. Nuns casos a fêmea agacha-se no chão e o macho vai para cima dela, como acontece com as abetardas e os galos; noutros a fêmea não se agacha, caso dos grous. Nestes é o macho que cobre a fêmea e acasala com ela, num coito rápido, como acontece com os pardais.

540a   Entre os quadrúpedes, os ursos deitam-se e acasalam da mesma maneira que os outros animais que o fazem de pé, com o ventre do macho apoiado no dorso da fêmea. Os ouriços-cacheiros erguem-se nas patas traseiras, ventre contra ventre[10]. Entre os vivíparos de grande porte, as fêmeas não aguentam o coito até o final, a não ser em casos esporádicos, por causa da rigidez do pênis; é o que acontece com os veados e o mesmo se passa com as vacas em relação aos bois. É já quando se retiram de debaixo dos machos que essas fêmeas são inseminadas. Esse fenômeno foi observado nos veados, pelo menos nos que são domesticados. O lobo acasala do mesmo modo que o cão. Os gatos não se unem por trás, mas o macho fica ereto e a fêmea debaixo dele. As gatas são por natureza lascivas; são elas que excitam o macho e gritam durante a cópula. Os camelos acasalam com a fêmea sentada; o macho põe-se escarranchado e penetra-a, não garupa contra garupa[11], mas na mesma posição que os outros quadrúpedes. E podem passar o dia inteiro tendo relações. Enquanto acasalam, retiram-se para um lugar solitário[12] e apenas consentem a aproximação do tratador. O pênis do camelo é de tal forma tendinoso que serve para fabricar corda para os arcos. Os elefantes acasalam em locais er-

[10] Cf. *Geração dos animais*, 717b31. Assim evitam os picos.
[11] Esta seria a atitude esperada pelo fato de os camelos pertencerem ao número dos animais que urinam por trás. Cf. *supra*, 500b15, 539b22.
[12] Cf. Eliano, *História dos animais*, 6.60.

mos¹³, de preferência junto aos rios onde habitualmente vivem. Na cópula, a fêmea deita-se e abre as pernas, e o macho põe-se sobre ela e penetra-a. Também as focas acasalam como os animais que urinam para trás, mas mantêm-se ligadas durante muito tempo, como as cadelas. O pênis das focas macho é avantajado.

O acasalamento dos quadrúpedes ovíparos

3. Os quadrúpedes ovíparos acasalam de forma semelhante. Assim, o macho monta sobre a fêmea, como acontece com os vivíparos, caso da tartaruga marinha e da terrestre. Têm também um órgão em que convergem os respectivos canais e pelo qual se unem na cópula, caso dos sapos¹⁴, das rãs e de outras espécies semelhantes.

O acasalamento das serpentes

4. Os ápodes de corpo alongado, como as serpentes e as moreias, enroscam-se ventre contra ventre. As serpentes sobretudo enroscam-se de tal maneira umas nas outras que parecem constituir o corpo de uma única serpente com duas cabeças. Outro tanto se passa com os lagartos, que acasalam entrelaçando-se de modo semelhante.

O acasalamento dos peixes

5. Todos os peixes, menos os selácios, que são achatados, acasalam pondo-se de lado, ventre contra ventre¹⁵. Os

---
¹³ Cf. Eliano, *História dos animais*, 8.17.
¹⁴ Ou se trata de um animal não identificado, ou há erro do texto entre as palavras *trygon* e *phrynos*, "sapo".
¹⁵ Cf. Plínio, *História natural*, 9.74.

peixes chatos e com cauda, como a raia, a pastinaga e outros semelhantes, não só se encostam um no outro, como também o macho apoia o ventre sobre o dorso da fêmea, em todos aqueles para quem a cauda não constitua impedimento por tamanho excessivo. Os anjos-do-mar e todos os peixes com esse tipo de cauda volumosa acasalam pelo simples esfregar de um ventre contra o outro. Há quem diga ter visto também alguns selácios acasalando por trás, como os cães. Em todos os selácios, a fêmea é maior do que o macho. Como também em quase todos os outros peixes, as fêmeas são igualmente maiores[16]. Pertencem aos selácios, para além dos animais já referidos, a jamanta, o tubarão-sardo, o ratão, a tremelga, o tamboril e todos os esqualos. Há abundantes testemunhos de que os selácios acasalam desse modo; de fato, a cópula demora sempre mais tempo entre os vivíparos do que entre os ovíparos. Os golfinhos procedem do mesmo modo, como de resto todos os cetáceos. Encostam-se um no outro de lado e o macho une-se à fêmea, numa cópula que tem uma duração que nem é curta nem longa. Em alguns selácios, os machos diferem das fêmeas por terem dois apêndices junto ao orifício excretor, apêndices esses que as fêmeas não apresentam, por exemplo, entre os esqualos. Essa distinção aplica-se a todos os selácios. Mas nem os peixes nem nenhum outro ser ápode possui testículos; quer nas serpentes, quer nos peixes, os machos têm dois canais que se enchem de esperma na época do acasalamento e emitem, todos eles, um líquido leitoso. Esses canais reúnem-se num só, como acontece nas aves. Estas últimas têm os testículos no interior, como de resto todos os ovíparos com patas. Esse canal único prolonga-se e penetra no órgão e no receptáculo da fêmea. Entre os vivíparos terrestres, um mesmo canal externo serve para o esperma e para a urina; dentro há canais separados, como se referiu atrás[17] a propósito da diferença dos órgãos. Nos animais que não são vivíparos, o mesmo

---

[16] Cf. *supra*, 538a27.
[17] Cf. *supra*, 497a25.

canal exterior passa a servir para a evacuação das fezes. Dentro do corpo, os dois canais são vizinhos entre si. A conformação é idêntica, nos animais desse tipo, nas fêmeas e nos machos. Assim, não têm bexiga, à exceção da tartaruga, que é um caso em que a fêmea, embora tenha bexiga, possui um só canal. Aliás, as tartarugas pertencem aos ovíparos.

O acasalamento dos peixes ovíparos

O acasalamento dos peixes ovíparos é muito menos conhecido. Assim, em geral as pessoas pensam que as fêmeas são fecundadas por ingestão do sêmen dos machos[18]. É verdade que muitas vezes se assiste ao seguinte: na época do acasalamento, as fêmeas seguem os machos e procedem como se acabou de dizer. Batem-lhes no ventre com o focinho e eles têm uma expulsão de sêmen mais rápida e mais abundante. Na época da desova, são os machos que seguem as fêmeas e, à medida que elas vão pondo os ovos, eles engolem-nos. Dos que ficam é que nascem os peixes. Na Fenícia, usam-se mesmo uns para capturar os outros. Usam-se as tainhas machos como isca para as fêmeas, para as atrair e as apanhar nas redes, e as fêmeas para capturar os machos. Situações dessas, que se observam com frequência, criaram a tal ideia que referimos sobre o acasalamento dos peixes; mas a verdade é que mesmo os quadrúpedes têm um comportamento semelhante. Assim, na época do acasalamento, estes têm corrimento, tanto machos como fêmeas, e farejam-se mutuamente os órgãos genitais. As perdizes, se as fêmeas apanharem o ar que vem dos machos, são fecundadas[19]. Muitas vezes basta até que elas ouçam a voz do ma-

[18] Confirmam a generalização dessa ideia Heródoto, 2.93, Plínio, *História natural*, 9.74, Eliano, *História dos animais*, 9.63. Mas Aristóteles volta a refutá-la em *Geração dos animais*, 755b1-756b12.

[19] A ideia de que os animais fiquem prenhes pela simples ação do vento é muito antiga e generalizada. Cf., desde logo, *Ilíada*, 16.150 ss., 20.221 ss,

cho, se estiverem no cio, ou que este as sobrevoe e respire sobre a fêmea. De resto, fêmea e macho ficam de bico aberto e estendem a língua para fora enquanto acasalam. Mas a verdadeira forma de os peixes ovíparos acasalarem observa-se muito raramente, devido à rapidez com que se separam depois da aproximação. Já se constatou no entanto que a cópula se processa entre eles da forma que referimos[20].

O acasalamento dos cefalópodes

6. Os cefalópodes, como os polvos, os chocos e as lulas, acasalam todos da mesma maneira; unem-se pela boca, entrelaçando os tentáculos. O polvo, quando apoia no chão a chamada cabeça e estende os tentáculos, o parceiro coloca-se-lhe sobre os tentáculos estendidos, de modo que juntem as respectivas ventosas umas com as outras. Há também quem defenda que o macho possui uma espécie de pênis num dos tentáculos[21], naquele onde se encontram as duas ventosas maiores. Esse órgão seria como uma espécie de tendão, aderindo completamente ao tentáculo até a parte central e penetrando com ele na cavidade da fêmea. Os chocos e as lulas nadam juntos, depois de enlaçados, com as bocas e os tentáculos encostados, face a face, uns contra os outros, mas nadando em sentido contrário. Encostam também, um contra o outro, a chamada cavidade paleal. Mas um nada para trás e o outro no sentido da boca. A fêmea desova pelo que se designa por funil, que serviria também, na opinião de alguns, para a cópula.

....

Virgílio, *Geórgicas*, 3.273 ss. Para Aristóteles só as éguas estão sujeitas a esse tipo de fecundação; cf. *infra*, 572a13.
[20] Cf. *supra*, 540b1 ss.
[21] Cf. *Geração dos animais*, 720b32-36. A versão sobre a qual Aristóteles se mostra cético é correta.

O acasalamento dos crustáceos

7. Os crustáceos[22] – lagostas, lavagantes, camarões e outros animais do mesmo gênero – acasalam como os quadrúpedes que urinam para trás; enquanto um levanta a cauda, o outro lhe encosta a sua. O acasalamento dá-se no início da primavera, perto da terra (o que permite que já se tenha observado o acasalamento de todos esses animais); por vezes, dá-se também quando os figos começam a ficar maduros. Os lavagantes e os camarões acasalam da mesma maneira.

Pelo contrário, os caranguejos unem-se pelas partes anteriores, encostando os abdômens uns nos outros. Primeiro o caranguejo menor[23] cobre o outro por trás; depois de ele se lhe ter posto em cima, o parceiro maior volta-se de lado. Há só um pormenor em que a fêmea difere do macho: o abdômen é maior na fêmea, mais destacado e mais peludo; é aí que elas depositam os ovos e também por esse local que evacuam os excrementos. Mas não há propriamente penetração de um no outro.

O acasalamento dos insetos

8. Os insetos[24] unem-se por trás; para isso, o menor – 542a que é o macho – cobre o maior. Depois a fêmea introduz, por baixo, a vagina no macho, que está por cima; não é este que penetra a fêmea, como nos outros animais. O órgão da fêmea, em algumas espécies, é visivelmente desproporcionado em relação ao tamanho geral do corpo, sobretudo quando as fêmeas são muito pequenas, enquanto noutros casos é menor. Essa realidade é evidente se se separarem as

---

[22] Cf. *Geração dos animais*, 720b9 ss.

[23] Que é o macho; cf. *Geração dos animais*, 720b9, Plínio, *História natural*, 9.74.

[24] Cf. *Geração dos animais*, 721a3 ss.

moscas durante o acasalamento. É de resto difícil separar os dois parceiros um do outro, porque a cópula nesses animais dura muito tempo. É o que se pode constatar nos insetos comuns, as moscas e as cantáridas. Todos acasalam do modo que referimos, as moscas, as cantáridas, as baratas, as tarântulas, e todos os outros seres semelhantes que acasalam. As tarântulas[25], pelo menos as que fazem a teia, realizam a cópula da forma seguinte: enquanto a fêmea puxa, do meio da teia, os fios distendidos, o macho faz outro tanto, mas em sentido contrário. Depois de proceder a essa manobra várias vezes, aproximam-se e unem-se por trás, porque, devido à configuração redonda do ventre, esse é o modo de cópula que se lhes ajusta melhor[26].

Épocas do acasalamento

É esse o processo por que se efetua a cópula em todos os animais; mas a época e a idade em que ela se processa é fixa para cada espécie. A natureza impõe, no entanto, que na maioria dos grupos o acasalamento ocorra na mesma época, na passagem do inverno para o verão, ou seja, na primavera; essa é a estação em que a maior parte dos seres, alados, terrestres e aquáticos, tende a unir-se. Há também os que acasalam e têm as crias no outono ou no inverno, caso de certas espécies aquáticas e aladas. Mas é sobretudo o homem o ser que tem relações em qualquer estação do ano, como acontece também com os animais que vivem em contato com ele, o que lhes proporciona calor e boa alimentação; todos esses são animais de gestação curta, caso do porco e do cão; outro tanto se passa com as aves, que põem ovos com frequência. Muitos animais preocupam-se com a alimentação dos filhotes, e então acasalam na estação mais propícia. No ser humano, o desejo sexual é mais

---
[25] Cf. 622b27 ss.
[26] Cf. Plínio, *História natural*, 11.29.

forte no inverno, no caso do macho, e, no verão, no caso da fêmea[27].

O gênero das aves, como dissemos[28], na maioria das situações, acasala e põe os ovos na primavera e início do verão, com exceção do guarda-rios-de-colete, ou alcíone[29]. Este é um animal que põe os ovos no solstício de inverno. É essa a razão por que, quando está bom tempo na época do solstício, se chama dias "alciônios" aos sete dias que antecedem e aos sete que se seguem ao solstício, como o afirma também Simônides[30]: "Quando, em pleno inverno, Zeus manda catorze dias de bonança, a esse tempo sem vento chamam os humanos o sustento abençoado do colorido alcíone." Estes se apresentam como dias de calmaria, quando os ventos do solstício passam a soprar do sul, depois de terem soprado do norte no tempo das Plêiades. Diz-se que, durante sete dias, o alcíone faz o ninho e que, ao longo dos sete seguintes, choca os ovos e alimenta os filhos. De toda maneira, não é seguro que nas nossas regiões haja dias "alciônios" durante o solstício; no mar da Sicília, porém, isso acontece quase sempre. O alcíone põe cerca de cinco ovos.

Época do acasalamento de outras aves, insetos e animais silvestres

9. O alcatraz e a gaivota põem os ovos nos rochedos junto ao mar, em número de dois ou três[31]. Mas a gaivota põe-nos no verão, e o alcatraz no princípio da primavera, logo após o solstício, e choca-os como as outras aves. Mas nem uma nem outra dessas aves se abriga num buraco. Den-

---

[27] Cf. *Problemas*, 879a26-35, e ainda Hesíodo, *Os trabalhos e os dias*, 582-586.
[28] Cf. *supra*, nesta mesma rubrica.
[29] Cf. 616a14-34.
[30] Fr. 508 Page.
[31] Cf. Plínio, *História natural*, 10.48.

tre todas as aves, a que mais raramente se vê é o alcíone. De fato, apenas se encontra no ocaso das Plêiades[32] e no solstício de inverno; quando os navios estão em terra, ele limita-se a sobrevoar à volta deles e desaparece de imediato; daí a alusão de Estesícoro[33], que o descreve dessa mesma maneira. Também o rouxinol põe seus ovos no início do verão, em número de cinco ou seis. A partir daí, esconde-se entre o outono e a primavera.

Os insetos acasalam e reproduzem-se no inverno, quando faz bom tempo e os ventos sopram do sul, pelo menos aqueles que não se abrigam, como as moscas e as formigas.

A maioria dos animais silvestres dá à luz uma vez por ano, caso daqueles que não estão sujeitos à superfetação[34], como a lebre.

Época do acasalamento dos peixes

Do mesmo modo, grande parte dos peixes só se reproduz uma vez por ano, caso dos que nadam em bancos (é essa a designação que se usa para os que se apanham com rede), o atum, a sereia, a tainha, o cálcis, a cavala, o calafate, a solha e outros do gênero, menos o peixe-lobo. Este é o único dentre os peixes que desova duas vezes[35], mas em menos quantidade na segunda ocasião. A sardinha, do mesmo modo que os animais que vivem nos rochedos, desova duas vezes por ano, e a cabra, três. A prova tira-se dos próprios ovos, que aparecem por três vezes em algumas regiões. O rascasso desova duas vezes; o sargo o faz também duas vezes, na primavera e no outono; a salema, uma só vez, no outono. O atum fêmea desova uma só vez, mas como esse

---

[32] Era a partir das Plêiades que se dividiam as estações do ano. O seu desaparecimento ocorria em princípios de abril.
[33] Em texto que não chegou até nós.
[34] Cf. 585a5 ss., *Geração dos animais*, 773a32-774b4.
[35] Cf. *infra*, 543b11, 570b20.

processo ocorre com alguns animais mais cedo, com outros, mais tarde, parece que desova duas vezes; a primeira desova acontece em dezembro, antes do solstício, a segunda, na primavera. O atum macho é diferente da fêmea, porque ela tem, no ventre, uma barbatana que não aparece no macho, a que se chama *afareus*.

10. Entre os selácios, só o anjo-do-mar tem crias duas vezes, no início do outono e no ocaso das Plêiades, sendo a desova do fim de outono a maior. Cada desova produz por volta de sete ou oito filhos. Alguns esqualos, como o estrelado, parecem desovar duas vezes por mês. Essa impressão deriva do fato de os ovos não consumarem todos o seu pleno desenvolvimento simultaneamente. Outros, por seu lado, desovam em todas as estações, a moreia, por exemplo. Esta é um animal que põe ovos com abundância, e os filhotes, de tamanho muito reduzido a princípio, depressa se desenvolvem, como acontece também com o rabo-de-cavalo. De fato, esta é também uma espécie que, de uma dimensão muito pequena, se torna rapidamente enorme; somente a moreia desova em qualquer estação, e o rabo-de-cavalo, apenas na primavera. Há também uma diferença entre o moreão e a moreia. Esta é matizada e mais débil, o moreão é forte e de cor uniforme (de um tom que faz lembrar o pinheiro), com dentes do lado de dentro e do de fora. Diz-se, como em outros casos, que o moreão é o macho e a moreia, a fêmea. Esses animais saem da água e chegam à costa, de modo que com frequência se podem apanhar.

Acontece portanto que quase todos os peixes têm um desenvolvimento rápido, o que é sobretudo verdade para a roncadeira, que é um peixinho minúsculo. Este desova junto à costa, em locais cobertos de algas espessas. É rápida também a transformação da agulha de pequena em grande. As sereias e os atuns desovam no Ponto[36] e em nenhum ou-

---

[36] Cf. Eliano, *História dos animais*, 15.3, 5, 6.

tro lugar; as tainhas, as douradas e os peixes-lobos fazem-no sobretudo na embocadura dos rios; os atuns-voadores, os rascassos e muitas outras espécies, em alto-mar.

11. A maior parte dos peixes desova no intervalo de três meses, no Muníquio, no Targélio e no Escirofório[37]. Uns poucos o fazem no outono, como a salema, o sargo e muitos outros peixes desse grupo que desovam antes do equinócio de outono, como também a tremelga e o anjo-do-mar. Alguns desovam no inverno e no verão, como se disse acima[38]; assim, fazem-no no inverno o peixe-lobo e a tainha; a agulheta, no verão, durante o mês do Hecatômbeo; e, por volta do solstício de verão[39], a fêmea do atum. Esta põe uma espécie de saco com uma grande quantidade de ovos pequenos. Os peixes que se deslocam em bancos desovam também no verão.

Dentre as tainhas, começam a pôr ovos no mês de Posídon[40] a liça, o chamado ranhoso e o barbudo. A gestação destes dura trinta dias. Mas há certas tainhas que não nascem de um acasalamento, antes se produzem a partir do lodo e da areia[41].

Quer dizer, portanto, que, na sua maioria, os peixes desovam na primavera; mas há os também, como dissemos[42], que o fazem no verão, no outono ou no inverno. O processo não decorre da mesma maneira em todas as estações, nem de um modo uniforme em todos eles, nem por espécies, caso da desova na primavera para que tende a maioria; nem os ovos são em tão grande quantidade fora dessa época. Em geral, é necessário ter em conta que, se entre as plantas e os animais quadrúpedes os lugares produzem diferenças fun-

---

[37] Ou seja, entre meados de março e meados de junho.
[38] Cf. *supra*, 543a4 ss.
[39] Ou seja, de meados de junho a meados de julho.
[40] De meados de novembro a meados de dezembro.
[41] Cf. Ateneu, 7.306.
[42] Cf. *supra*, a partir do capítulo 9.

damentais, não só no que diz respeito à salubridade do organismo, como também à frequência do acasalamento e à reprodução, outro tanto se passa com os peixes; os lugares só por si justificam grandes diferenças no que se refere ao tamanho e à nutrição, como também às crias e ao acasalamento; de onde resulta que os mesmos peixes podem se reproduzir mais vulgarmente num lugar do que noutro.

Época da reprodução dos cefalópodes e dos testáceos

12. Também os cefalópodes se reproduzem na primavera, e é o choco, dentre as espécies marinhas, um dos primeiros a pôr ovos. Põe-nos a qualquer hora, e o período de gestação é de quinze dias. Quando a fêmea põe os ovos, o macho, que a segue, lança-lhes por cima um jato de sêmen, que os faz endurecer. Os chocos andam aos pares: o macho é mais pintalgado do que a fêmea e tem o dorso mais escuro[43].

544a

O polvo acasala no inverno, desova na primavera e mantém-se oculto durante dois meses. Põe ovos em forma de verruma[44], semelhantes ao fruto do choupo. É um animal muito fértil, porque da massa dos ovos nasce uma imensidade de filhotes. O macho distingue-se da fêmea por ter a cabeça mais alongada e pelo órgão a que os pescadores chamam pênis, de cor branca e implantado num tentáculo. A fêmea, depois de desovar, choca os ovos. É essa a razão por que os polvos baixam então de qualidade, porque não procuram alimento durante esse período.

Os búzios nascem igualmente na primavera e os búzios-fêmeas no fim do inverno. De forma geral, os testáceos apresentam o que se designa por ovos[45] na primavera e no outono, exceção feita aos ouriços comestíveis. É sobretudo

---

[43] Cf. *supra*, 525a9-12.
[44] Cf. *infra*, 549b32, Plínio, *História natural*, 9.163.
[45] Cf. *supra*, 529b1 ss., *Partes dos animais*, 680a24 ss.

nessas estações que estes últimos têm os ovos, mas têm-nos também fora delas, sobretudo por ocasião de lua cheia[46] e nos dias quentes, salvo os do estreito de Pirra[47]. Estes últimos são bem melhores no inverno. São pequenos, mas carregados de ovos. É evidente também que os caracóis, todos eles, se reproduzem igualmente nessa estação.

Época da reprodução das aves

13. Dentre as aves, as que são selvagens – como dissemos[48] – acasalam e põem na sua maioria uma só vez por ano, apesar de a andorinha e o melro terem duas posturas. No caso do melro, a primeira ninhada morre por causa da invernia (porque dentre todas as aves é ele que põe ovos mais cedo), mas consegue levar a bom termo a segunda. No caso das aves domésticas ou das que se podem manter em cativeiro, reproduzem-se por várias vezes, como os pombos, que o fazem durante todo o verão, e o gênero dos galináceos. Assim, os machos cobrem e as fêmeas deixam-se cobrir e põem ovos em todas as estações, com exceção dos dias do solstício de inverno. Entre as columbinas há diferentes variedades; assim, são distintos o pombo-comum e o pombo-bravo. O pombo-bravo é menor, enquanto o pombo-comum é mais fácil de domesticar. O primeiro é de um tom escuro, pequeno, de patas vermelhas e rugosas; dele ninguém faz criação. Por outro lado, dentre os pombos o maior é o pombo-torcaz e a seguir o pombo-ruivo, este último pouco maior do que o pombo-comum. De todos, o menor é a rola. Os pombos-comuns põem ovos e alimen-

---

[46] Cf. *Partes dos animais*, 680a33.
[47] Ao sul da ilha de Lesbos; cf. Estrabão, 13.2.2. Cf. a referência ao mesmo lugar, onde decerto Aristóteles desenvolveu muita da sua investigação, *infra*, 548a9, 603a21, 621b22, *Partes dos animais*, 680b1, *Geração dos animais*, 763b1.
[48] Cf. *supra*, 542b2.

tam as crias em qualquer estação, se tiverem um local soalheiro e a comida necessária. Caso contrário, só no verão. As crias da primavera ou do fim do outono são as melhores. As do verão ou do tempo quente são as piores.

Época e características da puberdade

14. Há também diferenças entre os animais no que se refere à idade própria para o acasalamento. Antes de mais nada, na grande maioria, a capacidade de gerar não coincide com a da segregação do esperma, mas é-lhe posterior. De fato, em todas as espécies, o esperma dos seres mais novos é primeiro estéril[49] e, mesmo quando se tornam capazes de fecundar, as crias são débeis e menores. Isso é sobretudo visível no homem, nos quadrúpedes vivíparos e nas aves. Desses os primeiros têm as crias mais fracas, as outras, os ovos menores. Nos gêneros em que os indivíduos acasalam, a idade da cópula é, na maioria dos casos, sensivelmente a mesma, salvo a possibilidade de antecipação devida a um estado anormal, ou de atraso graças a um acidente de natureza fisiológica.

No que se refere ao ser humano, essa idade é assinalada por uma mudança na voz, nos órgãos genitais (não apenas em tamanho, mas também na forma), como também nas mamas e sobretudo pelo aparecimento dos pelos públicos[50]. O esperma forma-se por volta dos catorze anos, e a idade fértil começa por volta dos vinte e um. Nos outros animais não crescem pelos públicos (já que uns não têm mesmo pelos, e outros não os apresentam na parte abdominal ou os têm aí em menor quantidade do que na dorsal), mas a voz, em alguns, sofre uma mudança considerável. Nos animais restantes outras partes do corpo manifestam o aparecimento do esperma e da capacidade para a fecundação.

---

[49] Cf. 582a17, *Geração dos animais*, 739a26.
[50] Cf. *infra*, 581a9 ss., *Geração dos animais*, 728b24-32.

De modo geral, a fêmea, na maioria dos animais, tem uma voz mais aguda[51], como também os mais jovens em relação aos mais velhos; assim, os veados têm a voz mais grave do que as corças. Os machos balem na época do acasalamento, e as fêmeas, por efeito do susto. Por outro lado, o balido da fêmea é curto e o do macho prolongado. Também nos cães, com o envelhecimento, a voz torna-se mais grave. Há igualmente diferenças no relincho dos cavalos: desde que nascem, as fêmeas têm uma voz mais suave e mais curta; os machos começam por ter um relincho curto, mas mesmo assim mais forte e mais grave do que o das fêmeas; com o tempo vai-se tornando mais potente. Quando chegam aos dois anos de idade e começam a acasalar, o macho emite uma voz forte e grave, a fêmea, uma voz mais poderosa e mais sonora do que antes, o que é comum na maior parte dos casos até os vinte anos; passada essa idade, a voz enfraquece, tanto nos machos como nas fêmeas.

Portanto, na maior parte das situações, como acabamos de afirmar, a voz dos machos difere da das fêmeas, sendo que os machos emitem uma voz mais grave do que elas, em todos os animais cuja voz se prolonga. Mas esta não é a situação de todos os animais; com alguns, como os bois, por exemplo[52], passa-se exatamente o contrário. Nesse caso é a fêmea que tem a voz mais grave do que o macho, e os vitelos um mugido mais forte do que os animais adultos. É por isso que, depois da castração, a voz se altera, ao contrário das outras espécies; isto porque o animal castrado tem características de uma fêmea.

Idade do acasalamento

Passemos agora à questão da idade em que os animais acasalam. A ovelha e a cabra acasalam e têm crias desde o

---

[51] Cf. *Geração dos animais*, 786b15.
[52] Cf. *Geração dos animais*, 786b16-22.

primeiro ano de vida, a cabra, sobretudo. Os machos acasalam também pela mesma idade. Mas os produtos dos machos apresentam uma diferença em relação às outras espécies: os machos tornam-se melhores reprodutores à medida que avançam na idade. O porco deixa-se cobrir e cobre a partir dos oito meses, e a fêmea procria com um ano (a diferença corresponde ao período de gestação). O macho pode fecundar com oito meses, mas as crias que produz são fracas antes de ele atingir um ano de idade. Contudo, como dissemos[53], a idade não é a mesma em todas as situações; há casos em que os porcos acasalam aos quatro meses, de forma que as porcas procriam e amamentam aos seis meses; noutros, os varrascos começam a acasalar aos dez meses e são bons reprodutores até os três anos. O cão e a cadela, na maioria dos casos, acasalam com um ano, mas por vezes a cópula dá-se aos oito meses[54]. Essa antecipação acontece mais com os machos do que com as fêmeas. Estas andam prenhes durante sessenta e um, sessenta e dois ou sessenta e três dias, no máximo, mas nunca menos de sessenta. Se isso acontecer, as crias não sobrevivem. Depois de parir, a cadela acasala ao fim de cinco meses, nunca antes.

545b

O cavalo começa a acasalar com dois anos, tendo já capacidade de fecundar[55]. Contudo, as crias que ele gera com essa idade são menores e mais fracas. Na grande maioria dos casos, o acasalamento acontece aos três anos, e as crias vão-se tornando cada vez melhores até os vinte anos dos progenitores. O garanhão cobre até os trinta e três anos, a égua deixa-se cobrir até os quarenta, mantendo a atividade sexual durante praticamente a vida inteira. De fato, o macho vive em geral trinta e cinco anos, e a fêmea, mais de quarenta. Já houve mesmo um cavalo que durou até os setenta e cinco anos.

Os burros acasalam aos trinta meses. Mas em geral não se reproduzem antes dos três anos, três anos e meio. Mas já

---

[53] Cf. *supra*, 543b25 ss.
[54] Cf. *infra*, 574a16.
[55] Cf. *infra*, 575b22, Eliano, *História dos animais*, 15.25.

houve uma fêmea que concebeu com um ano e alimentou sua cria. Houve também uma vaca que pariu com um ano e criou seu vitelo; este atingiu o tamanho possível[56] e não cresceu mais. É essa a idade em que os animais entram na fase da reprodução.

Idade-limite para a procriação

O homem é capaz de gerar, como limite máximo, até os setenta anos, a mulher, até os cinquenta. Mas esses são casos raros, porque há pouca gente capaz de gerar até essas idades. Em geral, a idade-limite do homem vai até os sessenta e cinco, e a da mulher, até os quarenta e cinco.

546a A ovelha tem crias até os oito anos e, se for bem tratada, até os onze. De resto, macho e fêmea estão aptos para o acasalamento praticamente durante toda a vida. Os bodes, se forem gordos, são piores reprodutores (é por isso que das vinhas que não produzem se diz que se encabreiam), mas se emagrecerem tornam-se capazes de acasalar e de procriar. Os carneiros preferem cobrir as fêmeas mais velhas primeiro e não perseguem as mais novas. Como já antes se disse[57], as novas produzem crias menores do que as mais velhas.

O varrasco é bom reprodutor até os três anos de idade; as crias dos animais mais velhos são mais fracas. Depois dessa idade, o varrasco perde a serventia e a potência. Costuma cobrir a fêmea depois de bem alimentado e se não tiver coberto outra fêmea antes; senão a cópula é um pouco mais longa, e as crias, muito pequenas.

Quanto à porca, é na primeira ninhada que ela produz menos crias[58]; na segunda, atinge seu melhor nível. Quando envelhece, mantém a mesma qualidade de procriação, mas o acasalamento é mais difícil. Ao atingirem os quinze anos,

---

[56] Sendo uma cria precoce.
[57] Cf. *supra*, 545a25 ss.
[58] Cf. *infra*, 573b11, e as contradições entre os dois passos.

as porcas deixam de ser férteis e ficam velhas. Se forem bem alimentadas, dispõem-se mais rapidamente à cópula, sejam elas novas ou velhas. Se engordarem muito quando prenhes, têm menos leite depois de parir. Quanto às crias, no que diz respeito à idade dos progenitores, as melhores são as que nascem quando os pais estão em plenitude; e, no referente às estações do ano, as que nascem no começo do inverno. As crias de verão são as de pior qualidade; saem pequenas, magras e flácidas. O macho, se for bem alimentado, é capaz de cobrir a fêmea a toda a hora, de dia e de noite. Senão o faz sobretudo de manhã. Quando envelhece, perde capacidade, como atrás se disse[59]. Muitas vezes, quando os varrascos se tornam impotentes por força da idade ou da fraqueza, não conseguem cobrir a fêmea com rapidez; então ela, cansada de estar de pé, deita-se e a cópula faz-se com os animais estendidos lado a lado. É sobretudo quando a porca, na época do cio, baixa as orelhas que é fecundada. Senão fica com o cio outra vez[60].

As cadelas não se deixam cobrir durante toda a vida, mas apenas até um certo ponto de maturidade[61]. No entanto, na maior parte dos casos, acasalam e procriam até os doze anos. Mas é fato conhecido cadelas com dezoito ou vinte anos serem cobertas e cães acasalarem com a mesma idade. A velhice, porém, retira-lhes a capacidade de fecundar ou de procriar, como acontece com os outros animais.

O camelo é um animal que urina para trás e por isso a fêmea é coberta do modo já descrito[62]. O tempo do acasalamento é, na Arábia, o mês do Memactério[63]. A gestação dura doze meses[64], para parir uma única cria; de fato, esse é um

---

[59] Cf. *supra*, 546a8.

[60] Cf. *infra*, 573b8 ss., Plínio, *História natural*, 8.77.

[61] Cf. *infra*, 574b27, onde se diz o contrário do que aqui se afirma. Cf. ainda Plínio, *História natural*, 10.83.

[62] Cf. *supra*, 540a13.

[63] De meados de outubro a meados de novembro.

[64] Plínio concorda com esse período; cf. *História natural*, 10.83. Mas o

animal uníparo. A fêmea começa a acasalar com três anos, e o macho, com idade semelhante. Depois de parir, a fêmea precisa de um ano para se deixar cobrir outra vez. O elefante fêmea começa a permitir a cobrição nunca antes dos dez anos nem para além dos quinze. O macho, porém, pode cobrir com cinco ou seis anos. A época em que acasalam é a primavera. Depois da cópula, o macho só volta a cobrir dois anos mais tarde, mas não se aproxima mais da fêmea que antes fecundou. A gestação dura dois anos[65] e produz uma só cria. Trata-se também de um uníparo. O filhote, na época do nascimento, é de um tamanho equivalente ao de um vitelo de dois ou três meses[66].

A reprodução dos testáceos

15. É esse o processo por que acasalam os animais que praticam a cópula. Mas importa considerar também a reprodução das espécies que não acasalam, como se considerou a das que acasalam, começando pelos testáceos. O que se passa é que este é, por assim dizer, o único gênero animal que, na sua totalidade, não acasala[67]. Os búzios reúnem-se em grande número, num mesmo lugar, durante a primavera e aí produzem o chamado "favo de mel"[68]. Trata-se de uma espécie de favo, apenas não tão liso, que constitui um gênero de agregado de vagens brancas. Nenhuma dessas vagens apresenta qualquer abertura, e não é delas que os búzios nascem. Formam-se, isso sim, como os outros testáceos, do lodo em putrefação. Essa cera apresenta-se como uma se-

---

próprio Aristóteles, *infra*, 578a10, dá a versão errada de dez meses.

[65] As contradições de Aristóteles sobre essa matéria são múltiplas; cf. *infra*, 578a18, *Geração dos animais*, 777b15.

[66] Cf. *Geração dos animais*, 773b6, Plínio, *História natural*, 8.10, 10.83.

[67] Cf. *Geração dos animais*, 761a13.

[68] Cf. *Geração dos animais*, 761b32, Ateneu, 3.88. Curiosamente, Aristóteles não relaciona a formação desse produto com a reprodução desses animais.

creção nos búzios e nos búzios-fêmeas, pois também estes produzem a mesma cera. Assim, os testáceos que a segregam reproduzem-se do mesmo modo que os outros testáceos, mas com maior abundância quando seus congêneres os tiverem precedido num determinado lugar. De fato, quando começam a produzir a cera, emitem uma mucosidade viscosa de que se forma uma espécie de vagem. Depois, todas essas vagens se dissolvem e deixam escapar seu conteúdo para o fundo do mar. Nesse lugar nascem, no fundo, aglomerados de búzios minúsculos, que se encontram presos aos que se pescam, sendo que alguns ainda nem mesmo apresentam uma forma definida. Se se apanharem os búzios antes de eles produzirem a cera, acontece por vezes de eles a depositarem nos cestos, e não num lugar qualquer, mas acumulada num ponto determinado, como se estivessem no mar; esses amontoados de cera, devido ao espaço apertado em que se encontram, tomam o aspecto de uma espécie de cacho de uvas.

546a

Há diversos tipos de búzio, uns grandes, como os de Sigeu e de Lecto, outros pequenos, como os do Euripo[69] e da região da Cária. Os que se encontram nos golfos são grandes e rugosos, tendo, na grande maioria, a "flor"[70] de um tom escuro, ainda que alguns a apresentem vermelha e pequena. Há os de grandes dimensões que chegam a atingir uma mina de peso[71]. Pelo contrário, os que se encontram na areia e em torno dos promontórios são de tamanho pequeno e com a "flor" avermelhada. Em locais voltados para o norte são geralmente negros, se virados para o sul, vermelhos. Pescam-se na primavera, na época em que produzem a cera. Durante o tempo quente não se apanham[72], porque nessa época não procuram alimento; escondem-se e man-

---

[69] Sigeu e Lecto são dois promontórios da península da Tróade; o Euripo é o estreito que separa a Beócia da ilha de Eubeia.
[70] A "flor" é a glândula secretora da púrpura.
[71] Cerca de 450 g.
[72] Cf. Plínio, *História natural*, 9.38.

têm-se abrigados. A "flor" têm-na no intervalo entre o hepatopâncreas e o pescoço, órgãos esses muito ligados entre si. Quanto à cor, lembra a de uma membrana esbranquiçada, e é essa a parte que se retira. Se se espremer, ela tinge e pinta a mão. O animal é atravessado por uma espécie de veia, e é aí que parece constituir-se a "flor". O resto do tecido dá ideia de uma substância semelhante ao alúmen[73]. É quando os búzios produzem cera que a "flor" tem pior qualidade. De toda maneira, os búzios de pequenas dimensões são esmagados com casca e tudo, porque não é fácil soltá-los. Em contrapartida, os grandes, tira-se-lhes a casca e extrai-se-lhes a "flor". Para isso afasta-se o pescoço do hepatopâncreas, já que a "flor" se situa entre eles, por cima do que se chama ventre. Para retirar a "flor", essa separação é indispensável. Devem espremer-se rapidamente, enquanto ainda estão vivos. Porque, se morrerem antes, expelem a "flor". Por isso mesmo são mantidos dentro das redes, até que se junte um monte deles e se tenha tempo para tratá-los. Os antigos não costumavam prender ou atar redes à isca, de modo que acontecia que o búzio, depois de retirado da água, muitas vezes submergia de novo. Hoje em dia prendem-se-lhes redes[74], de tal modo que, se o búzio cair na água, não se perca. Cai principalmente se estiver farto; se tiver o estômago vazio, é mesmo difícil soltá-lo da isca. São essas as particularidades que caracterizam o búzio.

Os búzios-fêmeas nascem do mesmo modo que os búzios e na mesma época. Têm também uns e outros, como aliás os demais turbinados, opérculos e em todos eles de nascença. Alimentam-se alongando, sob o opérculo, o que se chama língua[75]. A língua ultrapassa, no búzio, um dedo de comprimento; dela o animal serve-se para se alimentar, para furar as conchas, incluindo as dos outros búzios[76]. Tanto o búzio quanto o

---

[73] Ou seja, tem capacidade para fixar as cores.
[74] Cf. Plínio, *História natural*, 9.37.
[75] Cf. *supra*, 528b29, *Partes dos animais*, 661a17.
[76] Cf. *supra*, 528b30, 532a9, Plínio, *História natural*, 9.60.

búzio-fêmea têm uma vida longa. Assim, o búzio vive cerca de seis anos, e cada ano seu crescimento é perceptível através das estrias que vão aparecendo na espiral da concha[77]. Os mexilhões também produzem cera[78]. As ostras que se chamam de parque, é onde haja lodo que se forma primeiro o seu princípio vital. Os bivalves, as chamas, os lingueirões e os leques formam-se nos fundos arenosos. Os funis crescem em posição vertical a partir do seu tufo[79], na areia ou no lodo. Contêm no seu interior um "guarda-pinhas"[80], que ou é um camarão ou um caranguejo pequeno. Se o não tiverem, perecem mais depressa. De um modo geral, todos os testáceos nascem no lodo por geração espontânea e diferem de acordo com a natureza desses mesmos lodos: nos lodos lamacentos formam-se as ostras; nos arenosos, os bivalves e as outras espécies que referimos acima[81]; nas fendas das rochas, as ascídias, as percebas e as espécies vulgares, como as lapas e as trompas. Todos esses animais experimentam um processo de crescimento rápido, sobretudo os búzios e os leques, de modo que atinjam a maturidade num ano.

Em certos testáceos formam-se também caranguejos brancos, minúsculos de tamanho, na maior parte dos casos alojados nos mexilhões de casca convexa, como também os chamados "guarda-pinhas" que se formam nos funis. Mas existem ainda nos leques e nas ostras de parque. Esses seres não são suscetíveis de um crescimento visível[82]. Dizem os pescadores que eles se formam juntamente com o

[77] Cf. *Geração dos animais*, 763a20-23, Plínio, *História natural*, 9.61.

[78] Essa informação, que não é correta, é considerada de forma diversa por Aristóteles, *Geração dos animais*, 761b30.

[79] Sigo a interpretação de Peck, 151, que entende *byssos* como o "tufo" de fibras sedosas por que o animal está preso, e não por "fundo do mar", de acordo com a leitura tradicional.

[80] Cf. Ateneu, 3.89, Plínio, *História natural*, 9.42, Eliano, *História dos animais*, 3.29. O "guarda-pinhas" é um pequeno caranguejo do gênero *Pinnotheres*.

[81] Cf. *supra*, nesta mesma rubrica.

[82] Cf. *supra*, 529b20-530a12.

animal em que habitam. Os leques desaparecem na areia durante algum tempo, como os búzios.

548a As conchas nascem, pois, como dissemos, e dentre elas umas formam-se nos baixios, outras, nas faixas litorais, ou em locais lodosos; algumas vivem em lugares rochosos e com fendas, outras, na areia. Há umas que mudam de lugar, outras não. Entre essas últimas, os funis estão presos ao fundo pela raiz, enquanto os lingueirões e os bivalves, mesmo sem raiz, se mantêm também fixos; quando se retiram do seu meio natural, não sobrevivem[83].

A chamada estrela-do-mar[84] é tão quente por natureza que o que ela agarra, mesmo que o solte logo em seguida, pode estar totalmente consumido. É mesmo considerada, no estreito de Pirra[85], um flagelo enorme. Tem uma forma que se parece com o desenho de uma estrela.

Os animais designados por medusas[86] são de geração espontânea. A concha de que os pintores se servem é muito espessa, e a "flor" forma-se no exterior. Essas conchas aparecem sobretudo no litoral da Cária.

O bernardo-eremita[87] forma-se originariamente na terra e no lodo, depois enfia-se numa concha vazia e, quando cresce, muda-se outra vez para uma concha maior, como por exemplo a da trompa, a dos borrelhos ou de outros animais do gênero, e muitas vezes também a dos búzios-fêmeas pequenos. Depois de se instalar na concha, leva-a consigo de um lado para o outro e é dentro dela que continua a alimentar-se. Quando aumenta de volume, passa a outra concha maior.

---

[83] Cf. 588b15.
[84] Cf. *Partes dos animais*, 681b9, Plínio, *História natural*, 9.86.
[85] Na ilha de Lesbos.
[86] Cf. *Partes dos animais*, 681a18.
[87] Cf. *supra*, 529b20 ss., Eliano, *História dos animais*, 7.31.

A reprodução das actínias e das esponjas

16. Da mesma maneira que os testáceos, nascem os animais que não têm concha, como as actínias[88] e as esponjas, nas cavidades dos rochedos. Há dois tipos de actínias: as que vivem nas cavidades das rochas e não se soltam, e as outras, que se encontram nos fundos lisos e planos, que se soltam e se deslocam. O mesmo se passa com as lapas, que também se movem e mudam de lugar.

Nas cavidades das esponjas formam-se "guarda-pinhas". Há por cima das cavidades uma espécie de teia de aranha[89], que eles abrem e fecham para capturar os peixinhos minúsculos; para deixá-los entrar, as esponjas mantêm-na aberta, e fecham-na depois de eles terem entrado. Há três variedades de esponjas[90], as porosas, as compactas e um terceiro tipo, as chamadas esponjas-de-aquiles, que são as mais finas, mais compactas e mais resistentes de todas. É costume metê-las por baixo dos elmos e das cnêmides para amortecer o ruído dos golpes. Mas essa espécie é muito rara. Dentre as esponjas compactas, as que são muito rijas e ásperas designam-se por "bodes". Todas elas crescem ou nos rochedos, ou nas dunas, e alimentam-se de vasa. Eis a prova: quando são apanhadas, vêm cheias de lodo. O mesmo se passa com os outros seres que se alimentam pelo lado em que se faz a aderência. As esponjas compactas são mais fracas do que as porosas, por terem uma face de aderência menor.

A esponja é, ao que se diz, dotada de sensibilidade[91]. Senão veja-se: se percebe que se vai tentar agarrá-la, contrai-se e torna-se difícil de arrancar. E tem a mesma reação se houver vento forte ou ondulação, para não ser arrastada. Mas há quem conteste esta ideia, como é o caso da gente de Torone.

---

[88] Cf. *supra*, 531a31-b16, 590a27-32, *Partes dos animais*, 681a36-b8.
[89] Cf. Eliano, *História dos animais*, 8.16.
[90] Cf. Plínio, *História natural*, 9.69.
[91] Cf. *supra*, 487b10, *Partes dos animais*, 681a19 ss., Eliano, *História dos animais*, 8.16.

A esponja alimenta, dentro de si própria, outros animais, vermes e diferentes parasitas, que, depois de arrancada a esponja, são comidos pelos peixinhos minúsculos, como também os resíduos da própria raiz. Mas se, ao arrancar, a esponja se partir, volta a nascer do pé que fica e reconstitui-se. As esponjas de maiores dimensões são as porosas, que se encontram em quantidade nas costas da Lícia. As mais macias são também as mais compactas. As esponjas-de--aquiles são mais resistentes do que estas últimas. Em geral, nas águas profundas e calmas, as esponjas são mais macias; o vento e o mau tempo fazem-nas endurecer, como de resto aos outros seres vivos, e travam-lhes o crescimento. É por isso que as esponjas do Helesponto são ásperas e compactas, e por que em geral as que estão aquém e além do cabo de Máleaⁿ são diferentes: mais macias ou mais ásperas. Mas também não convém um tempo demasiado quente, porque a esponja apodrece, como acontece com as plantas. Daí que as que se encontram nas falésias são as mais bonitas, se estiverem em zonas profundas, onde, devido à própria profundidade, têm uma temperatura ideal que as protege contra os dois inconvenientes referidos. Antes de serem lavadas e enquanto ainda estão vivas, parecem negras. A aderência é feita não por um único ponto, nem em toda a superfície, já que o vazio dos poros cria intervalos. Na face inferior estende-se uma espécie de membrana, e é aí que os pontos de aderência são mais numerosos. Na face superior, à exceção de quatro ou cinco, os outros poros são fechados. Daí que há quem afirme que é por esses poros que a esponja se alimenta.

Há outra variedade de esponjas conhecida por "não laváveis", porque é impossível lavá-las. Estas têm os poros grandes, mas o resto do corpo é uma massa compacta. Depois de cortadas, são mais compactas e mais viscosas do que a esponja comum; no conjunto assemelham-se a um pulmão.

[92] Este cabo é o extremo sudeste da ilha de Lesbos; cf. Tucídides, 3.5, Xenofonte, *Hellenika*, 1.6.26.

É sobretudo em relação a essa variedade que há um grande consenso em reconhecer que ela possui sensibilidade e tem uma vida longa. Distinguem-se facilmente das outras esponjas marinhas, porque estas são brancas por baixo da camada de lodo, e aquelas, sempre negras. Eis o que se tem a dizer sobre as esponjas e a reprodução dos testáceos.

A reprodução das lagostas

17. Entre os crustáceos, as lagostas, após o acasalamento, concebem e transportam os ovos durante cerca de três meses, o Escirofório, o Hecatômbeo e o Metagítnion[93]. Passado esse período, elas depõem os ovos nas lamelas que têm no abdômen[94], onde os ovos aumentam de volume, como acontece com as larvas[95]. Outro tanto se passa com os cefalópodes e os peixes ovíparos: em todos eles, os ovos aumentam de volume. Ainda sobre os ovos das lagostas, eles constituem um aglomerado friável, que se divide em oito partes. Assim, junto de cada uma das lamelas que se situam de lado, existe uma espécie de cartilagem a que os ovos estão ligados; o conjunto assemelha-se a um cacho de uvas, porque cada uma dessas lamelas cartilaginosas se subdivide em vários ramos. Essa disposição dos ovos torna-se visível ao separá-los, enquanto à primeira vista parecem constituir uma massa compacta. Os que se desenvolvem mais não são os que se encontram junto ao orifício da postura, mas os que estão numa posição intermédia; os menores são os que estão mais afastados dele. Quanto ao tamanho, os ovos menores correspondem a uma grainha de figo. Os ovos não se encontram logo a seguir ao orifício, mas mais ao centro do abdômen. De fato, em cada extremidade, quer do lado da cauda, quer do tórax, há dois espaços claramente vazios; as

---

[93] De meados de maio a meados de agosto.
[94] Cf. *supra*, 525b13-14, *Geração dos animais*, 758a12-15.
[95] Cf. *Geração dos animais*, 733a28-31, 763a10-24.

próprias lamelas estão dispostas de forma que proporcione essa distribuição. De toda maneira, as lamelas laterais não seriam capazes de cobrir o conjunto dos ovos; colocando sobre eles a cauda, a lagosta esconde-os, como se a cauda fizesse o papel de uma tampa. Dá ideia de que, quando põe os ovos, o animal os empurra contra as cartilagens com a parte larga da cauda, que se dobra para o efeito, e que desova comprimindo os ovos à saída, com o corpo encolhido para fazer força. Nessa altura, as cartilagens aumentam de tamanho e passam a funcionar como o receptáculo dos ovos. É sobre essas cartilagens que as lagostas depositam os ovos, do mesmo modo que os chocos depõem os seus nas hastes das plantas ou nos detritos dos vegetais. É portanto assim que a lagosta põe os ovos; depois de os ter chocado nesse lugar durante cerca de vinte dias, expele-os de uma só vez e numa massa compacta, como se pode ver no exterior. Depois, as crias nascem ao fim de quinze dias, sendo que com frequência se podem apanhar lagostas menores do que o tamanho de um dedo. A primeira postura acontece no início do Arcturo[96], após o que os ovos são expelidos. Os camarões-rosa têm uma gestação de cerca de quatro meses.

As lagostas vivem nos fundos ásperos e rochosos, e os lavagantes, nos fundos lisos. Nem umas nem outros existem nos fundos lodosos. É assim que se encontram lavagantes no Helesponto e em volta de Tasos e lagostas junto ao Sigeu e ao Atos. Os pescadores, quando querem ir à pesca no alto-mar, distinguem os fundos ásperos dos lodosos de acordo com a linha de costa e com outros indícios do gênero. No inverno e na primavera, esses animais encontram-se de preferência junto à costa; no verão, em alto-mar, porque procuram, no primeiro caso, o calor, e nesse último, a frescura.

Os crustáceos que se designam por "ursos"[97] põem seus ovos na mesma época que as lagostas. Assim, elas são mag-

---

[96] Ou seja, em meados de setembro.
[97] Presumo que se refira à lagosta-da-pedra ou cavaco.

níficas no inverno e na primavera, antes da desova[98], mas muito más depois da postura.

Os crustáceos mudam de carapaça na primavera, tal como as serpentes o fazem com a chamada pele, e fazem-no também, logo a partir da nascença e mais tarde, os lavagantes e lagostas. As lagostas têm em geral uma vida longa.

A reprodução dos cefalópodes

18. Os cefalópodes, após o acasalamento e a cópula, produzem um ovo branco, que, com o tempo, se torna granuloso como os dos testáceos. O polvo deposita no seu buraco, num caco ou em qualquer objeto oco, um ovo que se parece com as gavinhas e com o fruto do choupo, como se disse atrás[99]. Os ovos ficam suspensos em volta do objeto que lhes serve de receptáculo na época da desova. A quantidade de ovos postos é tal que, se forem recolhidos, enchem um recipiente muito maior do que aquele onde estavam contidos[100].

Ainda sobre a reprodução do polvo: ao fim de cerca de cinquenta dias, nascem, dos ovos que se vão partindo, polvinhos pequenos, que deslizam cá para fora como se fossem aranhas, em grande quantidade. Nessa altura ainda não é perceptível, no pormenor, a natureza peculiar dos seus membros, mas no conjunto reconhece-se a sua forma. Devido à sua pequenez e fraqueza, muitos perecem. Já se tem mesmo visto alguns de tal modo minúsculos que não apresentam nenhuma forma distinta; mas, se se lhes tocar, mexem.

Os chocos põem ovos, que se parecem com bagos de mirto grandes e negros; estão pegados uns aos outros, for-

---
[98] Cf. *supra*, 549a14-16.
[99] Cf. *supra*, 544a7.
[100] Cf. *supra*, 523b24, 525a5, *Partes dos animais*, 685a4. Nesse último trecho, Aristóteles esclarece que o que designa por cabeça do polvo é afinal o corpo nos outros cefalópodes.

mando no conjunto uma espécie de cacho de uvas. Estão dispostos em volta de um central, e é difícil soltá-los uns dos outros. É que o macho lança-lhes em cima um líquido viscoso que os torna pegajosos. Esses ovos aumentam de volume; no início, são brancos, mas, quando o macho os insemina, tornam-se maiores e negros. Quando o choco pequeno cresce, vai-se desenvolvendo até estar completo dentro dessa substância branca, que se rasga para ele sair. Quando a fêmea põe o ovo, forma-se nele uma espécie de granizo, e é dessa substância que o choco pequeno se desenvolve, ligado a ela pela cabeça, do mesmo modo que as aves se mantêm ligadas pelo abdômen[101]. Qual seja a natureza dessa ligação de tipo umbilical, é um fato ainda não claramente esclarecido. A única coisa indesmentível é que, à medida que o novo choco vai crescendo, a massa branca diminui e por fim, como acontece com a gema nas aves, a parte branca desaparece. O que primeiro parece maior, à semelhança do que acontece com as outras espécies, são, neles também, os olhos. Assim, A é o ovo, B e C, os olhos, e D, o choco pequeno[102].

O choco fica cheio na primavera e desova ao fim de quinze dias. Depois da postura, os ovos tornam-se, mais quinze dias passados, numa espécie de cacho de uvas, que se rasgam para deixar sair a cria. Se se lhes fizer, antes desse período, uma incisão em toda a volta, numa fase em que os chocos já estão completamente formados, esses projetam um excremento e mudam de cor, passando de branco a vermelho por efeito do medo.

Os crustáceos chocam os ovos pondo-os sob o próprio corpo, enquanto o polvo, o choco e outros animais semelhantes se separam deles e os chocam no lugar onde os depuseram, sobretudo o choco; é frequente vê-lo sobre eles, com o saco[103] pousado no chão. A fêmea do polvo tanto se

---

[101] Cf. *Geração dos animais*, 753b17.
[102] Esta informação remete para uma imagem.
[103] Cf. *supra*, 523b24.

põe sobre os ovos como se coloca à entrada da caverna, com os tentáculos estendidos. O choco põe os ovos perto de terra firme, entre as algas e os caniços, ou sobre todo o tipo de detritos, como pedaços de madeira, raminhos ou pedras. Os pescadores põem-lhes mesmo ramos de propósito. Sobre eles, os chocos depositam enormes séries de ovos, como se fossem agregados de cabelos[104]. O choco ao desovar deposita os ovos por várias vezes, como se a postura fosse dolorosa. As lulas desovam no alto-mar. Seus ovos, como os do choco, formam aglomerados. Tanto as lulas-gigantes como o choco têm uma vida curta. Não ultrapassam um ano, salvo raras exceções[105]. O mesmo se passa com os polvos. De cada ovo sai apenas um choco minúsculo, da mesma forma que com as lulas. O macho da lula é distinto da fêmea; esta, se se abrir ao meio e se se observar a zona branquial que tem dentro, apresenta duas massas vermelhas, como uma espécie de tetas[106], que o macho não possui. A mesma diferença se encontra também no choco, além de que o macho é mais matizado do que a fêmea, como já se disse[107].

A reprodução dos insetos

19. Sobre os insetos referimos acima que os machos são menores que as fêmeas e que lhes sobem para o dorso. Falamos também do modo como se processa o acasalamento e da dificuldade em separar os parceiros[108]. Mas, depois do acasalamento, a postura acontece rapidamente. Todos os insetos que acasalam produzem larvas, menos um certo tipo de borboletas; essas concebem um corpo duro, parecido com

---

[104] Cf. *infra*, 568a23 ss.
[105] Cf. 622a22.
[106] Cf. *supra*, 524b31.
[107] Cf. *supra*, 525a10-12.
[108] Cf. *supra*, 542a1 ss.

um grão de cártamo, mas cheio de líquido por dentro. Das larvas vem a constituir-se um animal, não com origem numa só parte, como acontece com os ovos; é a larva no seu conjunto que se desenvolve e que, à medida que seus membros se diferenciam, produz o animal[109].

Há insetos que provêm de animais que lhes são semelhantes; assim, as tarântulas e as aranhas têm origem em tarântulas e em aranhas, como também os grilos, os gafanhotos e as cigarras. Em contrapartida, há os que não provêm de outros animais, mas são de geração espontânea[110]; uns procedem do orvalho que se deposita nas folhas; este é um processo próprio da primavera, mas que muitas vezes ocorre também no inverno, quando está bom tempo e o vento sopra do sul durante vários dias; outros provêm da vasa ou dos excrementos pútridos; outros, da madeira, ainda verde ou já seca; outros, dos pelos, da carne ou dos excrementos dos animais, quer de substâncias já expelidas ou das que ainda se encontram dentro do corpo do animal, como é o caso dos chamados vermes intestinais. Há, entre eles, três variedades: os designados por achatados, os redondos e, em terceiro lugar, as ascárides. Das duas últimas nenhuma outra coisa se origina, só a achatada, que se mantém presa aos intestinos, produz uma espécie de pevide de abóbora[111]; é esse o vestígio que leva os médicos a reconhecerem a presença desse verme.

Os insetos que dão pelo nome de borboletas provêm de lagartas, que se criam nas folhas verdes, sobretudo nas do rábano, à qual há quem dê o nome de couve. São primeiro menores que um grão de milho, tornam-se depois em larvas minúsculas que vão crescendo e finalmente, ao fim de três dias, em pequenas lagartas. Depois dessa fase, terminado o crescimento, ficam imóveis, mudam de forma e passam a chamar-se crisálidas; apresentam um invólucro duro

---

[109] Cf. *Geração dos animais*, 732a30, 758b13.
[110] Cf. *Geração dos animais*, 762a8 ss.
[111] Cf. Plínio, *História natural*, 11.38.

e mexem-se quando se lhes toca. A aderência faz-se por uns ligamentos finos, tipo fios de teia de aranha, e não têm boca nem nenhum outro órgão perceptível. Ao fim de pouco tempo, o casulo fende-se e deixa sair em voo animais com asas a que se chamam borboletas. Assim, numa primeira fase, quando são ainda lagartas, consomem alimentos e expelem excrementos; pelo contrário, quando se tornam crisálidas, nem ingerem nem expelem nada. O mesmo se passa com todos os insetos que nascem de larvas, quer estas provenham de acasalamento ou se originem sem ele. De fato, as larvas das abelhas, dos abelhões e das vespas, enquanto jovens, alimentam-se e produzem claramente excrementos; quando larvas, ganham uma forma mais definida, chamam-se ninfas, e nem consomem alimentos nem expelem excrementos. Ficam completamente isoladas, sem se mexer, até a conclusão do crescimento. Então saem, rompendo a substância que lhes forma o casulo. Também os híperos e as pênias se formam de outras lagartas semelhantes, que se deslocam por ondulação e avançam estendendo uma parte do corpo enquanto curvam o restante. Cada um dos insetos que se forma por esse processo adquire a cor da lagarta de que provém. 551b

De um certo tipo de larva de grandes dimensões, que tem uma espécie de corno e é diferente das outras, forma-se primeiro, por metamorfose da larva, uma lagarta, depois uma bombílide e, por fim, um necídalo[112]. Seis meses é o tempo necessário a todas essas metamorfoses. São, de resto, os casulos desses animais que algumas mulheres esticam e dobam, para depois tecerem. A primeira a fazer essa tecelagem foi, ao que se diz, uma mulher de Cós, Pânfila, filha de Plates.

Das larvas que se criam nas madeiras secas nascem, pelo mesmo processo, os lucanos; primeiro, apresentam-se

---

[112] Este animal, designado por bombílide, não é propriamente o bicho-da-seda, que, da China, só chegou à Grécia no século VI a.C. Talvez se trate de qualquer espécie proveniente da Ásia Menor. O necídalo talvez corresponda a uma mariposa.

como larvas imóveis, depois, o casulo rompe-se e os escaravelhos nascem. Dos saqueadores[113] nascem as traças, também elas dotadas de asas. De uns animais achatados que flutuam à superfície dos rios provêm os estros. Eis a razão por que eles abundam junto das águas onde os tais animais vivem. De algumas lagartas escuras e peludas, mas de tamanho pequeno, nascem primeiro uns pirilampos, que não têm asas. Estes, por sua vez, sofrem uma metamorfose e deles nascem uns seres com asas a que se chamam bichos-cabelos.

Os mosquitos nascem de vermes-de-vasa. Estes se formam no lodo dos poços e onde houver uma corrente de água com terra em depósito. Primeiro essa lama apodrece e ganha uma cor branca, que depois se torna negra e finalmente de um vermelho sanguíneo. Depois de ter tomado essa cor, nasce dela uma espécie de algas muito pequenas e vermelhas. Estas, durante certo tempo, agitam-se presas ao lodo; depois se soltam e são levadas pela corrente; são os chamados vermes-de-vasa. Poucos dias depois, esses vermes mantêm-se à superfície da água, direitos, imóveis e duros, após o que o casulo se abre e o mosquito fica pousado em cima, até que o sol ou o ar quente o ponham em movimento. A partir daí começa a voar[114]. De resto, em todas as outras larvas, ou em todos os seres que provêm de larvas e que rompem o casulo, o princípio do seu movimento está relacionado com o sol ou com o ar quente. Os vermes-de-vasa desenvolvem-se em maior quantidade e mais rapidamente nos locais onde se deposita todo o tipo de matéria, como acontece em Mégara nos terrenos de cultivo. Porque é aí também que a putrefação tende a operar-se mais depressa. É no outono que esses vermes se formam em maior número, porque é nessa estação que a umidade é menor.

As carraças nascem da graminha, os besouros, das larvas que se formam na bosta dos bois e nas fezes dos burros.

---

[113] Há dificuldades na leitura do texto.
[114] Cf. *supra*, 487b5.

Os escaravelhos hibernam enfiados nos excrementos, de que fazem uma bola onde depositam pequenas larvas de que nascem novos escaravelhos[115]. Surgem também, das larvas que se formam nos legumes, animais alados pelo processo que descrevemos. As moscas provêm de larvas que se criam no estrume, à medida que este se vai apartando. Eis por que quem se ocupa dessa tarefa se esforça por separar o que já está bem misturado, e diz-se então que o estrume está no ponto ideal. O embrião das larvazinhas é minúsculo. Primeiro aparecem, nessa fase, uns pontinhos vermelhos, como se tivessem sido pintados de carmesim, que entretanto deixam de estar imóveis e ganham movimento. Deles sai uma larvazinha imóvel; depois esta começa a mexer-se, embora ainda volte a passar por nova fase de imobilidade; dela forma-se a mosca na sua forma final, que se põe em movimento quando houver ar quente ou sol. Os moscardos nascem da madeira; os tavões, de pequenas larvas, por um processo de metamorfose; estas, por sua vez, formam-se nos talos das couves. As cantáridas nascem das lagartas que se encontram nas figueiras, nas pereiras e nos pinheiros (já que em todas essas árvores nascem larvas), como também das lagartas da roseira-brava; são atraídas por substâncias malcheirosas, porque é desse tipo de matéria que provêm. Os mosquitos têm origem nas larvas que se formam nas borras do vinagre. Mas mesmo nas substâncias tidas na conta de menos corruptíveis se podem produzir seres vivos, como é o caso da neve já caída há algum tempo. De fato, com o tempo a neve fica avermelhada e por isso as larvas tornam-se da mesma cor e são peludas. As que nascem da neve que se acumula na Média são grandes e brancas. Todas elas se movem com dificuldade. Em Chipre, onde se fundem as pirites de cobre pondo-as a queimar durante vários dias, aí se formam, do fogo, uns animais, um pouco maio-

---

[115] Cf. Eliano, *História dos animais*, 10.15.

res do que as moscas grandes, com asas, que saltam e caminham através do fogo[116]. Essas larvas morrem se separadas umas do fogo, as anteriores da neve. Mas a faculdade que alguns animais têm de ser constituídos de forma que não se queimem é também comprovada pelo exemplo da salamandra[117]; esta, ao que se diz, se atravessa o fogo, extingue-o à sua passagem.

Nas águas do Hípanis, o rio que corre na região do Bósforo Cimério, no solstício de verão, vê-se flutuando na corrente uma espécie de saquinhos, maiores do que bagos de uva, de onde sai, quando se rasgam, um ser alado com quatro patas. Mantém-se vivo e voando até o pôr do sol e, quando o sol se põe, enfraquece e morre, com o próprio ocaso, depois de durar apenas um dia; daí lhe vem o nome de efêmero[118]. A maior parte dos seres que nascem de lagartas ou de larvas são primeiro suportados por uma espécie de fios de aranha. É assim que se reproduzem esses animais.

Duração da formação dos insetos

20. As vespas designadas por icnêumones[119] (que são menores que as restantes) levam as tarântulas que matam para um buraco na parede ou para um abrigo semelhante, envolvem-nas com lodo e depositam nelas os ovos; é deles que nascem as vespas icnêumones. Certos coleópteros, de pequenas dimensões e sem nome específico, fazem com lodo

553a uns casulos pequenos, agarrados a pedras tumulares ou aos muros, e aí depositam suas larvas.

....

[116] Cf. Plínio, *História natural*, 11.42, Eliano, *História dos animais*, 2.2. As afirmações feitas neste trecho são contrariadas por Aristóteles em *Geração dos animais*, 737a1, o que suscita certas dúvidas sobre a autenticidade deste texto.

[117] Cf. Eliano, *História dos animais*, 2.31.

[118] Cf. Plínio, *História natural*, 11.43, Eliano, *História dos animais*, 5.43.

[119] "Caçadoras"; cf. 609a5, Plínio, *História natural*, 10.95.

O período de formação, do princípio ao fim, é, na maior parte dos insetos, de cerca de três ou quatro semanas. Mas para as larvas ou seres do tipo da larva é, na maioria dos casos, de três semanas; para os ovíparos, de quatro semanas, em geral. Nesse último caso, a formação do ovo acontece nos sete dias subsequentes ao acasalamento; nas três semanas a seguir, os ovos são chocados pelos progenitores e as crias geradas irrompem, como acontece com as crias da aranha e de outros insetos semelhantes. As metamorfoses, na maioria dos casos, processam-se ao fim de três ou quatro dias, o que corresponde à duração das crises nas doenças.

É esse o modo de reprodução dos insetos. Morrem quando suas partes encarquilham, como acontece também com os animais maiores quando envelhecem. Na época em que os insetos alados chegam ao fim, no outono, as asas se contraem; e nos moscardos, simultaneamente, os olhos se enchem de água[120].

Formação das abelhas

21. Sobre a reprodução das abelhas as opiniões dividem-se. Há quem diga que elas não geram nem acasalam[121], e que trazem a semente de fora; segundo uns, vão buscá-la à flor do calintro, segundo outros, à flor do câlamo, ou outros ainda, à da oliveira; e estes últimos alegam que, no caso de a produção da azeitona ser abundante, aparecem também enxames em quantidade. Há quem diga, por outro lado, que o que elas vão buscar a uma das proveniências que referimos é a semente dos zangões, mas que a das abelhas é produzida pelas rainhas. Há duas variedades de rainhas, uma, a melhor, avermelhada, e outra, negra e matizada; em tamanho, a abelha rainha é o dobro da obreira. Têm a parte que fica por baixo do tórax uma vez e meia mais longa em relação ao resto do cor-

---

[120] Cf. Plínio, *História natural*, 11.43.
[121] Cf. *Geração dos animais*, 759a8-760a29, Plínio, *História natural*, 11.16.

po, e há quem lhes chame "mães"[122] na sua qualidade de progenitoras. Uma prova em favor dessa hipótese está em que a semente dos zangões aparece mesmo que não haja rainha, e a das abelhas não. Outros, por fim, acham que elas acasalam e que os zangões são os machos e as abelhas, as fêmeas.

553b

O nascimento das outras abelhas[123] ocorre nos favos de cera, mas as rainhas nascem na parte de baixo do favo, suspensas dele, aí umas seis ou sete, que se desenvolvem de um modo diverso do resto do enxame. As abelhas têm um ferrão, os zangões não o apresentam. As abelhas rainhas ou mestras têm ferrão, mas não o usam para ferrar; daí que alguns julguem que não o têm.

Variedades e costumes das abelhas

22. As variedades de abelha são: uma pequena[124], arredondada e matizada, que é a melhor; há outra mais comprida[125], parecida com o abelhão; e uma terceira, chamada ladra (que é negra e com o abdômen chato); em quarto lugar vem o zangão, que, em dimensões, é a maior de todas, que não tem ferrão e é preguiçoso[126]. É por isso que por vezes se envolve a colmeia com uma rede, de modo que as abelhas entrem e os zangões não passem por serem demasiado grandes.

Há dois tipos de rainha, como antes se disse. Em todas as colmeias há várias rainhas e não apenas uma. Mas a colmeia desmantela-se se as rainhas não forem em número suficiente (não tanto porque a anarquia se instale, mas, ao que se diz, porque as rainhas colaboram na reprodução das abe-

---

[122] Cf. Xenofonte, *Econômico*, 7.32-34.
[123] Ou seja, das obreiras.
[124] A obreira.
[125] Cf. 624b23-26.
[126] Cf. 624b20, Plínio, *História natural*, 11.17, Eliano, *História dos animais*, 1.9.

lhas), ou também se as rainhas forem em número excessivo: nesse caso reina a discórdia.

De toda maneira, quando a primavera tarda ou quando o tempo está seco e o míldio provoca estragos, a nova geração é menos abundante. Em tempo de seca as abelhas produzem mais mel, em tempo de chuva ocupam-se mais das crias; daí a coincidência entre a abundância de azeitonas e de enxames.

O mel

Primeiro as abelhas confeccionam o favo, depois depositam nele a semente que, na opinião de alguns (aqueles que acham que elas a vão buscar a outro lado)[127], tiram da boca. É assim também que elas depositam o mel de verão e de outono, que vai servir-lhes de alimento. O mel de outono é o melhor. O favo de cera é feito a partir das flores; as abelhas retiram o própolis da seiva das árvores[128]; o mel é uma substância que cai do ar[129], sobretudo por época do nascimento dos astros e quando se forma o arco-íris. Em geral não há mel antes do nascer das Plêiades[130].

Portanto, a abelha produz o favo de mel, como dissemos, a partir das flores; o mel, não é ela que o faz, mas recolhe-o quando ele se deposita. Senão veja-se: um dia ou dois bastam para os apicultores encontrarem a colmeia cheia de mel. Além disso, no outono, ainda há flores, mas já não há mel, depois de se fazer a recolha. Portanto, depois de retirado o mel produzido, como as abelhas não têm alimento ou o não têm em quantidade suficiente, haveria uma nova produção se elas o fabricassem a partir das flores. 554a

---

[127] Cf. *supra*, 553a19-20, *Geração dos animais*, 759a11-12.

[128] Cf. 623b29, Heródoto, 2.96.

[129] Aristóteles supunha que o mel se formava do orvalho, depositado sobre as flores.

[130] Ou seja, inícios de maio.

O mel torna-se consistente com a maturação. No princípio é como água e durante vários dias mantém-se líquido (daí que, se se recolher nesses dias, não tem consistência); são precisos uns vinte dias para que ele se torne espesso. Reconhece-se o mel em função do néctar das flores, pois distingue-se pelo grau de açúcar e pela consistência. A abelha colhe-o em todas as flores que têm cálice, e em todas as outras que tenham um sabor adocicado, sem causar nenhum estrago ao fruto. Ela recolhe esse suco com um órgão semelhante à língua e com ele o transporta. É na época do figo-bravo que se recolhe o mel das colmeias[131]. As larvas melhores são as que a abelha produz quando do fabrico do mel. A abelha transporta a cera e a substância de que se alimenta[132] em volta das patas; o mel, regurgita-o no alvéolo. Depois de pôr a semente, choca-a como se fosse uma ave. A larva, enquanto é pequena, repousa no alvéolo, encostada a um dos lados; depois ergue-se por si mesma e trata de se alimentar, tão agarrada à cera que parece presa. A semente das abelhas e dos zangões é branca, e é dela que nascem as larvas pequenas; quando crescem, tornam-se abelhas e zangões. A semente das rainhas, por seu lado, é de uma cor avermelhada e de uma consistência semelhante à do mel espesso. Apresenta desde logo um volume correspondente ao inseto a que vai dar origem. De resto, nem chega a produzir-se uma larva, mas diretamente uma abelha; é pelo menos o que se diz. Quando a semente é depositada na cera, há sempre mel diante dela. Enquanto a larva ainda está presa na cera, nascem-lhe patas e asas. Mas quando atinge o pleno desenvolvimento, rasga a membrana em volta e levanta voo. Produz excrementos no estado larvar; depois deixa de os produzir – o que fazia antes de se libertar –, como atrás se afirmou[133].

---

[131] Cf. Plínio, *História natural*, 11.15.

[132] Ou seja, um mel impuro de que as abelhas se alimentam; cf. Plínio, *História natural*, 11.7, Varrão, 3.16, 23.

[133] Cf. *supra*, 551a23.

Se se arrancar a cabeça de uma larva antes que lhe nasçam as asas, as próprias abelhas acabam por devorar o resto[134]. Ou se se soltar um zangão depois de se lhe ter arrancado uma asa, as abelhas devoram as asas dos restantes. O período de vida das abelhas é de seis anos. Mas algumas duram sete[135]. Se uma colmeia viver nove ou dez anos, é caso para admirar.

No Ponto há umas abelhas completamente brancas, que produzem mel duas vezes por mês[136]. As de Temiscira[137], junto do rio Termodonte, fazem, no chão e na colmeia, favos que não contêm muita cera ou, melhor dizendo, que a têm em pouquíssima quantidade; mas o mel que produzem é espesso. O favo é liso e uniforme. Não produzem mel em qualquer ocasião, mas apenas no inverno. É que a hera abunda no Ponto e é essa a estação em que está florida; é dela que as abelhas extraem o mel. A Amiso[138] chega um mel que vem dos montes vizinhos, que é branco e muito espesso; é produzido pelas abelhas, sem necessidade de favos de mel, sobre as árvores. O mesmo tipo de mel pode encontrar-se em outros lugares da região do Ponto. Há também abelhas que fabricam favos triplos, no solo. Nesses favos forma-se mel, mas não há larvas. Claro que nem todos os favos são produzidos por esse processo, como nem todas as abelhas os produzem dessa maneira.

---

[134] Cf. Plínio, *História natural,* 11.16. Como as informações que Aristóteles dá em seguida não são credíveis, tem-se considerado o texto como espúrio.

[135] Cf. Virgílio, *Geórgicas,* 4.206-207, Plínio, *História natural,* 11.22.

[136] Cf. Plínio, *História natural,* 11.19, Eliano, *História dos animais,* 5.42, Diodoro Sículo, 14.29, Estrabão, 12.3.

[137] Planície da região do Ponto. Cf. Ésquilo, *Prometeu,* 724, Heródoto, 4.86.3.

[138] Cidade do Ponto.

Formação dos abelhões e das vespas

23. Os abelhões e as vespas fabricam favos de mel para as suas crias[139]. Quando não têm uma rainha e vagueiam de um lado para o outro sem encontrar uma, os abelhões depositam as crias em qualquer ponto elevado, e as vespas, em buracos; quando, pelo contrário, têm uma rainha, colocam-nas debaixo da terra. Seja como for, os favos que produzem têm sempre uma forma hexagonal, como também os das abelhas, e não são feitos de cera, mas de uma matéria do tipo da cortiça e da teia de aranha[140]. O favo dos abelhões implica um trabalho muito mais delicado do que o das vespas. É nele que depositam as crias, como fazem também as abelhas, como uma espécie de gota de água que se apoia contra a divisória do alvéolo e lhe adere à parede. As crias não se desenvolvem em todos os alvéolos ao mesmo tempo; enquanto em alguns já existe um inseto bastante desenvolvido, que pode mesmo voar, nuns tantos há ninfas, e em outros ainda, somente larvas. Excrementos existem apenas junto das larvas, como acontece também com as abelhas; enquanto estes insetos estão na fase de ninfas, mantêm-se imóveis, e o alvéolo respectivo, selado. Dentro do favo dos abelhões, há uma espécie de gota de mel diante da cria. Nesses insetos, a estação do nascimento das larvas não é a primavera, mas o outono. O crescimento por que passam é sobretudo visível em tempo de lua cheia. As crias e as larvas estão presas não à parte de baixo do alvéolo, mas de lado.

Formação dos moscardos

24. Alguns insetos da família dos moscardos fabricam, de encontro a uma pedra ou a algo parecido, um ninho de

---

[139] Cf. 623b5-628b31, *Geração dos animais*, 761a2-10, Plínio, *História natural*, 11.21.

[140] Cf. Plínio, *História natural*, 11.24.

lodo pontiagudo, que colam com uma espécie de saliva. A massa produzida é muito compacta e dura, de modo que dificilmente se penetra, mesmo com uma ponta aguçada. É aí que depositam as crias e onde nascem umas larvazinhas brancas, envoltas numa membrana escura. Fora dessa membrana, no lodo, forma-se cera. Essa cera é de uma cor muito mais amarelada do que a das abelhas.

Reprodução das formigas

25. Também as formigas[141] acasalam e dão origem a umas larvazinhas, que não estão presas a nada. Depois de crescerem, de minúsculas e redondas que eram, essas larvas tornam-se primeiro compridas e logo as partes vão se diferenciando. A reprodução dessa espécie ocorre na primavera.

Os escorpiões

26. Os escorpiões terrestres produzem também larvazinhas em quantidade, de forma oval, e chocam-nas. Quando o desenvolvimento destas se completa, os progenitores são expulsos, como ocorre também com as aranhas, e mesmo destruídos pelos filhos. Com frequência o número de seres que se forma anda pelos onze.

Formação das aranhas

27. As aranhas acasalam, todas elas, do modo que descrevemos[142], e produzem seres que se apresentam, a princípio, como umas larvazinhas minúsculas. Sem dúvida são

---

[141] Cf. Plínio, *História natural*, 11.36.

[142] Cf. *supra*, 542a13, 622b27-623b4, *Geração dos animais*, 758b9, Plínio, *História natural*, 11.29.

essas larvas que na totalidade do seu corpo, ao passar por uma metamorfose, dão origem às aranhas, e não apenas uma parte, já que essas larvas são desde o princípio arredondadas. Depois da postura, a aranha choca os ovos e, ao fim de três dias, as crias já se diferenciam. A postura é sempre feita na teia, que pode umas vezes ser fina e pequena, outras, espessa. Por outro lado, há larvas que se encontram por completo dentro de uma bolsa arredondada, enquanto outras estão apenas em parte envolvidas pela referida teia.

As aranhas não nascem todas ao mesmo tempo. Mas começam logo a mover-se e a fazer uma teia. Há uma serosidade idêntica nas larvas, se as esmagarmos, à das próprias aranhas recém-nascidas, que é espessa e esbranquiçada.

As aranhas dos prados põem primeiro numa teia, da qual uma metade está ligada ao seu próprio corpo, e a outra presa no exterior. É lá que elas chocam e fazem nascer suas crias. As tarântulas, por seu lado, entrelaçam um cesto compacto, onde põem os ovos e os chocam. As crias das aranhas lisas são menos abundantes, as das tarântulas, muito numerosas. Depois que os animais novos crescem, põem-se em volta da tarântula-mãe, expulsam-na e liquidam-na[143]; e por vezes atuam com o macho de forma semelhante, se o apanharem, porque ele colabora com a fêmea na incubação dos ovos. Pode acontecer de o número de crias que cercam uma só tarântula chegar a trezentas. As aranhas pequenas atingem seu pleno desenvolvimento em cerca de quatro semanas.

Formação dos gafanhotos

28. Os gafanhotos acasalam do mesmo modo que os outros insetos, pondo-se o menor (que é o macho) sobre o maior. As fêmeas põem os ovos no solo, depois de nele te-

---

[143] Cf. *infra*, 571a5.

rem enfiado a "pua"¹⁴⁴ que têm perto da cauda e que os machos não possuem. Os ovos que põem formam uma massa compacta, que é depositada num mesmo local, de modo que mais parecem um favo de mel. Em seguida à postura, nessa massa formam-se larvas ovoides, que são envolvidas por uma camada fina de terra, como se fosse uma membrana. É lá que se processa seu desenvolvimento. As larvas pequenas são de tal forma moles que se esmagam com um simples toque. Não se encontram à superfície da terra, mas um pouco mais abaixo. Quando irrompem, desse casulo terroso saem gafanhotos minúsculos e negros. Depois a pele rasga-se e eles tornam-se de imediato maiores. A postura acontece no fim do verão e depois dela as fêmeas morrem. É que, ao mesmo tempo que elas põem os ovos, desenvolvem-se larvas em volta do pescoço. Os machos morrem também pela mesma ocasião. As crias brotam da terra na primavera. Os gafanhotos não vivem em regiões montanhosas ou pobres, são animais de planície e de solos friáveis, porque é nas fendas do solo que põem os ovos. Estes permanecem na terra durante o inverno. Com a chegada do verão, as larvas do ano anterior transformam-se em gafanhotos.

556a

Os grilos

29. De modo semelhante, os grilos põem seus ovos e morrem a seguir. Os ovos que produzem são destruídos pelas chuvas de outono, quando estas caem com abundância. Se houver tempo seco, os grilos nascem em muito maior quantidade, porque seus ovos não são destruídos como no caso anterior. No entanto, dá ideia de que a forma como perecem não está sujeita a regras, acontece ao sabor do acaso.

---

¹⁴⁴ O oviponente desses insetos é, de fato, alongado e pontiagudo.

As cigarras

30. Entre as cigarras há duas variedades[145]: umas pequenas, que são as primeiras a aparecer e as últimas a morrer; outras grandes (as cantadeiras), que nascem mais tarde e morrem mais cedo. Tanto nas pequenas como nas grandes, há umas que têm uma separação no tórax – as que cantam – e outras que não a têm – e que não cantam. Às maiores e que cantam chama-se cantadeiras, e às pequenas, cigarrinhas. Entre essas últimas, as que têm a tal separação sempre cantam qualquer coisa.

Onde não houver árvores não há cigarras. Assim, em Cirene, não as há na planície, mas em contrapartida são muitas em volta da cidade, sobretudo nos olivais[146]. É que as oliveiras não produzem grande sombra. Em lugares frios não há cigarras, logo também não as há em bosques sombrios.

O acasalamento processa-se de modo semelhante no caso das grandes e das pequenas; unem-se umas às outras, ventre contra ventre. O macho penetra a fêmea, como acontece com todos os outros insetos[147]. Por seu lado, a fêmea tem um órgão genital subdividido, por onde o macho introduz o esperma. Põem os ovos nos terrenos baldios, fazendo um furo com a "pua" que têm atrás, como acontece também com os grilos[148]. De fato, estes põem, do mesmo modo, os ovos em terrenos baldios, e é por isso que há tantos em Cirene. As cigarras põem igualmente seus ovos nas canas que servem de estacas às videiras, fazendo furos nas canas e nos caules das cilas. Os ovos postos dessa maneira acabam por cair na terra.

As cigarras nascem em quantidade quando chove. A larva, depois de se desenvolver na terra, torna-se uma cigarra[149].

---

[145] Cf. *supra*, 532b13-18, Plínio, *História natural*, 11.32.
[146] Cf. 601a7, 605b27-29, Estrabão, 6.1, 9.
[147] Cf. *supra*, 542a2.
[148] Cf. *supra*, 555b20-21.
[149] Ou seja, cumpre-se a fase de ninfa. O texto alude ao hábito, bem conhecido no Próximo Oriente, de comer cigarras.

É esse o momento em que elas são mais saborosas, antes que se lhes rasgue o casulo. Quando chega o momento do solstício de verão, elas saem da terra durante a noite; logo a seguir o casulo rompe-se e da ninfa nascem as cigarras propriamente ditas, que se tornam negras, mais duras e maiores, e que cantam. Nas duas variedades, as cigarras que cantam são os machos, as outras, as fêmeas. A princípio, os machos são mais saborosos, mas depois do acasalamento são as fêmeas que têm melhor paladar por terem ovos brancos. Se forem obrigadas a levantar voo, liberam um líquido parecido com a água, o que leva os camponeses a afirmar que elas urinam, que produzem excrementos e se alimentam de orvalho. Se se aproximar delas um dedo e se se for mexendo, ora dobrando-o, ora estendendo-o, as cigarras ficam mais sossegadas do que se se estender o dedo de repente; naquele caso começam a subir para o dedo. É que, como veem mal, pensam que estão subindo numa folha em movimento[150].

Formação das pulgas e dos piolhos

31. Entre os insetos, aqueles que, sem serem propriamente carnívoros, vivem dos humores da carne viva, caso dos piolhos, das pulgas e dos percevejos, produzem todos eles, por acasalamento, as chamadas lêndeas, das quais não nasce nenhum outro ser.

Dentre esses animais, as pulgas nascem da mais ínfima matéria em putrefação (porque, seja onde for que exista bosta seca, há pulgas); os percevejos formam-se da umidade que provém dos animais e que se condensa cá fora; os piolhos nascem das carnes[151]. Quando eles estão para nascer, forma-se um tipo de borbulhagem, sem pus. Se se espremer, saem piolhos. Há certas pessoas que sofrem dessa doença, 557a

---

[150] Cf. Plínio, *História natural*, 11.32.
[151] O mesmo erro é repetido por Plínio, *História natural*, 11.39.

quando têm uma umidade corporal elevada. Já houve casos de pessoas que pereceram com essa enfermidade, o poeta Álcman[152], por exemplo, e Ferecides de Siro[153]. Em certas doenças formam-se piolhos em quantidade. Há um tipo de piolhos a que se chamam selvagens, que são mais duros do que o tipo comum; são também mais difíceis de arrancar da pele. Na verdade, as crianças são muito sujeitas a ter piolhos na cabeça, os adultos, menos. Mesmo as mulheres tendem a ter mais piolhos do que os homens. Mas quem tem piolhos, tem menos dores de cabeça.

Há também piolhos em abundância em muitos outros animais. Têm-nos as aves e os chamados faisões, que morrem da mordedura dos piolhos se se não rolarem no pó. Têm-nos também os outros animais que têm penas com ráquis ou que têm pelo. Só o burro é exceção[154], pois não tem piolhos nem carraças. Os bois, pelo contrário, são achacados por uns e outros. As ovelhas e as cabras têm carraças, mas piolhos não. Os porcos têm piolhos, grandes e duros. Nos cães aparecem as chamadas carraças de cão[155]. Os piolhos nascem sempre, nos animais que os têm, do próprio animal. Mas aparecem em maior número nos animais que se banham e que já têm piolhos, quando eles mudam de água para se banharem.

No mar, há piolhos que se desenvolvem nos peixes; somente esses piolhos não nascem propriamente dos peixes, mas do lodo. São iguais aos bichos-de-conta, com muitos pés, apenas apresentam uma cauda achatada. Há uma única espécie de piolhos-do-mar, que existe em todo lado, sobre-

---

[152] Álcman é um poeta do século VII a.C., que desenvolveu em Esparta sua atividade artística com grande sucesso. Célebre é sobretudo seu *Grande Partenéion*, um canto para donzelas.

[153] Ferecides foi autor de uma cosmogonia; oriundo da ilha de Siro, nas Cíclades, viveu no século VI a.C. Coube-lhe a honra de ser considerado o primeiro dos prosadores gregos.

[154] Cf. Plínio, *História natural*, 11.39.

[155] Cf. *Odisseia*, 17.300, Plínio, *História natural*, 11.40.

tudo onde houver cabras. Todos esses insetos têm muitas patas e não têm sangue. O estro do atum aparece em volta das barbatanas; é semelhante ao escorpião e de tamanho equivalente ao da aranha. No mar que fica entre Cirene e o Egito, existe em volta do golfinho um peixe a que chamam piolho[156]. Este é, de todos os peixes, o que mais gordo se torna, porque se beneficia da alimentação abundante que o golfinho captura.

Formação das traças e do caruncho

32. Formam-se também outros animais pequenos, como atrás dissemos[157], uns na lã e em tudo o que é confeccionado com lã, caso das traças, que aparecem sobretudo quando as lãs se enchem de pó e se desenvolvem principalmente se uma aranha lá ficar fechada; é que esta absorve a umidade que lá possa existir e seca a lã. Essa larva nasce também na roupa. Há ainda um animal que se forma na cera envelhecida, como de resto na madeira; é, tanto quanto parece, o menor animal que existe. Chama-se-lhe ácaro; é branco e minúsculo. Há por fim outros seres que aparecem nos livros, uns semelhantes aos que existem na roupa, outros a escorpiões sem cauda[158], mas muito pequenos. De modo geral, esses animais desenvolvem-se praticamente em todo o tipo de matérias – secas que se tornam úmidas, ou vice-versa –, desde que lhes proporcionem meios de subsistência.

Há também uma larva pequena a que se dá o nome de caruncho, o mais estranho dos animais que existem. Assim, projeta do casulo uma cabeça matizada e tem os pés na extremidade do corpo, como aliás todas as outras larvas; o resto do corpo, porém, parece envolvido por uma túnica, tipo teia de aranha, e à sua volta há palhinhas, como se o animal

557b

---
[156] Cf. Eliano, *História dos animais*, 9.7.
[157] Cf. *supra*, 551a1 ss.
[158] Cf. *supra*, 532a18.

as agarrasse ao andar. Mas na verdade essas palhinhas fazem parte do invólucro. Como o caracol tem uma concha, assim todo esse conjunto pertence à larva e não cai; tem de ser arrancado como parte integrante do animal. Se se lhe tirar o invólucro, morre e fica liquidado, como o caracol sem sua concha. Com o passar do tempo, essa larva transforma-se em crisálida, como acontece com as lagartas, e vive numa completa imobilidade. Mas qual é o animal alado que nasce dessa crisálida é algo ainda não apurado[159].

Os frutos das figueiras selvagens têm dentro o que se chama vespa-do-figo[160]. Esse inseto começa por ser uma larva pequena; depois o invólucro rasga-se e a vespa-do-figo sai e levanta voo. Introduz-se então nos figos das figueiras domésticas pelos orifícios que elas tiverem e impede os figos de cair. É essa a razão por que os agricultores amarram figos selvagens nas figueiras domésticas e perto delas plantam figueiras selvagens.

A tartaruga, o lagarto e o crocodilo

558a   33. As crias dos quadrúpedes sanguíneos ovíparos nascem na primavera, mas o acasalamento não se faz, em todas as espécies, na mesma ocasião; ora ocorre na primavera, ora no verão, ou mesmo no outono, de acordo com o tempo necessário para que as crias nasçam na estação mais conveniente.

Assim, a tartaruga põe ovos de casca dura e de duas cores, como os das aves; depois de os pôr, enfia-os num buraco e calca a areia por cima. Depois desse procedimento, volta de vez em quando para se lhes pôr em cima e os chocar. Os ovos eclodem no ano seguinte. O cágado[161] sai da água para pôr os ovos; abre um buraco em forma de túnel,

---

[159] Cf. Plínio, *História natural*, 11.41.
[160] Cf. *Geração dos animais*, 715b21 ss.
[161] Cf. *supra*, 506a19, Plínio, *História natural*, 32.14.

onde põe os ovos e ali os deixa. Depois de lá os ter abandonado menos de trinta dias, desenterra-os, parte-os rapidamente e leva as crias em seguida para a água. As tartarugas vêm também desovar a terra e seus ovos são parecidos com os das aves domésticas. Enterram-nos e chocam-nos durante a noite. Põem ovos em grande quantidade, num número que pode chegar a cem. Também os lagartos e os crocodilos, terrestres ou de rio, põem os ovos em terra. Os ovos do lagarto eclodem sozinhos, no chão. Um lagarto não dura mais de um ano; na verdade, é costume dizer-se que a existência do lagarto tem a duração de seis meses. O crocodilo de rio[162] põe um grande número de ovos, uns sessenta no máximo; são de cor branca e o animal os fica chocando durante sessenta dias (já que também seu período de vida é longo); desses ovos, que são muito pequenos, nasce uma cria que é enorme. De fato, o ovo não é maior do que o do ganso, e o animal que dele eclode tem tamanho equivalente. Mas quando se desenvolve pode chegar aos dezessete côvados. Há mesmo quem diga que o crocodilo cresce ao longo da vida inteira.

Serpentes e víboras

34. Entre as serpentes, a víbora dá à luz um ser vivo, mas antes forma-se-lhe no interior um ovo[163]. Este, como acontece com os dos peixes, é por dentro de uma só cor e de casca mole. A cria forma-se-lhe na parte superior e não está fechada numa casca calcária, de modo também idêntico ao que acontece nos peixes. A fêmea gera víboras pequenas dentro de membranas, que se rompem ao fim de três dias. Há casos em que as crias saem por si próprias,

---

[162] Cf. Heródoto, 2.68, Plínio, *História natural*, 8.37.
[163] Cf. *supra*, 511a16, *Geração dos animais*, 732b21.

depois de as terem devorado[164]. A mãe pare os filhotes num único dia, um a um, e pode parir mais de vinte. As outras serpentes são exteriormente ovíparas, e seus ovos, ligados uns aos outros, parecem colares. Depois de pôr os ovos no solo, a fêmea choca-os. E também esses ovos eclodem no ano seguinte.

---

[164] Cf. Eliano, *História dos animais*, 1.24.

Livro VI

Reprodução das aves

1. É esse o processo de reprodução das serpentes e dos insetos, como também dos quadrúpedes vivíparos. No que se refere às aves, são todas elas ovíparas, mas a época do acasalamento e da postura não é a mesma para todas as espécies. Há as que acasalam e praticamente põem ovos em todas as estações, caso da galinha e da pomba; a galinha põe durante o ano inteiro menos dois meses, os correspondentes ao solstício de inverno[1]. Algumas, até mesmo as galinhas de raça, põem, antes de chocar, uma grande quantidade de ovos que pode ir até sessenta. Todavia, as galinhas de raça são piores poedeiras do que as comuns. As galinhas da zona adriática são de tamanho pequeno, mas põem todos os dias; são agressivas e é frequente que matem os pintos. Apresentam cor variada[2].

Há galinhas domésticas que chegam a pôr duas vezes por dia. Há até algumas que morrem em pouco tempo por porem demasiado[3].

Portanto, as galinhas, como vínhamos dizendo, põem de um modo contínuo. O pombo-comum, o torcaz, a rola e

---

[1] Cf. *supra*, 544a33, Plínio, *História natural*, 10.74.
[2] Cf. *Geração dos animais*, 749b28-30, Ateneu, 285d.
[3] Cf. *Geração dos animais*, 750a27-29.

o pombo-ruivo põem dois ovos, mas os pombos-comuns chegam a pôr dez vezes por ano. A maior parte das aves reproduz-se na primavera, e as que são prolíficas o são de duas maneiras: umas porque se reproduzem com frequência – caso do pombo-comum –, outras porque põem muitos ovos – como a galinha. Todos os animais de garras curvas são menos férteis, exceção feita ao peneireiro[4], que é o animal de garras curvas que mais ovos põe. Já se observou que pode pôr quatro ovos ou mesmo mais.

559a Por outro lado, as aves põem geralmente em ninhos, mas as que não são boas voadoras, caso das perdizes e das codornizes, nunca recorrem a ninhos; põem então os ovos no chão e cobrem-nos com gravetos[5]. Procedem também desse modo a calhandra e o galo-bravo. Estes fazem seus ninhos ao abrigo do vento. Aquela ave, porém, a que os beócios chamam abelharuco[6] é a única que se enfia na terra e aí nidifica em buracos. Os tordos fazem os ninhos como as andorinhas[7], com lama, no alto das árvores, e dispõem-nos uns em seguida aos outros, de modo que essa sequência forma uma espécie de rosário de ninhos. A poupa é a única, dentre as aves que chocam seus próprios ovos[8], que não constrói um ninho[9]; enfia-se nos troncos das árvores e põe os ovos nessas cavidades, sem recolher nenhum material. A gralha[10] faz o ninho ora nas casas, ora nos rochedos. O galo-bravo, a que os atenienses chamam *urax*, não nidifica nem no chão nem nas árvores, mas em arbustos de pequeno porte.

---

[4] Cf. *Geração dos animais*, 750a7-10, Plínio, *História natural*, 10.73.

[5] Cf. 613b6 ss.

[6] Cf. 615b25, Plínio, *História natural*, 10.51.

[7] Esta informação é falsa, talvez devido a uma dificuldade na fixação do texto.

[8] Por contraposição às que deixam a outras essas tarefas.

[9] Esta informação é divergente da fornecida em 616a35, onde se diz que a poupa constrói o ninho com excrementos.

[10] Nos manuscritos figura *kókkyx*, "o cuco", que não faz ninho. Adotei a leitura *kirkos* proposta por Peck.

Descrição do ovo

2. O ovo de todas as aves é, sem exceção, de casca dura, se tiver sido fecundado e não estiver estragado (porque há galinhas que põem ovos que são moles[11]); além disso, os ovos das aves no seu interior são de duas cores, branco por fora e amarelo por dentro[12]. Mas há diferenças entre os das aves de rio ou dos pântanos e os das de terra firme: assim, os ovos das aves aquáticas apresentam uma quantidade enorme da componente amarela em proporção com a branca. Além disso, a cor exterior dos ovos varia conforme o tipo de ave: há as que têm os ovos brancos, como o pombo e a perdiz; outras, amarelados, como as aves dos pântanos; outras, pintalgados, como os das pintadas e dos faisões; os peneireiros têm-nos encarnados, cor de vermelhão.

O ovo em si é assimétrico: pontiagudo de um lado e mais achatado do outro. No momento da postura, sai primeiro a ponta achatada. Os ovos mais compridos e pontiagudos produzem fêmeas, os mais arredondados e com um círculo na extremidade pontiaguda produzem machos[13].

Por outro lado, os ovos eclodem por efeito da incubação dos progenitores, ainda que possam eclodir por si próprios, no chão, como acontece no Egito, se se enterrarem no estrume. Uma vez em Siracusa, um bêbado pôs no chão uns ovos, debaixo da cama, e conseguiu beber sem parar – é o que corre – até que os ovos eclodissem[14]. Já se viram também ovos que tinham sido colocados em vasilhas aquecidas atingirem a maturidade e eclodirem por si espontaneamente.

O sêmen das aves é branco, como aliás o de todos os outros animais. Na época do acasalamento, a fêmea retém-

---
[11] Ou seja, sem casca.
[12] Cf. *Geração dos animais*, 751a30 ss., Plínio, *História natural*, 10.74.
[13] Veja-se a versão contrária em Plínio, *História natural*, 10.74; Columela, 8.5.
[14] Cf. Antígono de Caristo, *Prodígios*, 104, Plínio, *História natural*, 10.75.

-no na região do diafragma[15]. A princípio parece um pontinho branco, que a seguir se torna rubro e parecido com a cor do sangue; logo cresce e passa a um amarelo-pálido e por fim a um amarelo-forte. Quando atinge o tamanho pleno, faz-se a diferenciação: a parte amarela fica dentro e a branca por fora, em volta. Quando se consuma o desenvolvimento, o ovo solta-se e sai no momento em que passa de mole a duro; a precisão é tal que à medida que sai ainda não é consistente e, cá fora, torna-se imediatamente compacto e rijo[16], a menos que a expulsão não se faça de modo normal. Já se verificou a existência de algo parecido com um ovo que tinha atingido certo grau de desenvolvimento (quando apresenta, todo ele, uma cor amarela uniforme, como o é mais tarde a gema) num galo aberto à altura do diafragma, no lugar onde as fêmeas têm os ovos; a substância era totalmente amarela, e de um tamanho correspondente a um ovo. Casos desses pertencem ao campo dos prodígios.

Os que afirmam que os ovos goros são resíduos de outros que resultaram de um acasalamento anterior não têm razão. De fato, já se tem visto exemplos sobejos de frangas e de gansas que põem ovos goros sem terem sido cobertas[17]. Os ovos goros[18] são menores, menos saborosos e mais líquidos do que os ovos fecundados, mas muito mais numerosos. Se se puserem a chocar debaixo da ave, o líquido não coagula, mantendo-se o branco e o amarelo sem alteração. Há muitas aves que produzem ovos goros, como a galinha, a perdiz, a pomba, a pavoa, a gansa e a tadorna[19]. A eclosão do ovo é mais rápida no verão do que no inverno. Assim, as galinhas fazem eclodir seus ovos em dezoito dias no verão, enquanto no inverno chegam a ser precisos vinte e cinco

---

[15] Cf. *Geração dos animais*, 739b6-8.
[16] Cf. *Geração dos animais*, 752a32-35.
[17] Cf. *Geração dos animais*, 751a9-13.
[18] Cf. *supra*, 539a31, *Geração dos animais*, 730a4, 741a17, 749b1, 750b3--751a24.
[19] Cf. Eliano, *História dos animais*, 5.30.

dias. Há também diferenças entre as próprias aves no que se refere à sua maior ou menor capacidade de chocar. Se, durante a incubação, houver trovoada, os ovos estragam-se. Os ovos aos quais e há quem chame *cinosuros*[20] ou ovos de vento formam-se sobretudo no tempo quente. Os ovos goros são por vezes chamados *do zéfiro*[21], porque na primavera é óbvio que as fêmeas das aves inalam os ventos quentes. E o mesmo se passa quando se apalpam com a mão de certa forma.

No entanto, os ovos goros tornam-se fecundos, e os que resultam de acasalamento anterior mudam de natureza se, antes da transformação do amarelo em branco, um macho cobre a fêmea que é portadora de ovos goros ou se os ovos são fecundados por outra ave; desse modo, os ovos goros tornam-se fecundos, e os ovos já fecundados anteriormente tornam-se conformes com a ave que os fecundou em último lugar. Em contrapartida, se a passagem ao branco já está em curso, não se opera nenhuma mudança: nem os ovos goros passam a fecundados, nem os fecundados se alteram de acordo com a raça do macho que acasala em último lugar. Se o acasalamento cessar enquanto os ovos estão em formação e são ainda pequenos, os que já estavam formados não crescem. Se, pelo contrário, o acasalamento prosseguir, o volume que apresentam aumenta rapidamente.

O amarelo e o branco do ovo têm uma natureza contrastante, não só na cor como também nas respectivas propriedades[22]. Assim, o amarelo endurece por efeito do frio, enquanto o branco não só não se apresenta mais compacto como até se torna mais líquido. Em contrapartida, por ação do fogo, o branco fica mais compacto, enquanto o amarelo não endurece, antes permanece mole, a menos que fique totalmente calcinado. Se for cozido, fica mais consistente e mais seco do que se for frito.

[20] Em tradução literal, "urina de cão".
[21] Cf. Plínio, *História natural*, 10.80.
[22] Cf. *Geração dos animais*, 753a34-b10.

Essas duas componentes do ovo estão separadas uma da outra por uma membrana. Os glóbulos que se situam nos extremos do amarelo não intervêm na gestação, como alguns supõem; são dois, um embaixo e outro em cima. Há ainda, no que se refere ao amarelo e ao branco do ovo, outro processo a considerar: quando se partem vários ovos e se põe numa vasilha uma série de gemas e de claras, se se procede a um cozimento lento e em fogo brando, o amarelo concentra-se todo no centro, e o branco, em volta[23].

Entre os galináceos, as frangas são as primeiras a pôr, logo no início da primavera, e põem em maior quantidade do que as galinhas mais velhas. Mas os ovos das mais novas são, em tamanho, menores[24].

Em geral, as aves que não chocam ovos enfraquecem e ficam doentes[25]. Após o acasalamento, as aves ficam com as penas todas eriçadas[26]; então sacodem-se e muitas vezes lançam em volta umas palhinhas (podem ter essa mesma atitude depois de porem o ovo), enquanto as pombas arrastam o rabo no chão e as gansas patinham na água.

A concepção de ovos fecundos e a formação de ovos goros é rápida na maior parte das aves, caso da perdiz que deseja acasalar[27]. Assim, se esta se encontrar exposta ao vento que vem do lado do macho, é fecundada e fica desde logo imprópria para servir de chamariz. De fato, o olfato da perdiz é considerado particularmente sensível.

O desenvolvimento do ovo após o acasalamento, bem como a formação do embrião depois da incubação do ovo, não têm a mesma duração em todas as aves, mas variam de acordo com o tamanho dos progenitores. O ovo da galinha

---

[23] Cf. *Geração dos animais*, 752a4-8.
[24] Cf. Plínio, *História natural*, 10.74.
[25] Cf. *Geração dos animais*, 753a15-17.
[26] Cf. Plínio, *História natural*, 10.(41) 57.
[27] Cf. *supra*, 541a26, *Geração dos animais*, 751a15, Eliano, *História dos animais*, 17.15, Antígono de Caristo, *Prodígios*, 81, Plínio, *História natural*, 10.51.

forma-se e atinge seu pleno desenvolvimento em geral nos dez dias subsequentes ao acasalamento; o da pomba, num pouco menos de tempo. As pombas podem, aliás, no momento em que o ovo está pronto para sair, retê-lo. De fato, se a fêmea se sentir, por qualquer razão, molestada, se se lhe rondar o ninho ou se se lhe arrancar uma pena, ou se por qualquer outro motivo se sentir incomodada ou importunada, sustém o ovo que se preparava para pôr.

Há ainda outras particularidades no que se refere ao acasalamento dos pombos. Bicam-se entre si, quando o macho se prepara para cobrir a fêmea; caso contrário, esta não se deixa cobrir. O pombo adulto começa por proceder dessa maneira numa primeira fase, mas depois acaba por cobrir a fêmea mesmo sem a ter bicado. Em contrapartida, os mais novos procedem sempre a esse ritual antes de acasalar[28]. Trata-se de um comportamento que lhes é peculiar. Dá-se também o caso de as fêmeas se porem umas em cima das outras na ausência do macho, depois de se bicarem como os machos fazem. E, sem haver naturalmente nenhuma emissão de sêmen de umas para as outras, os ovos que então põem são em maior número do que os que resultam de uma fecundação, mas deles não nasce nenhuma cria. São todos ovos goros.

561a

Desenvolvimento do ovo da galinha

3. A partir do ovo, a gestação produz-se, em todas as aves, da mesma maneira[29]; varia apenas o tempo necessário à incubação, como atrás se disse[30].

No referente às galinhas, é passados três dias e três noites que se registram os primeiros sinais de embrião. Nas

---

[28] Cf. *Geração dos animais*, 756b23, Ateneu, 394d, Plínio, *História natural*, 10.79.
[29] Cf. *Geração dos animais*, 752b15-754a20.
[30] Cf. *supra*, 560b18.

aves de maior porte é preciso mais tempo, nas menores, menos tempo. No fim desse período, produz-se a deslocação da gema para o lado pontiagudo, onde reside o princípio vital do ovo e por onde ele eclode; na clara surge uma espécie de ponto sanguinolento que é o coração[31]. Esse sinal palpita e mexe-se como ser vivo, e dele partem dois vasos cheios de sangue, enrolados em espiral, que se prolongam, à medida que o embrião cresce, até cada uma das películas que o envolvem. Há uma membrana de fibras sanguíneas que, desde então, envolve a clara, a partir dos vasos. Pouco tempo depois, o corpo começa a ganhar forma, primeiro, muito pequeno e esbranquiçado. É visível a cabeça e nela, bem salientes, os olhos[32]. E assim se mantêm por muito tempo, porque só mais tarde se tornam menores e desincham. A parte inferior do corpo primeiro não se distingue, sendo menos diferenciada que a superior. Dos vasos que se estendem a partir do coração, um conduz à membrana que envolve o embrião, e o outro, uma espécie de cordão umbilical, à gema. Logo, o princípio do pinto provém do branco, enquanto o alimento vem do amarelo, através do cordão umbilical[33].

Ao fim de dez dias, o pinto está totalmente reconhecível, assim como todas as partes que o constituem. Continua a ter a cabeça maior do que o resto do corpo, e os olhos mais volumosos do que a cabeça, mas sem ter capacidade de visão. Nessa fase, os olhos, proeminentes, são maiores do que favas, e negros. Se se lhes levantar a pele, encontra-se um líquido branco e frio, muito brilhante à luz, mas pouco consistente. É essa a configuração dos olhos e da cabeça do pinto.

Nessa fase o pinto já tem as vísceras perceptíveis, a zona do estômago e a massa dos intestinos; e os vasos sanguíneos que, do coração, se prolongam até o cordão umbilical já

---

[31] Cf. *Geração dos animais*, 740a3-5.
[32] Cf. *Geração dos animais*, 743b33-35.
[33] Cf. *Geração dos animais*, 753b10, Plínio, *História natural*, 10.74; há também a versão contrária: cf. Hipócrates, 7.536 L, *Geração dos animais*, 752b25.

existem. Do cordão umbilical saem dois vasos, um em direção à membrana que envolve a gema (esta, nessa fase, está mais líquida e é mais abundante do que habitualmente), o outro no sentido da membrana que envolve, por seu lado, a membrana que cerca o pinto, outra que contém a gema e o líquido que se encontra entre as duas. Porque, à medida que o pinto cresce, pouco a pouco uma parte do amarelo vai para cima e outra para baixo, com o líquido branco no meio; sob a parte inferior da gema fica a clara, como na posição primitiva. Ao fim de dez dias, a clara encontra-se na periferia do ovo, já então em quantidade reduzida, viscosa, espessa e amarelada. De fato, cada parte obedece à seguinte disposição: num primeiro nível mais superficial, de encontro à casca, está a membrana do ovo, não a da casca, mas a que lhe fica por baixo. Dentro existe um líquido branco; depois vem o pinto, e em volta dele uma membrana que o isola, de modo que não esteja mergulhado no líquido. Por baixo do pinto está a gema, onde vem ter um dos vasos sanguíneos, enquanto o outro conduz ao líquido branco que o cerca. O conjunto está envolto numa membrana com um líquido semelhante ao soro. Segue-se outra membrana, já atrás referida, que rodeia o embrião, isolando-o do líquido. Por baixo fica a gema, rodeada por outra membrana, onde se liga o cordão umbilical que vem do coração e da grande veia, de modo que o embrião não esteja mergulhado em nenhum dos líquidos.

Por volta dos vinte dias, se se partir a casca e se se lhe tocar, o pinto pia e mexe-se no interior; e já está coberto de penugem quando, passados vinte dias, a eclosão se produz. O pinto tem a cabeça sobre a coxa direita, encostada ao flanco, e a asa por cima da cabeça. Nessa fase distingue-se perfeitamente a membrana semelhante ao córion, em seguida à membrana próxima da casca, onde vinha ter o cordão umbilical (é exatamente aí que se encontra, já completamente formado, o pinto); como se percebe também a outra membrana em forma de córion, que envolve a gema, onde terminava o outro cordão umbilical. Ambos os cordões se ligam com o coração e com a grande veia. Nessa ocasião, o cordão que termina no córion exterior solta-se do animal depois de se ter partido; o que vai até a gema está ligado ao intestino delgado do pinto, sendo que, dentro do pinto, existe uma grande quantidade de gema e um depósito amarelo no estômago. Pela mesma época, o pinto expele um excremento para a zona do córion externo e que existe também no estômago. O excremento expelido para o córion exterior é branco, como branco é também o que o pinto tem no seu interior. Por fim a gema, que vai sempre diminuindo de volume, pouco a pouco vai desaparecendo por completo e é absorvida pelo pinto; de tal modo que, se dez dias depois da eclosão se proceder à dissecção do pinto, resta ainda um pouco de gema nas paredes do intestino, mas separada do cordão umbilical, sem que no intervalo se encontre sinal dela, tendo havido uma absorção completa.

Durante o período que referimos[34], o pinto ora está dormindo, ora acordado; nesse caso, abre e fecha os olhos e pipila.

O coração pulsa-lhe simultaneamente com o cordão umbilical, como na respiração. É esse, nas aves, o processo de gestação a partir do ovo.

As fêmeas põem também ovos estéreis, mesmo que resultantes de acasalamento, cuja incubação nada produz. Esse é um fenômeno que sobretudo se registra no caso dos pombos.

Os ovos duplos apresentam duas gemas; umas estão levemente separadas por um pouco de clara, que isola as gemas e as impede de se fundirem; noutros casos essa separação não existe e as gemas tocam-se. Há galinhas que só põem ovos duplos, e foi a respeito delas que se procedeu a uma observação das gemas. De fato, houve uma galinha que pôs dezoito ovos duplos[35] e conseguiu chocá-los todos, exceção feita aos goros. Os ovos férteis produzem dois pintos (sendo

---

[34] Ou seja, até vinte dias a partir do início da incubação.
[35] Cf. *Geração dos animais*, 753b10-754a15.

que um dos gêmeos é maior do que o outro), mas o menor 562b
produz por vezes um monstro.

Reprodução dos pombos

4. Todas as columbinas, como o pombo-torcaz e a rola, põem geralmente dois ovos, no máximo três. O pombo-comum põe, como antes afirmamos[36], em qualquer época do ano, enquanto o pombo-torcaz e a rola põem na primavera, duas posturas e não mais. A segunda ocorre quando os ovos da primeira se perdem, pois muitas aves destroem seus ovos. Ora, a postura pode ser, como acima dissemos[37], de três ovos. Mas em caso algum vingam mais do que dois filhotes e por vezes até apenas um; o ovo restante é sempre goro.

A maior parte das aves não se reproduz no primeiro ano de vida. Mas todas elas sem exceção, depois de começarem a pôr, nunca deixam de fazê-lo praticamente até o fim da vida; mas há casos em que os ovos são tão pequenos, que é difícil vê-los.

A pomba produz geralmente um macho e uma fêmea e, na maior parte das vezes, o macho é posto primeiro. Depois da postura, a fêmea deixa passar um dia e logo a seguir põe outro ovo. É o macho que choca os ovos durante o dia, e a fêmea, de noite. O primeiro ovo atinge a maturidade e eclode ao fim de vinte dias. Os progenitores furam o ovo no dia anterior à eclosão. São eles que, às vezes, aquecem os filhotes durante certo tempo, como também faziam para chocar os ovos. Mas, durante a fase em que criam os filhos, a fêmea é mais agressiva do que o macho, como de resto acontece também com os outros animais depois do nascimento dos filhos. A pomba põe em torno de dez vezes por ano, ou mesmo onze vezes, e as que se criam no Egito até doze. O pombo acasala no primeiro ano de vida, porque o acasalamento se processa a partir dos seis meses.

---

[36] Cf. *supra*, 544b7, 558b11-13.
[37] Cf. *supra*, 562b4.

Há quem diga que os pombos-torcazes e as rolas acasalam e têm filhos desde os três meses, valendo-se como prova da abundância da sua prole. A fêmea gera os ovos durante catorze dias e choca-os durante outros tantos. Ao fim de um terceiro período de catorze dias, os filhotes começam a voar de tal maneira que não é fácil apanhá-los. O pombo-torcaz, segundo se diz, pode chegar aos quarenta anos de vida[38]; as perdizes, acima de dezesseis anos. A pomba, depois de ter uma ninhada, recomeça a pôr ao fim de trinta dias.

Reprodução do abutre

5. O abutre nidifica nos rochedos inacessíveis[39]. Por isso é raro ver-se um ninho ou a ninhada de um abutre. Daí advém também que Herodoro[40], o pai do sofista Bríson[41], diga que os abutres provêm de um continente que nos é desconhecido; como prova da sua afirmação, acrescenta que nunca ninguém viu o ninho de um abutre e que, apesar disso, de repente se veem bandos de abutres seguindo os exércitos[42]. Realmente os ninhos são difíceis de ver, mas houve já quem os tivesse visto. São dois os ovos que os abutres põem.

De toda maneira, em relação às aves carnívoras, nunca se viu nenhuma que pusesse mais do que uma vez por ano. Dentre esse grupo só a andorinha se reproduz duas vezes por ano. Se se furarem os olhos das crias da andorinha quando ainda são pequenas, eles cicatrizam e voltam a ver mais tarde[43].

---

[38] Cf. 613a17-19, Plínio, *História natural*, 10.52.

[39] Cf. Ésquilo, *Suplicantes*, 795-796; Antígono de Caristo, *Prodígios*, 42, Plínio, *História natural*, 10.7.

[40] Mitógrafo (c. 400 a.C.), contemporâneo de Hecateu, natural de Heracleia do Ponto; cf. *FGrH*, 1.31, *Geração dos animais*, 757a4-6.

[41] Cf. 615a9, *Retórica*, 1405b9. Talvez se trate de um discípulo de Sócrates, conhecido pela sua doutrina sobre os números.

[42] Cf. 615a9-12, Eliano, *História dos animais*, 2.46.

[43] Cf. *supra*, 508b5, 544a26, *Geração dos animais*, 774b31, Antígono de Caristo, *Prodígios*, 77, 89, Eliano, *História dos animais*, 2.3.

A águia e as aves de rapina

6. A águia põe três ovos, mas choca apenas dois, segundo se diz em versos atribuídos a Museu[44]: "Põe três ovos, choca dois e cuida de um." E de fato é o que se passa na maior parte dos casos, embora já se tenham visto ninhadas de três filhotes. Quando estes atingem certo desenvolvimento, a mãe expulsa uma das crias, por ter dificuldade em as alimentar. É costume também dizer-se que, durante esse período, a mãe não come, para não ter de caçar os filhotes dos outros animais selvagens. Em consequência fica com as garras deformadas durante uns dias, e as penas embranquecem-lhe, de modo que ela se torna agressiva até para as próprias crias. O filhote que é expulso do ninho é acolhido e criado pelo xofrango. A águia choca os ovos durante cerca de trinta dias[45]. Aliás, o tempo de incubação é o mesmo em todas as outras aves de grande porte, como o ganso e a abetarda. Nas de tamanho médio é de cerca de vinte dias, caso do milhafre e do falcão. O milhafre põe, na maior parte das vezes, dois ovos, mas pode também acontecer de chocar três crias. O chamado mocho-galego chega a chocar mesmo quatro. A postura do corvo não fica, como afirmam alguns, pelos dois ovos, pois pode ir além disso. O corvo choca os ovos durante cerca de vinte dias e então expulsa os filhotes do ninho[46]. Há outras aves que procedem do mesmo modo. Porque é frequente que as que põem vários ovos expulsem um dos filhotes.

Nem todas as águias têm comportamento semelhante com os filhotes. A águia-rabalva é agressiva, enquanto as águias-negras são progenitoras dedicadas em matéria de alimentação. Mas, por assim dizer, todas as aves de garras curvas, mal os filhotes são capazes de voar, batem-lhes e expul-

---

[44] Poeta lendário, que a tradição situa em princípios do século VI a. C., a quem são sobretudo atribuídos oráculos. Cf. Aristófanes, *As rãs*, 1033.
[45] Cf. 619b23-26.
[46] Cf. 618b9-17.

sam-nos do ninho. Entre as restantes, como acima afirmamos[47], quase todas fazem o mesmo: desde que os filhos estejam criados, deixam de se ocupar deles daí por diante, exceção feita à gralha. Esta ainda se ocupa deles durante algum tempo. De fato, mesmo quando já voam, continua a alimentá-los e a acompanhá-los no voo[48].

O cuco

7. O cuco provém, segundo a opinião de alguns[49], de uma metamorfose do falcão, dado que este desaparece no preciso momento em que o cuco faz sua aparição. De fato, mesmo as outras espécies de falcão deixam praticamente de se ver mal o cuco se faz ouvir, salvo durante alguns dias. O cuco é visível durante um período curto do verão; no inverno desaparece. Aliás, o falcão tem garras curvas, o que não acontece com o cuco; por outro lado, a cabeça do cuco é também diferente da do falcão; essas duas partes tem-nas mais parecidas com o pombo. É só pela cor que se assemelha ao falcão, embora as manchas desse último formem uma espécie de riscas, e as do cuco, pontos. No entanto, o tamanho e o voo do cuco aproximam-no do tipo menor de falcão[50], ave que em geral está invisível durante o tempo em que o cuco aparece, ainda que já se tivessem visto os dois simultaneamente. Já se viu até um cuco ser devorado por um falcão, o que não costuma suceder entre animais da mesma espécie. Afirma-se também que nunca ninguém viu as crias do cuco. O que acontece é que ele põe ovos sem ter feito ninho; algumas vezes põe em ninhos de aves menores, depois de lhes ter devorado os ovos, e sobretudo nos ninhos dos pombos-bravos, a quem também devora primeiro os

---

[47] Cf. *supra*, 563b3.
[48] Cf. Plínio, *História natural*, 10.15.
[49] E. g. Esopo, *Fábulas*, 198, Plínio, *História natural*, 10.41.
[50] O gavião. Cf. 620a18.

ovos[51]. Raramente põe dois ovos; na maior parte dos casos 564a põe só um[52]. Ocasionalmente põe também no ninho da felosa, ave que choca os ovos e alimenta os filhotes. É nessa época que o cuco é mais gordo e mais saboroso. Como de resto também as crias do falcão se tornam muito saborosas e gordas. Há uma espécie que nidifica longe, nos rochedos escarpados.

A incubação

8. Na maior parte das aves, como afirmamos a respeito dos pombos[53], machos e fêmeas dividem a tarefa da incubação dos ovos, e em alguns casos cabe ao macho fazê-lo durante o tempo necessário para a fêmea deixar o ninho em busca de alimento. No caso dos gansos, só as fêmeas chocam os ovos, e nunca os abandonam a partir do momento em que dão início à incubação. As aves aquáticas nidificam sempre em lugares pantanosos e cobertos de erva. É por isso que, sem interromperem a incubação, podem arranjar alimento, nunca ficando sem comer.

Também no caso das gralhas, as fêmeas são as únicas a chocar os ovos, e mantêm-se sobre eles todo o tempo. São os machos que se ocupam de lhes arranjar comida e de alimentá-las. A fêmea do pombo-bravo começa a chocar os ovos à tardinha e mantém-se sobre eles durante toda a noite até a hora da refeição matinal; o macho substitui-a no resto do tempo. As perdizes preparam, para seus ovos, dois compartimentos, e a fêmea choca-os de um lado e o macho do outro. Depois da eclosão dos filhotes, cada um trata da sua ninhada. O macho, quando as crias saem do ninho pela primeira vez, acasala com elas[54].

----

[51] Cf. 618a8, *Geração dos animais*, 750a15, Antígono de Caristo, *Prodígios*, 108.

[52] Cf. *Geração dos animais*, 750a11-12.

[53] Cf. *supra*, 562b17-18.

[54] Cf. Antígono de Caristo, *Prodígios*, 110.

O pavão

9. O pavão vive cerca de vinte e cinco anos e é sobretudo por volta dos três que ele se reproduz, pela mesma ocasião em que a sua plumagem ganha tons matizados. A incubação dura trinta dias ou um pouco mais. A fêmea põe ovos uma única vez por ano, num total de doze ovos ou pouco menos. Vai pondo com intervalos de dois ou três dias e não todos de uma vez. A primeira ninhada compõe-se de uns oito ovos. Os pavões põem também ovos goros. Acasalam na primavera, e a postura acontece logo após o acasalamento. Perdem a plumagem ao mesmo tempo que as árvores perdem as folhas e recuperam-na com os primeiros rebentos[55]. Os criadores fazem chocar ovos de pavão pelas galinhas[56], porque o pavão macho parte-os quando voa sobre a fêmea durante a incubação. É pela mesma razão que, no caso de certas aves selvagens, as fêmeas fogem dos machos quando põem ovos e os estão chocando[57]. Mas não se dão para a galinha chocar mais do que dois ovos, no máximo, porque é esse o número que ela consegue chocar e fazer eclodir. Deve-se zelar para que não deixe o ninho e não abandone os ovos, fornecendo-lhe comida.

Na época do acasalamento, os testículos das aves crescem visivelmente[58]; nas que são mais fogosas e estão sempre dispostas à cópula, esse crescimento é mais perceptível, caso dos galos e das perdizes; nas que não acasalam de forma contínua, é menor.

Reprodução dos peixes

10. Eis como se processa a gestação e o nascimento das aves. Quanto aos peixes, como antes afirmamos[59], nem to-

---

[55] Cf. Plínio, *História natural*, 10.22.
[56] Cf. Varrão, *Sobre a agricultura*, 3.6, Columela, *Sobre a agricultura*, 8.11.
[57] Caso da perdiz. Cf. Eliano, *História dos animais*, 3.16.
[58] Cf. *supra*, 510a3-7, *Geração dos animais*, 717b8.
[59] Cf. *supra*, 489a34-b6, 511a3-5.

dos são ovíparos. Assim, os selácios são vivíparos, e todas as outras espécies, ovíparas. São animais que parem crias, depois de antes terem sido ovíparos no interior do corpo[60]. O desenvolvimento das crias faz-se todo internamente, exceção feita ao tamboril[61]. Têm também, como acima dissemos[62], um útero que difere conforme as espécies. Assim os ovíparos têm o útero bifurcado e situado embaixo; o dos selácios é semelhante ao das aves[63]. Há, no entanto, diferenças: é que, em certos selácios, os ovos não aderem à região do diafragma, mas estão no intervalo, ao longo da espinha, e quando aumentam de volume mudam de lugar[64].

Desenvolvimento do ovo

O ovo, seja em que peixe for, não é de duas cores, mas de uma apenas, mais para o branco do que para o amarelo, seja antes ou quando a cria se forma no interior. A gênese não é a mesma a partir do ovo dos peixes e do das aves, porque aquele não possui o segundo cordão umbilical que se dirige a uma membrana situada por dentro da casca. Dos dois canais, os peixes só possuem aquele que, nas aves, se liga com a gema[65]. Para além desse pormenor, a gênese é inteiramente a mesma no ovo das aves e no dos peixes. Assim, a cria forma-se na extremidade do ovo, e os vasos sanguíneos partem igualmente do coração num caso e no outro. A cabeça, os olhos e as partes superiores são, a princípio,

565a

---

[60] Cf. *Geração dos animais*, 754a23, Plínio, *História natural*, 9.(24) 40, Eliano, *História dos animais*, 13.5.

[61] O tamboril não é um selácio, mas sim um osteíctes (peixes de esqueleto ossificado).

[62] Cf. *supra*, 511a3-14.

[63] Cf. *supra*, 511a7, *Geração dos animais*, 718b2.

[64] Cf. *infra*, 565a15.

[65] Cf. *Geração dos animais*, 755a1-5.

as mais volumosas. Também nos dois casos, à medida que o crescimento se processa, o ovo vai-se tornando menor, até ser absorvido e desaparecer dentro do embrião, como acontece com o que, nas aves, se chama gema. É igualmente comum que o cordão umbilical esteja ligado um pouco abaixo do ventre. Enquanto os embriões são pequenos, o cordão umbilical é longo; quando eles crescem, vai reduzindo de tamanho e por fim torna-se curto, até acabar por ser absorvido, como se disse a propósito das aves[66]. O embrião e o ovo estão envolvidos por uma membrana comum. Por baixo desta encontra-se outra membrana, exclusiva do embrião; entre as duas membranas existe um líquido. A comida que se encontra no estômago dos peixinhos pequenos é semelhante à que se encontra no estômago das aves novas; a primeira é branca, e a segunda, amarela[67].

Os selácios

Quanto à forma do útero, veja-se *Quadros anatômicos*. Nesse aspecto, os peixes diferem entre si, caso dos esqualos dentro do seu próprio grupo e em relação aos peixes chatos. Em alguns, como se disse atrás[68], os ovos estão ligados ao meio do útero, em volta da coluna vertebral, como no caso do cação. Com o crescimento, mudam de lugar. Dado que o útero é bifurcado e adere ao diafragma, como nos outros peixes, os ovos instalam-se em cada uma das duas partes. O útero desses animais, como o dos outros esqualos, apresenta, um pouco abaixo do diafragma, uma espécie de "tetas" brancas, que não existem quando não há embriões no útero. O cação e a raia têm uma espécie de casca, onde se encontra um líquido semelhante ao do ovo. A forma dessa casca faz lembrar a lingueta das flautas, com filamentos ca-

---

[66] Cf. *supra*, 562a5 ss.
[67] Cf. *supra*, 562a8-12.
[68] Cf. *supra*, 564b23.

pilares aderentes à casca. No cação, ao qual há quem chame esqualo-sarapintado, as crias nascem quando a casca racha e cai. No caso da raia, depois da postura, a casca abre-se e o filhote nasce. O esqualo-espinhoso, por sua vez, tem os ovos pegados ao diafragma, por cima das "tetas"; quando o ovo desce e se solta, a cria sai. O mesmo processo de geração se aplica ao tubarão-raposo.

565b

Os esqualos designados por lisos têm os ovos no meio do útero, tal como o cação; depois de entrarem em ambos os braços do útero, os ovos descem, e as crias nascem com o cordão umbilical ligado ao útero, de tal modo que, quando os ovos desaparecem, o embrião parece apresentar características idênticas ao dos quadrúpedes. O cordão umbilical, que é longo, adere à parte inferior do útero (cada um dos cordões umbilicais está suspenso por uma espécie de cotilédone[69] e ligado ao embrião pelo meio do corpo, na zona do fígado). O alimento que se encontra ao abrir o embrião, mesmo que o ovo já não exista, é a substância do ovo. Um córion e membranas próprias envolvem cada embrião, como nos quadrúpedes. Os embriões, enquanto muito pequenos, têm a cabeça para cima, mas quando se desenvolvem e terminam a fase de crescimento, têm-na para baixo. Os machos formam-se na parte esquerda do útero, as fêmeas, na direita, ou machos e fêmeas juntos do mesmo lado[70]. Quando se abrem os embriões, verifica-se que as vísceras que eles apresentam são grandes – caso do fígado – e cheias de sangue[71], como ocorre também nos quadrúpedes.

Todos os selácios apresentam numa mesma altura, em cima junto ao diafragma, ovos maiores ou menores em grande quantidade; e, embaixo, embriões já formados. Daí que há muito quem pense que os peixes desse tipo geram e

---

[69] Cf. *Geração dos animais*, 745b30-746a8.

[70] Ou seja, nunca há machos apenas do lado direito e fêmeas do esquerdo, como Anaxágoras pensava (cf. *Geração dos animais*, 763b33-34, 765a5 ss.).

[71] Cf. *Geração dos animais*, 741b25-26.

concebem todos os meses, dado que as crias não nascem todas ao mesmo tempo, mas por fases repetidas e durante um longo período. Os embriões, reunidos na parte baixa do útero, desenvolvem-se e atingem a maturidade todos ao mesmo tempo.

Assim pois os outros esqualos parem as crias e voltam a colhê-las no seu interior[72], como acontece com o anjo-do-mar e a tremelga (já se observou uma tremelga de grandes dimensões que trazia dentro do corpo cerca de oitenta embriões); pelo contrário, o esqualo-espinhoso é o único que não recolhe as crias, por causa dos próprios espinhos. Dentre as espécies chatas, a uge e a raia não acolhem as crias devido às asperezas da cauda. O mesmo se passa com o tamboril, que não acolhe as crias, por causa do tamanho da cabeça e dos espinhos delas. De resto, é o único desses peixes que não é vivíparo, como atrás se disse[73]. São essas portanto as diferenças entre os animais desse tipo e esse o seu processo de reprodução a partir dos ovos.

Outras particularidades dos selácios

11. Os machos, na época do acasalamento, têm os canais de tal modo cheios de sêmen que, se se espremerem, derrama-se uma espécie de líquido esbranquiçado. Esses canais são bifurcados e têm sua origem no diafragma e na grande veia.

É nessa ocasião precisamente que os canais espermáticos dos machos são fáceis de distinguir do útero das fêmeas; mas, fora dessa época, torna-se difícil reconhecê-los se não se tiver experiência. Em alguns deles e em certas circunstâncias, os canais são totalmente imperceptíveis, como se disse também a propósito dos testículos das aves[74]. Os ca-

---

[72] Cf. *Geração dos animais*, 754a29, Eliano, *História dos animais*, 1.16.
[73] Cf. *supra*, 564b18.
[74] Cf. *supra*, 510a1 ss., 564b10.

nais espermáticos e os ovidutos apresentam, entre outras diferenças, esta: é que os primeiros aderem à parede do ventre, enquanto os das fêmeas são móveis e apenas presos por uma membrana fina. Pode-se observar a disposição dos canais dos machos em *Quadros anatômicos*. Os selácios estão sujeitos à superfetação[75] e seu tempo de gestação dura, no máximo, seis meses. O que se reproduz com mais frequência é o chamado estrelado, porque o faz duas vezes por mês. A época de acasalamento desse tipo de animais começa no mês do Memactérion[76]. Os outros esqualos reproduzem-se duas vezes por ano, exceção feita ao cação, que o faz somente uma vez por ano. Na maior parte dos casos, os esqualos reproduzem-se na primavera, mas o anjo-do-mar tem seu segundo parto no outono, por altura do ocaso invernal das Plêiades[77], e o primeiro, na primavera. A segunda ninhada é de resto a mais forte. As tremelgas reproduzem-se no final do outono[78]. Os selácios parem as crias junto à costa; deixam o mar alto e os fundos marinhos à procura de calor, e por recearem pelas crias.

Nos peixes, de forma geral, nunca se observa um acasalamento entre diferentes espécies; o anjo-do-mar e a raia parecem ser os únicos que procedem de forma diversa. De fato, existe um peixe, chamado anjo-raia[79], porque tem a cabeça e as partes anteriores de uma raia e as posteriores de um anjo-do-mar, como se resultasse da união das duas espécies[80]. Enfim, os esqualos e outros peixes do mesmo tipo, como o tubarão-raposo ou o cação-liso, ou ainda os peixes chatos, a tremelga, a raia, a raia-pontuada e a uge, são, como antes afirmamos, externamente vivíparos.

....

[75] Cf. 585a5 ss., *Geração dos animais*, 733a32-734b4.
[76] De meados de outubro a meados de novembro.
[77] Entre novembro e dezembro.
[78] Cf. Plínio, *História natural*, 9.74.
[79] Cf. *Geração dos animais*, 746b6.
[80] Deve referir-se à viola, ou peixe-guitarra, *Rhinobatos rhinobatos*, que vive no Mediterrâneo.

Reprodução dos cetáceos

12. O golfinho, a baleia e os outros cetáceos não possuem guelras mas um espiráculo e são vivíparos[81], assim como o espadarte e a jamanta. É evidente que nenhum deles produz ovos, antes produzem diretamente um embrião que, após um processo de diferenciação, se converte num feto, como acontece com o ser humano e com os quadrúpedes vivíparos. O golfinho, na maior parte das vezes, só gera uma cria, e, em alguns casos, duas. A baleia ou tem, no máximo, duas – o que é a situação mais comum – ou uma apenas. Com o boto passa-se o mesmo que com o golfinho, já que se assemelha a um golfinho pequeno e vive no Ponto[82]. Mas há diferenças entre o boto e o golfinho. Aquele é menor em tamanho, tem o costado mais largo e é de um tom azul-escuro. Há muito quem considere o boto uma variedade de golfinho.

Todos os animais com espiráculo expiram e inspiram o ar, porque têm pulmão. Vê-se que o golfinho, quando está dormindo, conserva o focinho fora da água e ressona enquanto dorme. Por outro lado, o golfinho e o boto produzem leite e amamentam as crias, que recolhem dentro do próprio corpo enquanto são pequenas. O período de crescimento das crias do golfinho é rápido; em dez anos atingem seu tamanho máximo. A gestação dura dez meses. O golfinho pare seus filhotes no verão, e não em qualquer outra época do ano. Acontece até que os golfinhos desaparecem, no tempo da canícula, durante cerca de trinta dias. As crias seguem a mãe durante muito tempo, e esta lhes demonstra grande dedicação[83]. Vive durante largos anos; pode-se citar casos de alguns que viveram vinte e cinco anos, ou de outros que atingiram os trinta.

É que os pescadores soltam alguns depois de lhes terem cortado a cauda, a fim de lhes conhecerem a idade.

---

[81] Cf. Plínio, *História natural*, 9.15.
[82] Cf. 598b1-2.
[83] Cf. Eliano, *História dos animais*, 1.18, 10.8.

A foca

A foca é daquele tipo de animais que pertencem a dois gêneros. Não absorve a água, antes respira, dorme e pare as crias em terra firme[84], junto à costa, como se fosse um animal terrestre. Em contrapartida, passa a maior parte do tempo no mar, onde vai buscar o alimento; por isso deve ser incluída nos seres aquáticos. É, em todo o caso, um animal internamente vivíparo, que pare crias e expulsa o córion e tudo o mais, como uma ovelha. Pode parir uma ou duas crias, ou, no máximo, três. Tem duas tetas, onde as crias mamam, como acontece com os quadrúpedes. Tem as crias, como o ser humano, em qualquer época do ano, mas com maior incidência no tempo em que nascem os primeiros cabritos. Quando as crias atingem cerca de doze dias, ela leva-as para o mar várias vezes por dia, para as ir habituando aos poucos[85]. Deixam-se escorregar pelas superfícies inclinadas, mas não caminham, porque não conseguem apoiar-se nos pés. A foca encolhe-se e comprime-se sobre si própria, porque é carnuda e flácida, sendo que seus ossos são cartilaginosos. É difícil matar uma foca à pancada, a menos que se lhe bata na testa, porque o corpo é uma massa de carne. Tem uma voz semelhante à do boi. A fêmea apresenta órgãos genitais semelhantes aos da cabra; em tudo o mais é parecida com a mulher.

É esse o processo por que os animais aquáticos se reproduzem e geram crias, quer sejam interna ou externamente vivíparos.

Os peixes ovíparos

13. Os peixes ovíparos têm o útero bifurcado e situado embaixo, como se disse antes[86] (são ovíparos todos os pei-

---

[84] Cf. Plínio, *História natural*, 9.15, Eliano, *História dos animais*, 9.50.
[85] Cf. Eliano, *História dos animais*, 9.9.
[86] Cf. *supra*, 510b20, 564b19.

xes com escamas, como o peixe-lobo, a tainha, o barbudo, o *ételis*, bem como todos os chamados peixes-brancos e ainda os peixes-lisos, menos a enguia), e o ovo que produzem é granuloso. Essa aparência resulta do fato de o útero estar repleto de ovos, de tal modo que nos peixes pequenos parece haver apenas dois ovos[87]. Realmente, por ser pequeno e fino, o útero desses animais não se distingue.

Quanto ao acasalamento dos peixes numa perspectiva geral, já atrás nos referimos[88]. Na grande maioria dos peixes há machos e fêmeas, mas no caso do ruivo e do serrano há dúvidas; a verdade é que todos eles, quando capturados, apresentam ovas. Assim, os ovos formam-se por copulação em todos os animais que acasalam; mas pode haver ovos sem cópula. Essa característica é perceptível em certos peixes de rio. Mal nascem, ou pelo menos quando ainda muito pequenos, os foxinos já têm ovas.

Os peixes dispersam os ovos que, ao que se costuma dizer[89], são na maior parte devorados pelos machos; outros se perdem na água. Só os que foram postos em lugares protegidos sobrevivem, porque, se todos sobrevivessem, o número de peixes de cada espécie seria enorme. Além disso, dos ovos que se salvam a maioria não é fecunda, apenas o são aqueles que o macho cobriu de sêmen. Porque quando a fêmea os põe, o macho, que a segue, salpica os ovos de sêmen[90], e todos os que forem atingidos produzem peixinhos pequenos; os restantes ficam entregues à sua sorte. Outro tanto se passa com os cefalópodes; assim, o macho dos chocos, quando a fêmea acabou de pôr, rega os ovos. É de crer que o processo, com os outros cefalópodes, seja semelhante, mas, até agora, o fenômeno só foi observado nos chocos.

Os peixes desovam perto de terra; o góbio o faz junto aos rochedos; de resto, sua desova é uma massa larga e gra-

---

[87] Cf. *supra*, 510b25, *Geração dos animais*, 718b11.
[88] Cf. *supra*, 540b6-541a34.
[89] Cf. Heródoto, 2.93, *Geração dos animais*, 756a6 ss.
[90] Cf. *Geração dos animais*, 756a27.

nulosa. O mesmo se passa com os outros peixes, já que a vizinhança de terra é mais quente, mais abundante em alimento e aí as crias estão protegidas da voracidade dos peixes maiores. Essa é a razão por que, no Ponto[91], é na foz do Termodonte que a maior parte dos peixes põe os ovos; trata-se de um lugar protegido do vento, quente e de água-doce. Os outros peixes ovíparos põem uma vez por ano, exceção feita à abrótea, que é um peixe de pequenas dimensões. Esta desova duas vezes[92]; o macho da abrótea difere da fêmea por ser mais escuro e ter escamas maiores. De resto os peixes, de forma geral, acasalam e põem ovos. Aquele a que chamam agulha, quando chega o momento da eclosão, abre uma fenda e é por ela que os ovos saem[93]. Esse peixe possui de fato uma espécie de abertura sob o ventre, como os licranços[94]. Depois da postura, os bordos da fenda voltam a unir-se.

Os ovos dos peixes

A gestação do ovo é idêntica nos peixes que são internamente ovíparos, como nos que o são externamente. Ou seja, o embrião forma-se no cimo do ovo e está envolvido por uma membrana. O que primeiro se distingue são os olhos, que são grandes e redondos[95]. Daí se torna evidente que, ao contrário do que alguns afirmam, os peixes não se formam do mesmo modo que os animais que provêm das larvas. Assim, entre esses últimos o processo segue a ordem contrária: as partes inferiores são maiores e formam-se primeiro, os olhos e a cabeça, a seguir. Quando o ovo é consu-

[91] Cf. *supra*, 543b3, *infra*, 571a15, 21, 597a14-15, 598a27, 30.
[92] Cf. 591b13, Ateneu, 319e. De acordo com o próprio nome, deverá ser um peixe que se alimenta de algas *(phykos)*.
[93] Cf. *infra*, 571a3, *Geração dos animais*, 755a32-35, Plínio, *História natural*, 9.76, Eliano, *História dos animais*, 9.60, 15.16.
[94] Cf. Eliano, *História dos animais*, 8.13.
[95] Cf. *infra*, 568b4-6, *Geração dos animais*, 742b14-15.

mido, o embrião transforma-se numa espécie de girino; primeiro não consome alimento algum; é o líquido que o ovo continha que lhe assegura o crescimento; mais tarde, até atingir o pleno desenvolvimento, alimenta-se da água do rio.

Na época em que se faz a limpeza do Ponto[96], há uma substância, a que se chama bodelha, que é arrastada ao longo do Helesponto; tem uma cor amarelada. Dizem alguns que se trata da flor da alga, de onde se extrai o vermelhão. É no início do verão que ela aparece e serve de alimento às conchas e aos peixinhos pequenos que vivem nessas paragens. Dizem alguns marinheiros que é dela que o búzio retira sua flor[97].

Os peixes de água-doce

14. Os peixes de lago e de rio produzem ovos em geral a partir dos cinco meses de idade, e todos sem exceção se reproduzem durante o primeiro ano de vida. Como acontece também com os marinhos, estes nunca expelem de uma só vez, ou os ovos no que diz respeito às fêmeas, ou o esperma no caso dos machos; antes todos eles preservam sempre, em maior ou menor quantidade, ovos ou esperma. A reprodução ocorre numa época fixa: a carpa, cinco ou seis vezes por ano (esta põe os ovos sobretudo por ocasião do nascimento das constelações[98]), a *cálcis,* três, e todos os outros, apenas uma vez. Depositam os ovos nas águas paradas dos rios ou dos pântanos, entre os canaviais; assim acontece com o foxino e a perca. Os siluros e as percas põem ovos em fitas contínuas, como os das rãs. Essa massa é um compacto de tal modo emaranhado que os pescadores, nos pântanos,

---

[96] É a tempestade o melhor agente dessa limpeza; cf. Plutarco, *Moralia,* 456c.

[97] Cf. *supra,* 546b18-547a33.

[98] Ou seja, as Plêiades, Arcturo e Canícula. Cf. *supra,* 543a15, 566a21, 600a3.

têm de desenredá-la das canas; é o que se passa com a da perca, que é uma fita muito larga. Os siluros de maiores proporções desovam nas águas profundas, alguns à profundidade de uma braça; os menores, por seu lado, fazem-no nos baixios, sobretudo junto às raízes de um salgueiro ou de qualquer outra árvore, ou perto de um caniçal ou no musgo. Acasalam por vezes uns com os outros, mesmo um muito grande com um pequeno. Aproximam um do outro aqueles canais aos quais há quem chame umbilicais, que emitem uma substância seminal, e deles expelem, uma, os ovos, o outro, o esperma. Todos os ovos que entram em contato com o esperma se tornam desde logo, por assim dizer, no período de um dia, mais claros e maiores. Mais tarde, mas pouco tempo depois, os olhos do peixe tornam-se visíveis. São esses os órgãos que, nos peixes, como aliás em todos os outros animais, desde logo se distinguem melhor e que parecem maiores. Quanto aos ovos que não tenham tido contato com o esperma, passa-se o mesmo que com os peixes de mar: são inúteis e infecundos. Dos ovos férteis, quando os peixinhos crescem, separa-se uma espécie de cápsula; trata-se da membrana que envolve o ovo e o peixinho. Quando o esperma entra em contato com o ovo, produz-se uma massa muito pegajosa, que adere às raízes ou aos lugares onde ocorreu a postura. Nos locais onde a desova tenha sido muito abundante, é o macho que fica de guarda aos ovos, enquanto a fêmea se afasta depois de os ter posto[99]. Os ovos que mais tempo demoram para se desenvolver são os do siluro; por isso o macho fica de guarda durante quarenta ou cinquenta dias, para evitar que os peixinhos pequenos que por ali passem lhe devorem as crias[100]. Depois do siluro, vem, em segundo lugar, pela forma lenta como o seu desenvolvimento se consuma, a carpa. No entanto, mesmo nesses casos, as crias que se salvam estão rapidamente em condições de fugir. Em algumas espécies minúsculas, os peixi-

568b

---

[99] Cf. Eliano, *História dos animais*, 12.14.
[100] Cf. 621a20-26.

nhos novos estão formados ao fim de três dias. Os ovos que tiverem tido contato com o esperma ganham logo volume, inclusive no próprio dia, e continuam a crescer depois. O do siluro atinge o tamanho de um grão de alfarroba, os das carpas e de peixes do gênero, o de um grão de milho.

É esse o processo de reprodução e de desova desses peixes. A *cálcis* produz, em águas profundas, uma massa de alevinos que permanecem agrupados, e o peixe a que se dá o nome de *tílon* desova em locais ao abrigo do vento. O próprio peixe é de tipo gregário. A carpa, a brema e, por assim dizer, todos os outros peixes retiram-se para águas pouco profundas para desovar, e com frequência uma única fêmea é seguida por treze ou catorze machos. À medida que a fêmea vai pondo os ovos e avançando, eles seguem-na e expelem o sêmen. A maior parte dos ovos perde-se. É que, como a fêmea os põe e vai nadando em frente, os ovos que forem apanhados pela corrente e não caírem junto a uma planta dispersam-se. Porque, exceção feita ao siluro, nenhum dos outros peixes vigia os ovos, salvo a carpa, se encontrar a massa dos seus próprios ovos. Nesse caso, segundo se diz, vigia-os. Todos os machos têm esperma, menos a enguia; esta não tem nem ovos nem sêmen. No entanto, enquanto as tainhas sobem do mar até os pântanos e os rios, as enguias, pelo contrário, descem desses até o mar.

Geração espontânea de alguns peixes

15. A maior parte dos peixes, portanto, como dissemos, nasce de ovos. Alguns, porém, nascem do lodo e da areia, mesmo naquelas espécies que se reproduzem geralmente por acasalamento e põem ovos; é esse o caso, entre outros, dos que nascem em pântanos, como os que há, ao que consta, na região de Cnidos. Esse pântano secava, por efeito do calor, e o lodo era completamente limpo. A água começava a

acumular-se com as primeiras chuvas e com ela se formavam novos peixinhos. Trata-se de uma espécie de mugem, que não se reproduz por acasalamento, de um tamanho semelhante a um trombeiro. Nenhum desses peixes, além do mais, produz ovos ou esperma. Existem também nos rios da Ásia, que desembocam no mar, outros peixinhos minúsculos, do tamanho dos das fritadas, que se formam do mesmo modo dos anteriores. Há mesmo quem afirme que todos os mugens nascem do mesmo modo, o que é um erro. Porque é manifesto que as fêmeas desse animal têm ovos, e os machos, esperma. Há todavia uma variedade de mugem que apresenta essa particularidade, a de nascer do lodo e da areia. Logo daqui se conclui que alguns peixes nascem de geração espontânea, sem que haja ovos ou acasalamento. Mas, em todas as espécies que não são nem ovíparas nem vivíparas, os peixes provêm do lodo ou da areia, ou de matérias em decomposição que se formam à superfície. Assim, entre o peixe miúdo, aquele a que se chama espuma nasce de fundos arenosos. Esse peixe miúdo nem cresce nem se reproduz; ao fim de um certo tempo morre, mas outros aparecem. Assim, salvo um pequeno período, existe praticamente em todo o resto do ano. De fato, desde o nascer do Arcturo[101], no outono, encontra-se até a primavera. E há provas de que por vezes brota do fundo: quando faz frio, os pescadores não o apanham; mas capturam-no se estiver bom tempo, como se o peixe deixasse o fundo à procura de calor. Na pesca de arrasto, quando se raspa o fundo, apanha-se mais e de melhor qualidade. As outras espécies de peixe miúdo não são tão boas, porque têm um crescimento demasiado rápido.

Esses peixes aparecem em lugares sombrios e pantanosos, quando há bom tempo e a terra aquece, como ocorre na região de Atenas, em Salamina, junto ao monumento a Temístocles[102], e em Maratona. É em locais como esses que aparece o peixe-espuma. É comum portanto em lugares do

....
[101] Meados de setembro.
[102] Cf. Pausânias, 1.1.

mesmo tipo e com condições climáticas semelhantes, e de vez em quando surge também quando cai do céu uma tromba d'água, na espuma produzida pela água da chuva; daí o seu nome. Às vezes, quando está bom tempo, essa espuma onde o peixe se encontra é levada pelas águas do mar e fica à superfície; lá aparece então o peixe-espuma, como as larvas nos lixos. Daí que muitas vezes esse peixe seja trazido do alto-mar até a costa. Está nas melhores condições e captura-se em grande quantidade quando o ano é úmido e quente.

Há outras espécies miúdas originadas por peixes; por exemplo, uma chamada góbio, produzida por góbios minúsculos e de má qualidade, que se enfiam no solo. Da espécie que se encontra no Falero[103] nascem as espadilhas, delas, as anchovas, e das anchovas, as sardinhas. Há uma espécie única, que se encontra no porto de Atenas, de onde vêm os chamados biqueirões. Existe também outro tipo que produz os trombeiros e as tainhas.

O peixe-espuma, que é estéril e úmido, dura pouco tempo, como atrás se disse. Por fim, só restam a cabeça e os olhos. Todavia os pescadores arranjaram uma maneira de transportá-lo; é que, depois de salgado, resiste melhor.

Formação das enguias

16. As enguias não provêm de um acasalamento nem são ovíparas[104]. Nem nunca se capturou alguma que tivesse esperma ou ovos; quando se abrem, não apresentam nem canais espermáticos nem ovidutos. De fato, dentre os animais sanguíneos, essa é a espécie que, na sua totalidade, nem nasce de acasalamento, nem de ovos. É óbvio que é assim que as coisas se passam. Em alguns charcos pantanosos, quando se despeja completamente a água e draga o lodo, voltam a aparecer enguias quando houver de novo água da chuva.

---

[103] Porto a oriente de Atenas.
[104] Cf. *supra*, 538a3-8, 569a6, *Geração dos animais*, 741b1.

Em contrapartida, em tempo de seca não há enguias, nem mesmo nos charcos com água. É que as enguias vivem e alimentam-se de águas pluviais. Logo, torna-se evidente que nem nascem de acasalamento nem de ovos. Há porém quem pense que elas procriam, porque em certas enguias encontram-se vermes intestinais; e pensa-se então que é desses vermes que as enguias nascem[105], o que não é verdade. Elas nascem, isto sim, das chamadas "entranhas da terra", seres que aparecem por geração espontânea no lodo e nos solos úmidos[106]. Já se tem visto enguias saindo desses vermes, e, se se abrirem, encontram-se-lhes no interior enguias. Essas tais "entranhas da terra" formam-se no mar e nos rios, quando a putrefação é intensa, ou seja, no mar onde haja algas e nos cursos de água e pântanos junto às margens. Porque é aí que, por efeito do calor, ocorre a putrefação. É esse o processo por que se originam as enguias.

Época da desova

17. Nem todos os peixes desovam na mesma estação nem em condições semelhantes, como também a gestação não tem para todos duração equivalente. Assim, antes do acasalamento, constituem-se cardumes de machos e fêmeas. Mas, na época do acasalamento e da postura, reúnem-se aos pares. Em certas espécies a gestação não dura mais de trinta dias, noutras, é mais curta, mas em todos os casos corresponde a um período divisível por sete[107]. Os peixes com um período de gestação mais longo são os chamados *marinos*[108]. O sargo é fecundado por volta do mês de Posídon[109] e 570b a gestação dura trinta dias. A tainha, à qual há quem chame

---

[105] Cf. *supra*, 538a3-10.
[106] Cf. *Geração dos animais*, 762b26-28.
[107] Ou seja, em semanas. Cf. *supra*, 553a3-8.
[108] Cf. 602a1.
[109] Em dezembro.

mugem, e a liça[110] desovam na mesma época depois de uma gestação equivalente à do sargo.

Todos os peixes sofrem com a gestação; é por isso que, sobretudo nessa fase, tendem a sair da água, já que eles próprios, tomados de fúria, se lançam para a terra. Geralmente, mantêm-se, durante todo esse tempo, num movimento constante, até a desova. Dentre todos os peixes é principalmente a tainha o que se comporta dessa maneira. Depois da desova, sossegam. Em muitos peixes deixa de haver gestação quando se lhes formam no ventre pequenas larvas. Essas são umas criaturas pequenas que, enquanto vivas, lhes destroem os ovos.

A desova ocorre na primavera nos peixes que se deslocam em cardumes e, na maioria dos casos, por volta do equinócio[111]. Para além desses, a gestação varia: ora acontece no verão, ora no equinócio de outono. Dos que se deslocam em cardumes, o primeiro peixe a desovar é o peixe-rei (que desova perto da terra), e o último, o barbudo. A prová-lo está o fato de a postura do peixe-rei aparecer primeiro e a do barbudo em último lugar. Também a tainha é dos primeiros a desovar, enquanto a salema, na maior parte dos casos, desova no princípio do verão, e algumas vezes no outono. A corneta, à qual há quem chame peixe-pau[112], desova também no verão. Vêm depois a dourada, o peixe-lobo, o mórmiro e todos os conhecidos por migradores. Os últimos a desovar, dentre os que vivem em cardumes, são o ruivo e a roncadeira, e fazem-no no outono. O ruivo desova no lodo, e por isso desova tarde, porque durante grande parte do tempo o lodo é frio. A roncadeira desova mais tarde do que o ruivo e para fazê-lo refugia-se nas algas, porque seu *habitat* são os lugares rochosos. Tem uma gestação muito longa. Os trombeiros desovam depois do solstício de inverno. Dos restantes, os que vivem no alto-mar na maioria reproduzem-se no verão. Prova disso é que não se capturam durante esse período.

....

[110] Cf. *infra*, 543b15.
[111] Cf. 598a28.
[112] Cf. 620b33, Eliano, *História dos animais*, 13.17.

O mais fecundo dentre os peixes é o trombeiro e, dentre os selácios, o tamboril[113]. Todavia esses peixes são raros, porque morrem com facilidade. Põem os ovos em aglomerados e junto à costa. De modo geral, os selácios são menos fecundos por serem vivíparos, mas aqueles cujas crias melhor sobrevivem em função do tamanho que têm. O peixe a que se chama agulheta tem igualmente uma desova tardia e, na sua maioria as fêmeas, antes da desova, são rasgadas pelos ovos[114]. Estes não se caracterizam tanto pela quantidade, como pelo tamanho. Tal como fazem as crias da tarântula, também as da agulheta cercam a mãe; é que ela desova junto ao próprio corpo e, se se lhe tocar, os filhotes fogem. Quanto ao peixe-rei, desova esfregando o ventre na areia.

571a

Os atuns rasgam-se também por causa da gordura e vivem dois anos. A prova dão-na os pescadores; é que, quando se dá o caso de num ano falharem os atuns novos, no ano seguinte falham os adultos. Dá ideia de que estes são um ano mais velhos do que as sereias.

Os atuns e as cavalas acasalam no fim do mês do Elafebólion[115] e desovam no início do Hecatômbeon[116]. Põem os ovos numa espécie de saco[117]. O crescimento dos atuns é rápido; de fato, depois de esses peixes desovarem no Ponto[118], do ovo nascem alevinos, a que uns chamam *escórdilas*, e os bizantinos, *auxidas*, por crescerem em poucos dias. Essas crias partem no final do outono com as mães e voltam na primavera, já como sereias. De resto, quase todos os outros peixes têm um crescimento rápido[119], mas o dos peixes do Ponto é ainda mais célere. De fato, aí até os bonitos crescem de dia para dia de forma claramente visível. Mas de modo

---

[113] Recordemos que o tamboril não é um selácio, mas sim um peixe ósseo.
[114] Cf. *supra*, 567b23.
[115] Primeira metade de março.
[116] Em finais de junho.
[117] Cf. *supra*, 543b13.
[118] Cf. Eliano, *História dos animais*, 9.42.
[119] Cf. Plínio, *História natural*, 9.19.

geral é preciso ter a noção de que os mesmos peixes, em locais diversos, não acasalam nem se reproduzem na mesma época, como também não desovam ou se encontram nas melhores condições físicas ao mesmo tempo; por exemplo, as chamadas roncadeiras em alguns lugares desovam por ocasião das ceifas. As indicações que demos correspondem apenas à tendência geral.

Os congros também têm ovos. Mas esse fato não é evidente do mesmo modo em todos os lugares, nem as ovas são muito perceptíveis devido à gordura. As ovas são alongadas, como acontece com as das serpentes. Mas, se se puser esse animal sobre o fogo, a situação torna-se patente. À medida que a gordura arde e se derrete, os ovos saltam e estouram ao rebentar. Além disso, se se lhes tocar e se se lhes passar os dedos, o sebo dá a sensação de ser liso e o ovo rugoso. De toda maneira, alguns congros têm sebo e não apresentam ovos, enquanto outros não têm sebo, mas em contrapartida têm ovas, tal como acabamos de referir.

O acasalamento dos vivíparos

18. Portanto, a respeito dos animais que voam e dos que nadam, como também dos terrestres ovíparos, já se falou praticamente de todos; sobre eles abordou-se a questão do acasalamento, da gestação e de outras funções equivalentes. Importa considerar agora o que se passa com os animais terrestres vivíparos e com o homem, usando a respeito deles critério equivalente[120].

No que toca ao acasalamento, tratamos das particularidades e das características comuns a todos[121]. Comum a todos os animais é a excitação, o apetite sexual e sobretudo o prazer que resulta do acasalamento. Por outro lado, as fêmeas ficam arredias nos primeiros tempos depois de parirem, e os machos, no período do acasalamento. Assim, os cavalos

---

[120] Cf. *supra*, V.1.
[121] Cf. *supra*, V.2-4.

mordem os outros cavalos, lançam por terra os cavaleiros e perseguem-nos; os javalis são terrivelmente violentos, ainda que bastante enfraquecidos durante esse período devido ao acasalamento; travam uns contra os outros lutas espantosas; cobrem-se de uma couraça, ou seja, tornam de propósito a pele o mais espessa possível esfregando-se de encontro às árvores, ou rolando-se repetidamente na lama e deixando-se secar. Atiram-se uns contra os outros, tentando expulsar-se da manada com tal ímpeto que muitas vezes ambos sucumbem[122]. O mesmo se passa com os touros, os carneiros e os bodes; enquanto antes pastavam juntos, na estação do cio separam-se e travam combates terríveis uns com os outros. Também no caso do camelo, o macho torna-se agressivo na época do cio, se um homem ou outro camelo se aproxima. E com maioria de razão se se tratar de um cavalo; porque com ele o camelo vive em guerra permanente[123].

Outro tanto acontece com os animais selvagens; assim, os ursos, os lobos e os leões tornam-se, nessa época, agressivos, seja o que for que deles se aproxime, mas têm menos oportunidade de guerrearem uns contra os outros porque nenhuma dessas espécies vive em grupo. As ursas são também agressivas quando têm crias, como as cadelas quando têm cachorros.

Também os elefantes se tornam selvagens com o acasalamento, e é em função disso que, na Índia, os criadores não os deixam cobrir as fêmeas. Porque se, nessas circunstâncias, se enfurecem, chegam a derrubar casas de construção pouco segura e provocam muitos outros prejuízos do gênero. Diz-se também que uma alimentação abundante os torna mais tranquilos. Se se lhes juntar outros elefantes, consegue-se dominá-los e domesticá-los, cabendo aos recém-chegados colocá-los na ordem[124].

572a

----

[122] Cf. 612a15-20, Eliano, *História dos animais*, 6.1.

[123] Cf. Heródoto, 1.80, Xenofonte, *Ciropedia*, 6.2.18, 7.1.27, Eliano, *História dos animais*, 3.7, 11.36, Plínio, *História natural*, 8.26.

[124] Cf. 610a25-30.

Os animais que acasalam amiúde e não têm uma época determinada para fazê-lo, como os que vivem em companhia do homem – os porcos e os cães –, apresentam essas características mais esbatidas, graças à frequência com que acasalam.

O cio das fêmeas

Dentre as fêmeas, as mais fogosas para a cópula são sobretudo a égua[125] e depois a vaca. As éguas são o tipo de fêmea em delírio. Daí que se lhes use o nome – e é o único animal com que isso acontece – num sentido injurioso, para aludir às mulheres que são descomedidas no prazer sexual[126]. Diz-se também que as éguas são fecundadas pelo vento, na época do cio[127]. Por isso, em Creta, não se separam os garanhões das fêmeas, porque elas próprias, quando ficam no cio, se afastam dos outros cavalos. É a propósito de um estado semelhante a esse que, quando se trata do porco, se fala do "apetite do varrasco". As éguas não correm então nem para nascente nem para poente, mas na direção norte ou sul. Quando sentem o cio, não permitem que ninguém se aproxime, até ficarem esgotadas de cansaço ou até atingirem o mar. Então soltam um corrimento, a que se chama "loucura da égua", semelhante àquele que os potros apresentam na época do nascimento[128]. Esse corrimento assemelha-se ao da porca[129] e é muito procurado pelas mulheres que preparam filtros.

Na época do acasalamento, as éguas aproximam a cabeça umas das outras mais do que o faziam antes, agitam

---

[125] Cf. *infra*, 575b30, 585a3, *Geração dos animais*, 773b25-35.

[126] Cf. Eliano, *História dos animais*, 4.11.

[127] Cf. *Ilíada*, 20.223, Eliano, *História dos animais*, 4.6, Varrão, 2.1, Virgílio, *Geórgicas*, 3.274, Plínio, *História natural*, 8.67, Columela, 6.27.

[128] Cf. *infra*, 577a9, 605a2, Eliano, *História dos animais*, 14.18, Virgílio, *Eneida*, 4.515, *Geórgicas*, 3.280.

[129] Cf. *infra*, 573b2.

sem cessar a cauda, e o relincho que produzem é diferente do de outras ocasiões. Além disso, corre-lhes do órgão genital um líquido semelhante ao sêmen, mas muito mais fluido do que o do macho. É a esse líquido que há quem chame "loucura da égua", e não à excrescência dos potros. Dizem que é difícil de recolher, porque corre pouco a pouco. Dá-se também o caso de as éguas urinarem muitas vezes e brincarem umas com as outras quando estão no cio. São esses os comportamentos próprios da espécie cavalar. Quanto às vacas, deixam-se tomar de desejo pelo touro. Ficam de tal maneira apanhadas pelo cio que seria impossível aos vaqueiros dominá-las ou prendê-las. Percebe-se quando as éguas e as vacas estão no cio, porque seus órgãos genitais incham e pela vontade repetida que têm de urinar, tanto umas como outras. Além disso, as vacas sobem nos touros, seguem-nos sem tréguas e ficam especadas junto deles. São primeiro as mais novas a ficarem no cio, tanto nas éguas como nas vacas. E, quando faz bom tempo e elas estão de boa saúde, mais excitadas ficam.

As éguas, quando se lhes tosquia o pelo, perdem boa parte do ardor e tornam-se mais calmas[130]. Os garanhões reconhecem pelo cheiro as fêmeas da manada, mesmo que poucos dias tenham estado juntos antes do acasalamento. E, se a essas fêmeas se tiverem juntado outras, eles repelem-nas à dentada, para pastarem à parte cada um com suas fêmeas. Dá-se a cada garanhão em torno de trinta éguas ou um pouco mais. Quando outro macho se aproxima, o garanhão reúne suas fêmeas num mesmo local e define, a correr, um círculo em volta delas; então avança e trava o combate com o intruso. Se uma delas se mexer, ele morde-a e não a deixa sair do local.

O touro, na época do acasalamento, junta-se às fêmeas para pastar e combate os outros machos, em cuja companhia antes se encontrava; é o que se chama "repudiar a

---

[130] Cf. Plínio, *História natural*, 8.66, Eliano, *História dos animais*, 11.18.

manada"[131]. Muitas vezes os touros – caso dos do Epiro – desaparecem durante três meses. De modo geral, os machos, se não sempre pelo menos muitas vezes, não vão pastar com as fêmeas antes da época do acasalamento; fazem vida à parte, já em idade adulta, e pastam em separado os machos das fêmeas.

As porcas, quando estão tomadas pelo cio (diz-se então que "pedem o varrasco"), chegam a atacar as pessoas. No caso das cadelas, a esse estado chama-se "andar atrás do cão".

De toda forma, verifica-se um inchaço nos órgãos genitais das fêmeas, quando desejam o macho, e ficam com essas partes úmidas. As éguas, por essa época, chegam a deixar correr um líquido esbranquiçado. As fêmeas têm fluxos menstruais, mas em caso algum tão abundantes como na mulher. Mesmo assim, no caso das ovelhas e das cabras, quando chega a época do acasalamento, esses fluxos verificam-se antes da cobrição. Depois de terem sido cobertas, esses sinais voltam a aparecer, para desaparecerem em seguida até o momento do parto. Depois reaparecem, e é por eles que os pastores percebem que o nascimento está iminente. Após o parto, o fluxo torna-se abundante, primeiro não muito sangrento, mas depois claramente sanguíneo. Na vaca, na burra e na égua, devido ao tamanho do animal, esses fluxos são abundantes, ainda que proporcionalmente reduzidos. A vaca, quando está no cio, tem um fluxo menstrual curto, de cerca de um oitavo de litro ou pouco mais. O momento melhor para a cópula coincide com esse fluxo. A égua é, dentre os quadrúpedes, a fêmea que mais facilidade tem em parir e a que melhor evacua os lóquios; mas é também a que tem o fluxo sanguíneo menos abundante proporcionalmente ao tamanho do corpo.

Nas vacas e nas éguas, as menstruações aparecem sobretudo a um ritmo de dois, quatro ou seis meses. Mas não é fácil percebê-lo se se não fizer um acompanhamento muito próxi-

---

[131] Cf. 611a2.

mo do animal e se se não tiver prática do assunto; daí que há quem pense que essas fêmeas não fiquem menstruadas.

As mulas não têm nenhum fluxo menstrual, mas apresentam uma urina mais espessa do que a fêmea em geral. De forma generalizada, a secreção da bexiga é mais espessa nos quadrúpedes do que no homem, e, no caso das ovelhas e das cabras, é ainda mais espessa do que nos machos. No referente às burras, pelo contrário, a urina da fêmea é mais fluida do que a do macho, a da vaca mais acre do que a do boi. Depois do parto, a urina de todos os quadrúpedes torna-se mais espessa, o que acontece em tanto maior grau quanto menor for o fluxo menstrual.

O leite, quando as fêmeas começam a ser cobertas, tem um aspecto purulento[132]. Mas pode consumir-se depois do parto. Durante a gestação, as ovelhas e as cabras engordam e comem mais. O mesmo se passa com as vacas e com todos os outros quadrúpedes.

De toda forma, a época em que, por assim dizer, os animais em geral estão no cio é a primavera. Mas essa época não coincide em todos os casos; depende da estação conveniente para a criação de filhotes.

Assim, as porcas estão prenhes durante quatro meses e parem no máximo vinte leitões. Se a ninhada for numerosa, a mãe não consegue criar todos os filhotes. Quando envelhecem, as porcas continuam a parir da mesma maneira, mas são mais arredias ao acasalamento. Parem depois de uma só cópula, mas é preciso fazê-las cobrir várias vezes, 573b porque elas expelem, depois da cópula, uma substância à qual há quem chame "fluxo da porca"[133]. Essa evacuação ocorre em todas as porcas, mas algumas expelem juntamente o esperma. O leitão que teve problemas durante a gestação e não atingiu seu desenvolvimento pleno é chamado o atrasado da ninhada[134]; esse incidente acontece em qualquer parte

---

[132] Cf. supra, 522a3, 10, Geração dos animais, 776a15-777a27.

[133] Cf. supra, 572a21, Plínio, História natural, 8.51, 8.77.

[134] Cf. infra, 577b27, Geração dos animais, 749a1, 770b7.

do útero. Quando acaba de parir, a porca oferece ao primeiro leitão que nasce a primeira teta. Não convém fazê-la cobrir quando está no cio antes de ter as orelhas pendentes. Caso contrário, ela fica de novo excitada. Se em contrapartida ela estiver no ponto, uma só cópula é, como dissemos[135], suficiente. Deve-se dar ao varrasco cobridor grãos de cevada, e à porca que acabou de parir, cevada cozida. Há porcas que produzem excelentes leitões desde que começam a parir e só nessa ocasião; outras já têm certa idade quando passam a produzir boas crias e leitões de qualidade. Há quem diga que, se a porca perder um olho, na maior parte dos casos morre rapidamente. Na grande maioria as porcas vivem cerca de uns quinze anos; mas algumas chegam a atingir os vinte.

As ovelhas e as cabras

19. As ovelhas ficam prenhes depois de três ou quatro cópulas, mas, se chover depois do acasalamento, elas abortam. E o mesmo se passa com as cabras. Parem no máximo duas crias, mas por vezes três ou quatro. A gestação dura cinco meses, tanto no caso da ovelha como no da cabra. Em certos lugares de clima temperado e que proporcionam um pasto abundante, chegam a parir duas vezes por ano.

A cabra vive cerca de oito anos, a ovelha, dez; mas a maioria desses animais vive menos tempo, exceto os carneiros que são cabeça de rebanho; esses chegam a atingir quinze anos. Em todos os rebanhos, treina-se um guia das outras reses, que se põe à frente quando o pastor o chama pelo nome. Vai sendo habituado a fazê-lo desde cedo. As ovelhas da Etiópia vivem doze ou treze anos, e as cabras dez ou onze. Macho e fêmea copulam durante toda a vida no que toca à ovelha e à cabra. As ovelhas e as cabras podem ter gêmeos, se tiverem uma boa alimentação, ou se o bode ou o

---

[135] Cf. *supra*, 573b1.

carneiro tiverem propensão para gêmeos, ou então a mãe. Produzem fêmeas ou machos, conforme a água que bebem[136] (porque há a que favorece o nascimento de fêmeas e a que propicia o de machos), e também de acordo com o acasalamento. Se a cópula ocorrer com vento norte, nascem sobretudo machos; com vento sul, fêmeas[137]. Mas mesmo as que produzem fêmeas podem mudar e produzir machos; basta que durante a cópula estejam voltadas a norte. As fêmeas que têm por hábito acasalar de manhã recusam os carneiros que as tentem cobrir mais tarde. Há crias brancas e negras, conforme as veias que o carneiro tem debaixo da língua sejam brancas ou negras; se forem brancas, as crias serão brancas; se forem negras, serão negras. Se as veias forem de ambas as cores, também as crias o são. Ou então serão avermelhadas, se aquelas também o forem[138]. As fêmeas que bebem água salgada são as primeiras a acasalar; mas tem de se lhes dar sal antes e depois de parirem, como também na primavera.

574a

No caso das cabras, os pastores não determinam um guia do rebanho, porque esses animais não são de natureza estável, mas viva e agitada. Se são as ovelhas mais velhas que têm o cio na estação própria, os pastores dizem que tudo indica um bom ano para os carneiros; se tal acontece com as mais novas, vai haver poucas crias.

A reprodução dos cães

20. Há inúmeras raças de cães, mas o cão-da-lacônia e a cadela-da-lacônia acasalam com oito meses[139]. Há cães

---

[136] Cf. *supra*, 519a9-20.

[137] Cf. *Geração dos animais*, 766b 34-35, Plínio, *História natural*, 8.62 (47), Antígono de Caristo, *Prodígios*, 111, Eliano, *História dos animais*, 7.27.

[138] Cf. Virgílio, *Geórgicas*, 3.387-388, Plínio, *História natural*, 8.72, Varrão, 2.2.4, Columela 7.3.1.

[139] Os cães-da-lacônia resultam de um cruzamento de cão e raposa e

que, já por esta idade, levantam a perna para urinar. A cadela é fecundada numa só cópula. Esse é um fato sobretudo evidente no caso dos acasalamentos furtivos: basta uma só cópula para a cadela ficar prenhe[140].

A cadela-da-lacônia fica prenhe durante uma sexta parte do ano (ou seja, sessenta dias), mas pode acontecer que se ultrapasse esse período em um, dois ou três dias, ou então haja um dia a menos[141]. Os cachorros que ela tem são cegos, após o nascimento, durante doze dias. Depois de parir, a cadela pode voltar a ser coberta ao fim de seis meses, nunca antes. Há cadelas que andam prenhes durante a quinta parte do ano (setenta e dois dias, portanto), e os cachorros que elas têm são, nesse caso, cegos durante catorze dias. Há também as que andam prenhes durante um quarto do ano (ou seja, três meses completos), e então os cachorros que parem são cegos durante dezessete dias. Parece que a cadela anda no cio por um tempo equivalente.

574b As menstruações, nas cadelas, duram sete dias e são acompanhadas de um inchaço dos órgãos genitais. Durante esse período elas não se dispõem à cópula, só nos sete dias subsequentes. De fato, dá ideia de que todas as cadelas estão no cio durante catorze dias, ou mesmo, em alguns casos, esse período pode prolongar-se até os dezesseis dias. Quando dão à luz, a expulsão da placenta ocorre ao mesmo tempo que o nascimento dos cachorros: trata-se de uma substância espessa e viscosa. O volume das cadelas, depois do parto, é bastante reduzido em relação ao tamanho do corpo no seu estado normal.

Quanto ao leite, as cadelas têm-no antes de parir, aí uns cinco dias. Em certos casos pode aparecer uns sete dias antes ou então apenas quatro. O leite pode ser utilizado logo após o parto. A cadela-da-lacônia tem leite trinta dias depois do acasalamento. Primeiro esse leite é espesso, mas

....
têm um focinho afilado; cf. 607a3, *Geração dos animais*, 746a34, 781b9-10.

[140] Cf. Plínio, *História natural*, 10.83.
[141] Cf. *supra*, 545b10.

com o tempo vai fluidificando. O leite da cadela difere, pelo grau de espessura, do dos outros animais, mas é semelhante ao da porca e da lebre. Há também um sinal que denuncia que as cadelas estão na idade própria para a cobrição. Assim, como acontece com o ser humano, as tetas das fêmeas incham e apresentam a consistência de uma cartilagem. Todavia é difícil, a quem não tem experiência, dar-se conta deste fato. Porque esse sinal é dificilmente perceptível.

Eis o que se passa com a fêmea. No macho nada de semelhante acontece. Estes alçam a perna para urinar em geral com seis meses de idade. Há também os que só o fazem mais tarde, já com oito meses, ou outros ainda antes dos seis. Para simplificar, digamos que o fazem quando atingem o pleno vigor. As fêmeas, em contrapartida, urinam sempre agachadas. Mas já se tem visto algumas que alçam a perna para urinar.

A cadela dá à luz doze cachorros no máximo, mas na maior parte dos casos, cinco ou seis. Houve até já uma que só teve um cachorro. As cadelas-da-lacônia têm geralmente oito. Fêmeas e machos acasalam durante toda a vida[142]. Os cães-da-lacônia apresentam uma particularidade: os que trabalham têm mais propensão para acasalar do que os que estão inativos[143].

O cão-da-lacônia vive em torno de dez anos, a fêmea, cerca de doze. Nas outras raças, a maior parte vive uns catorze ou quinze anos, mas alguns chegam aos vinte. Por isso, há quem pense que Homero teve razão em dizer que o cão de Ulisses morreu com vinte anos[144]. Mas ainda sobre os cães-da-lacônia, como os machos trabalham mais, as cadelas duram mais do que eles. Nas outras raças, não há diferença notável de longevidade. No entanto, os machos tendem a durar mais do que as fêmeas.

---

[142] Cf. *supra*, 546a28, onde a informação dada não coincide.

[143] Cf. Plínio, *História natural*, 10.83, Eliano, *História dos animais*, 4.40, Antígono de Caristo, *Prodígios*, 112.

[144] Cf. *Odisseia*, 17.326-327.

O cão não muda os dentes a não ser os chamados caninos. Esses perde-os aos quatro meses, tanto as fêmeas como os machos. Como os cães só mudam esses dois dentes, há quem o conteste. Assim, alguns, pelo fato de os cães só mudarem dois dentes, defendem que não mudam nenhum (porque é difícil detectar esse fato); por outro lado, quem viu os caninos caírem generaliza e acha que todos caem. A idade dos cães conhece-se pelos dentes. Assim, os novos têm-nos brancos e agudos; os mais velhos, escuros e rombos[145].

A reprodução dos bovinos

21. O boi emprenha a fêmea com uma só cópula, mas cobre-a com tal ardor que ela chega a dobrar-se debaixo dele. Se a tentativa de cobrição falhar, a fêmea precisa de um período de vinte dias para se deixar cobrir outra vez. Os touros mais velhos também não cobrem a mesma vaca várias vezes no mesmo dia, a não ser depois de certo intervalo de tempo. Pelo contrário, os mais novos, na plenitude da força, cobrem a mesma vaca várias vezes ou inclusive várias vacas. O touro é o macho que menos se excita. É o touro que vence os outros que acasala. Mas, quando este fica esgotado da cópula, o vencido volta a atacar e muitas vezes sai vencedor. Os machos cobrem e as fêmeas deixam-se cobrir, com a possibilidade de emprenhar, a partir da idade de um ano. Mas, na maior parte dos casos, começam com um ano e oito meses, sendo a idade mais comum dois anos.

A fêmea fica prenhe durante nove meses e dá à luz no décimo. Mas há quem defenda que ela fique prenhe dez meses, nem mais nem menos um dia. O bezerro que nasce antes do período que indicamos é um aborto, sem condições de sobrevivência. De fato, tem uns cascos moles e malformados. A vaca pare, na maior parte dos casos, uma só cria, e raras vezes, duas. Gera e acasala durante toda a vida.

---

[145] Cf. *supra*, 501b11.

As fêmeas vivem, em geral, uns quinze anos. O mesmo se diga dos machos, se tiverem sido castrados. Alguns chegam a viver vinte anos ou mais, se forem de boa constituição. De fato, costuma-se castrar os bois e habituá-los a guiar a manada, como acontece também com os carneiros. Esses bois castrados vivem mais tempo do que os outros porque não trabalham e pastam erva fresca. O boi atinge a plenitude física aos cinco anos. Assim, há quem ache que Homero teve razão ao dizer: "um touro de cinco anos" e "um boi de nove estações", o que quer dizer a mesma coisa[146].

O boi muda a dentição aos dois anos e, como o cavalo, não perde os dentes todos ao mesmo tempo[147]. Nem muda de cascos, quando sofre de gota, apenas estes lhe incham muito.

O leite, após o parto, pode logo usar-se. Antes, a vaca não tem leite. O primeiro leite que se ordenha, se coalhar, fica duro como pedra. Esse processo ocorre se se lhe não misturar água.

As vitelas com menos de um ano não acasalam, a não ser em casos patológicos. Mas já houve situações em que fêmeas se deixaram cobrir e machos acasalaram com dez meses. A maior parte das vacas começa a acasalar por volta do mês do Targélion ou do Escirofórion[148]. No entanto, algumas são fecundadas até o outono. Quando são muitas as que ficam prenhes e se prestam à cobrição, isso é tomado como sinal de um inverno duro e chuvoso. As vacas andam em manadas como as éguas, mas em menor quantidade.

A reprodução do cavalo

22. Quanto ao cavalo[149], o macho começa a cobrir com dois anos, e a fêmea a ser coberta com a mesma idade. To-

---
[146] Contando cada duas estações (verão e inverno) como equivalentes a um ano. Cf. *Ilíada*, 2.403, 7.315, *Odisseia*, 10.19, 19.420.
[147] Cf. *infra*, 576a4 ss., Plínio, *História natural*, 11.64.
[148] De meados de abril a meados de junho.
[149] Cf. Plínio, *História natural*, 8.66.

davia, esses são casos raros, e as crias geradas por esses animais são menores e mais fracas. Em geral, os garanhões começam a acasalar e as éguas a ser cobertas com três anos; geram então crias que vão sempre melhorando de qualidade até os vinte anos dos progenitores. A égua fica prenhe onze meses e dá à luz no décimo segundo[150]. Não há um número fixo de dias para o cavalo emprenhar a égua, pode levar um, dois ou três dias, ou mesmo mais. O burro é mais rápido do que o cavalo a deixar prenhe uma fêmea que cobre. Mas o acasalamento dos cavalos não é tão penoso como o dos bovinos[151]. O cavalo e a égua são, depois do ser humano, a espécie mais lasciva. O acasalamento dos animais mais novos pode acontecer antes da idade, se tiverem comida boa e com abundância. De forma geral, a égua é unípara, embora possa ter também duas crias, o que é o máximo. Já se viu uma dar à luz duas mulas, o que é considerado um caso extraordinário.

O garanhão pode cobrir com apenas trinta meses. Mas não é propriamente capaz de procriar, senão depois de ter mudado os dentes (já houve alguns, ao que se ouve dizer, que fecundaram enquanto mudavam a dentição), a menos que sejam estéreis por natureza. O cavalo tem quarenta dentes, e muda os primeiros quatro, com trinta meses, dois de cima e dois de baixo; depois, passado mais um ano muda mais quatro, da mesma maneira, dois de cima e dois de baixo; e, com mais um ano ainda, mais quatro, pelo mesmo processo. Mas, ao fim de quatro anos e seis meses, não muda mais nenhum dente. Houve já animais que os mudaram todos ao mesmo tempo, na primeira mudança, como também outros que os mudaram todos juntos na última fase. Mas estes são casos raros[152]. O que equivale a dizer que é com a idade de quatro anos e seis meses que o cavalo está perfeitamente apto para a reprodução. Os cavalos mais ve-

---

[150] Cf. *Geração dos animais*, 748a30, 777b12.
[151] Cf. *supra*, 575a13-14.
[152] Cf. Varrão, 2.7, Columela, 6.29.

lhos, porém, são melhores reprodutores, tanto os machos como as fêmeas. Os garanhões podem até cobrir as mães e as filhas; é então que a criação é considerada perfeita, quando os cavalos cobrem a própria progenitura[153]. Os citas montam as éguas prenhes, logo que o feto dá a volta[154], e afirmam que por esse processo o parto se torna mais fácil. Os outros quadrúpedes deitam-se para parir e, por isso, em todos os casos, a cria sai de lado. Pelo contrário, a égua, quando o momento do parto está próximo, põe-se de pé e fica quieta para ter a cria[155].

A maior parte dos cavalos vive por volta de dezoito a vinte anos, alguns vinte e cinco ou trinta. Se tiverem um tratamento cuidado, podem chegar até os cinquenta. Mas, na maior parte dos casos, uma vida longa corresponde a trinta anos[156]. A fêmea vive geralmente vinte e cinco anos, mas já se viu algumas viverem até os quarenta. Os machos vivem menos tempo do que as fêmeas por causa do esforço que o acasalamento lhes exige; e os que são criados sozinhos menos ainda do que os que vivem em manada. A fêmea atinge a plenitude de comprimento e de altura aos cinco anos, e o macho, aos seis. Durante os seis anos seguintes, ganham corpulência e robustez até os vinte anos. As fêmeas atingem o pleno desenvolvimento antes dos machos, embora, no ventre materno, os machos cresçam mais depressa do que as fêmeas, como acontece também no ser humano[157]. E de resto o mesmo se passa com os outros animais que procriam muitas crias.

A burra, ao que se diz, amamenta o filhote até os seis meses, mas depois não o deixa aproximar-se, porque ele estica-lhe demasiado as tetas e a magoa; o potro é amamentado durante mais tempo.

---
[153] Cf. 631a1-7.
[154] Cf. 586b4-6, *Geração dos animais*, 777a28-31.
[155] Cf. Plínio, *História natural*, 8.66.
[156] Cf. *supra*, 545b18-20.
[157] Cf. 583b23-25, *Geração dos animais*, 775a9-12.

Tanto o cavalo como a mula atingem seu pleno desenvolvimento com a mudança dos dentes. Mas, depois de os terem mudado todos, não é fácil saber-lhes a idade. Por isso se diz que o cavalo tem uma marca antes de ter mudado os dentes; depois de os mudar, perdeu também a marca. Mas é sobretudo pelo canino que se lhe reconhece a idade depois da mudança dos dentes. Assim, o canino dos cavalos de sela é menor por causa do desgaste a que é sujeito (porque é sobre esse dente que se aplica o freio), enquanto o dos cavalos que não se montam é grande, mas rombo, e o dos mais novos, pontiagudo e pequeno.

O macho cobre em todas as épocas do ano e durante toda a vida. A fêmea deixa-se cobrir durante toda a vida, mas não em qualquer ocasião, a menos que se prenda com uma corda ou outra coisa para obrigá-la. Não há uma estação determinada que a impeça de se deixar cobrir ou de acasalar; todavia, se o acasalamento ocorrer num momento qualquer, nem sempre elas conseguem alimentar as crias. Em Opunte[158], numa criação, houve um cavalo[159] que continuou a cobrir com quarenta anos. Mas era preciso ajudá-lo a erguer as patas da frente.

As éguas começam a acasalar na primavera. Quando a égua dá à luz, não volta a ficar prenhe logo em seguida. Deixa passar um tempo e pode parir crias de melhor qualidade quatro ou cinco anos após o parto anterior. Deve-se deixar passar um ano de intervalo e fazer uma espécie de pousio.

Logo, como dissemos, a égua dá à luz com intermitência; a burra o faz sem interrupção. Há também éguas totalmente estéreis, outras, que concebem com facilidade mas não conseguem levar a gestação até o fim. O que mostra que as coisas se passam dessa maneira é, ao que se diz, que o feto dissecado mostra outra espécie de rins, para além dos normais, dando a ideia de ter quatro rins[160]. Quando a égua

---
[158] Capital da Lócrida.
[159] Cf. Plínio, *História natural*, 8.66.
[160] Cf. Plínio, *História natural*, 11.18, Eliano, *História dos animais*, 11.40.

dá à luz, de imediato engole o córion, e retira do potro, para as comer, as excrescências que este tem na testa, a que se chama "loucura da égua"[161]. Em tamanho, essa excrescência é um pouco menor do que um figo; quanto à forma, é achatada, redonda e de cor escura. Se se lhe tirar essa excrescência antes de a égua o fazer, e se ela lhe sentir o aroma, fica excitada e furiosa com o cheiro. É por isso que as bruxas procuram a "loucura da égua" e têm interesse nela[162].

Se uma égua, coberta por um cavalo, o for também por um burro, o embrião que ela gerava morre[163]. Os criadores não treinam nenhum cavalo para guiar a manada, como fazem com os bois. É que a natureza desses animais não é mansa, mas viva e irrequieta[164].

A reprodução dos burros

23. O burro[165] cobre e a burra deixa-se cobrir com trinta meses, idade em que muda também os primeiros dentes. Os segundos caem-lhe seis meses depois, e os terceiros e os quartos, com o mesmo intervalo. Estes últimos são as chamadas marcas[166]. Mas também já se viu uma burra com um ano ficar prenhe e criar o filhote. A burra, depois de coberta, expele o sêmen na urina, se se não evitar que o faça; por isso se lhe bate, quando o acasalamento termina, e se vai atrás dela. A burra dá à luz ao fim de doze meses. Na maior parte das vezes dá à luz uma só cria, porque é de natureza unípara. Mas também ocasionalmente pode ter dois filhotes[167].

---

[161] Cf. *supra*, 572a21, 605a2-4.

[162] A essa substância eram reconhecidas propriedades afrodisíacas. Cf. Eliano, *História dos animais*, 3.17, 14.18.

[163] Cf. *Geração dos animais*, 748a31-35.

[164] Cf. *supra*, 574a10 ss.

[165] Cf. *supra*, 545b20-23, Plínio, *História natural*, 8.68-69.

[166] Cf. *supra*, 576b15 ss.

[167] Cf. Plínio, *História natural*, 8.68.

O burro que cobre uma égua em seguida a um cavalo destrói-lhe o embrião, como acima afirmamos[168]. Mas o contrário não acontece, quando a égua tiver sido coberta por um burro[169]. A burra prenhe começa a ter leite no décimo mês da gestação. Sete dias depois de parir pode ser de novo coberta, e é exatamente quando acasala nesse preciso dia que melhor concebe, embora o mesmo possa acontecer também mais tarde. Se não tiver ainda parido antes de mudar a marca[170], não concebe nem se deixa fecundar para todo o resto da vida. Não aceita parir seja diante de quem for ou à luz do dia; por isso a levam para um lugar sombrio quando está para parir. Pode ter crias durante toda a vida, se tiver começado a parir antes de lhe cair a marca. O burro vive mais de trinta anos, e a fêmea, mais tempo do que o macho.

Cruzamentos entre burros e cavalos

Quando um cavalo cobre uma burra ou um burro uma égua, o aborto acontece com maior frequência do que quando o acasalamento ocorre entre animais da mesma espécie, cavalo com égua e burro com burra. O tempo da gestação, quando se une cavalo com burro, depende do macho; o que pretendo dizer é que a gestação dura o tempo correspondente ao de uma cria gerada pelo macho com uma fêmea da mesma espécie. Em contrapartida, o tamanho do corpo, o aspecto e o vigor da cria parecem-se mais com os da fêmea. Mas se esse tipo de cópula se repetir, e não se espaçar esse modelo de acasalamento, a fêmea torna-se estéril em pouco tempo. Eis por que quem se ocupa desses animais os não cruza continuamente, mas com intervalos. De resto, a égua não aceita o burro, nem a burra, o cavalo, a menos que o

---

[168] Cf. *supra*, 577a14-15.
[169] Cf. *Geração dos animais*, 748a35, Plínio, *História natural*, 8.69.
[170] Cf. *supra*, 545b21, 577a18, *Geração dos animais*, 748b9.

parceiro de raça asinina tenha mamado leite de égua; por isso se põem a mamar na égua os burricos, a que se chama "mama-éguas"[171]. Os burros acasalam no pasto, impondo-se às éguas pela força, como os cavalos.

O acasalamento das mulas

24. A mula cobre e acasala depois da mudança dos primeiros dentes; com sete anos o macho pode mesmo fecundar a fêmea[172] e já se viu nascer um garrano de um mulo que cobriu uma égua. Mais tarde, deixa de acasalar. Com as mulas, já se viu algumas ficarem prenhes, embora sejam incapazes de levar a bom termo a gestação. As mulas da Síria, na parte superior da Fenícia, acasalam e parem. Trata-se porém de uma raça parecida com o mulo[173], mas diferente.

Os chamados garranos nascem de uma égua, quando ela adoece durante a gestação, como, no caso do ser humano, os anões, e os bácoros, se se trata dos porcos[174]. Por outro lado, como se verifica também com os anões, o garrano tem uns órgãos genitais enormes.

O mulo vive uma série de anos. Já houve um que viveu oitenta anos, como aconteceu com um em Atenas por ocasião da construção do Templo. Esse mulo era poupado ao trabalho devido à idade que já tinha, mas ele, como se estivesse atrelado, caminhava ao lado das juntas e estimulava-as a trabalhar, de tal modo que se promulgou um decreto que proibia aos negociantes de cereais afastarem-no dos seus crivos[175]. A mula envelhece mais lentamente do que o macho. Há quem diga que a mula evacua o fluxo menstrual

---

[171] Cf. Plínio, *História natural*, 8.69, Varrão, 2.8, Columela, 6.37.8.
[172] Cf. *Geração dos animais*, 747a24-748b29-35.
[173] Cf. *supra*, 491a2-4, *infra*, 580b1 ss.
[174] Cf. *Geração dos animais*, 748b33-749a6.
[175] Cf. Eliano, *História dos animais*, 6.49, Plínio, *História natural*, 8.69. O templo em causa é o Pártenon.

com a urina e que o macho envelhece mais depressa por aspirar o cheiro dessa urina[176].

Determinação da idade dos quadrúpedes

25. É portanto esse o processo por que se efetua a reprodução desses animais. Quem se ocupa com seu tratamento sabe distinguir os novos dos velhos. Se se lhes esticar a pele da maxila e ela retomar rapidamente a posição normal, o quadrúpede é novo; se ficar enrugada durante muito tempo, é velho.

O camelo fêmea

26. O camelo fêmea fica prenhe dez meses[177] e gera sempre uma única cria. Ou seja, é uníparo. Costuma separar-se a mãe dos filhotes ao fim de um ano. Trata-se de um animal com uma vida longa, acima de cinquenta anos[178]. Dá à luz na primavera[179] e tem leite até emprenhar outra vez. A carne e o leite do camelo fêmea são de primeira qualidade. Bebe-se o leite do camelo fêmea misturado com água, numa proporção de duas ou três partes de água para uma de leite[180].

Reprodução dos elefantes

27. Os elefantes machos e fêmeas começam a acasalar antes dos vinte anos. Quando a fêmea é fecundada, fica pre-

---

[176] Cf. *Geração dos animais*, 748b25-28.
[177] Cf. *supra*, 546b3, onde se fala de doze meses.
[178] Cf. 596a9-11.
[179] Cf. *supra*, 546b2, que contradiz o nosso passo.
[180] A parte maior é de água. Cf. Plínio, *História natural*, 11.96, 28.33.

nhe, segundo uns, durante um ano e seis meses, segundo outros, durante três anos[181]. O motivo dessa discrepância na contagem do tempo resulta de não ser fácil de observar o acasalamento[182]. A fêmea, para parir, agacha-se sobre as patas traseiras e é evidente que tem dores. A cria, quando nasce, mama com a boca e não com a tromba; começa a andar e a ver logo após o nascimento.

O javali

28. As fêmeas do javali são cobertas no início do inverno e dão à luz na primavera; para tal afastam-se para lugares inacessíveis, escarpados, cheios de ravinas e muito sombrios. O javali fica com as fêmeas geralmente durante trinta dias. O número de crias e o tempo de gestação são os mesmos que para as porcas domésticas. Os javalis têm um grunhido que faz lembrar o dos porcos, com a peculiaridade de a fêmea grunhir mais do que o macho, que o faz poucas vezes. Os javalis que são castrados são maiores e mais agressivos, como o diz também Homero[183]: "criou um javali castrado. E este nem mesmo se parecia com um animal criado com os frutos da terra, mas antes com um cume arborizado". Os javalis ficam castrados porque, quando são jovens, apanham uma doença que lhes causa prurido nos testículos. Ao se esfregarem nas árvores, destroem os testículos.

O veado e a corça

29. A corça, como dissemos[184], geralmente é coberta à força (de fato a fêmea muitas vezes não aguenta o macho,

---

[181] Cf. supra, 546b11, Geração dos animais, 777b15, Eliano, História dos animais, 4.31.
[182] Cf. supra, 540a20, Eliano, História dos animais, 8.17.
[183] Cf. Ilíada, 9.539, Odisseia, 9.191, que esta citação cruza.
[184] Cf. supra, 540a5-8.

devido à rigidez do pênis); todavia, acontece também de haver corças que se mantêm tranquilas durante a cópula, como as ovelhas. Quando estão no cio, afastam-se umas das outras. Por seu lado, o macho tende a mudar de fêmea e a não se manter com a mesma; em pouco tempo deixa uma para avançar para outra. O acasalamento acontece depois do Arcturo, nos meses de Boedrómion e Memactérion[185]. A corça fica prenhe oito meses. Engravida ao fim de poucos dias, e o mesmo macho emprenha muitas. Na maior parte dos casos dá à luz uma única cria, mas já se viram corças, ainda que raramente, terem duas. Pare os filhotes na berma dos caminhos, com medo dos predadores[186]. O crescimento das crias é rápido. Geralmente as corças não têm fluxo menstrual; mas no momento do parto expelem um corrimento viscoso.

Costumam conduzir suas crias para o covil, que é o lugar que lhes serve de refúgio: uma caverna com uma só entrada, onde costumam também proteger-se dos seus perseguidores.

Sobre o tempo de vida dos veados, há histórias que falam de uma grande longevidade. Mas essas lendas não parecem ter fundamento[187]; além do que o tempo necessário à gestação e à criação dos filhotes não coincide com a ideia de uma vida longa.

Na montanha a que se chama dos Veados, que fica em Arginusas[188], na Ásia Menor, onde morreu Alcibíades[189], todas as corças têm as orelhas fendidas[190], de tal modo que, mesmo que se desloquem para outras regiões, podem ser reconhecidas. As crias, ainda no ventre materno, já têm

---

[185] De meados de setembro a meados de novembro.

[186] Cf. 611a15 ss., Plínio, *História natural*, 8.50.

[187] Cf., todavia, *Partes dos animais*, 677a30-32.

[188] Arginusas é o nome de três ilhéus a sul de Lesbos e próximos da costa da Ásia Menor. Cf. Plínio, *História natural*, 8.83, 11.50.

[189] Cf. Plutarco, *Vida de Alcibíades*, 39.

[190] Cf. Plínio, *História natural*, 8.38, 11.50, Eliano, *História dos animais*, 6.13.

essa característica. As fêmeas têm quatro tetas, como as vacas. Quando estão prenhes, os machos separam-se cada um para seu lado e, por efeito do cio, cada um, isolado dos outros, abre buracos no chão e lança um mau cheiro como os bodes. Ficam com o focinho negro por causa do pó, como acontece também com os bodes. Assim vivem até ao tempo das chuvas. Depois do quê, voltam aos pastos. O animal age desse modo em função da natureza lasciva que tem, como também da obesidade que o caracteriza. De fato, a gordura que apresentam atinge seu máximo no verão, a ponto que chegam a não conseguir correr e a deixar-se apanhar pelos caçadores que os perseguem a pé, à segunda ou terceira tentativa. O calor e a falta de ar levam-nos a fugir para a água. Na época do cio, a carne dos veados não presta e cheira mal, como também a dos bodes. No inverno tornam-se mais magros e mais débeis, enquanto na primavera estão em plena forma para correr. Quando em fuga, param de correr e descansam até que seu perseguidor se aproxime; nesse momento voltam a pôr-se em fuga. Dá ideia de que o fazem por sentirem dores internas. De fato, o veado tem um intestino tão delgado e frágil que chega a romper-se se o animal levar um toque que lhe deixe a pele intacta[191].

579a

A reprodução dos ursos

30. As ursas, quando acasalam, como dissemos[192], não permitem que o macho as monte, mas estendem-se no chão. A ursa fica prenhe trinta dias[193]. Dá à luz uma ou duas crias, ou, no máximo, cinco. A cria é muito pequena em proporção com o tamanho do corpo da mãe. Assim, o urso nasce

---
[191] Cf. Plínio, *História natural*, 8.50.
[192] Cf. *supra*, 539b33-540a2.
[193] Cf. Plínio, *História natural*, 8.50. Esta informação é errada, porque a gestação do urso dura seis ou sete meses.

menor do que uma doninha, embora maior do que um rato; é pelado e cego, e as patas quase não se distinguem, como de resto a maior parte dos seus membros[194].

O acasalamento acontece no mês do Elafebólion[195], e a fêmea dá à luz no tempo em que os ursos se mantêm em hibernação. Durante esse período, fêmea e macho ficam muito gordos. Depois do período de amamentação, com três meses, os ursinhos aparecem, já na primavera[196].

A fêmea do porco-espinho mantém-se também oculta no inverno. Fica prenhe o mesmo número de dias que a ursa e, nos outros pormenores, comporta-se como ela[197].

Uma ursa prenhe é difícil de apanhar.

A reprodução dos leões

31. Quanto ao leão, dissemos já[198] que pratica a cópula e urina por trás. Não acasala nem dá à luz em todas as épocas, mas o faz uma vez por ano[199]. A leoa dá à luz na primavera, e em geral tem duas crias, mas pode ir até um máximo de seis. Por vezes acontece que só tenha uma. Aquela história que se conta de que ela expulsa o útero durante o parto é uma tolice; tem origem na escassez de leões, e o inventor da história[200] não foi capaz de arranjar para essa realidade uma justificativa melhor. A raça dos leões é realmente escassa e não se encontra em muitos lugares. Na Europa inteira, só há leões entre os rios Aqueloo e Nesso[201]. Os leõezinhos nas-

---

[194] Cf. Plínio, *História natural*, 8.36, Eliano, *História dos animais*, 2.19.
[195] De meados de fevereiro a meados de março.
[196] Cf. 600b1-3.
[197] Cf. Plínio, *História natural*, 8.54.
[198] Cf. *supra*, 500b15, 539b22.
[199] Cf. Heródoto, 3.108, Eliano, *História dos animais*, 4.34.
[200] Talvez Heródoto, 3.108.
[201] No Noroeste da Grécia, entre a Acarnânia e a Trácia. Cf. 606b15, Pausânias, 6.5, Plínio, *História natural*, 8.45.

cem tão pequenos que com dois meses mal conseguem andar. As leoas da Síria têm cinco ninhadas em toda a sua vida, a primeira de cinco crias e as seguintes com uma a menos de cada vez. No fim desse processo não têm mais crias e tornam-se estéreis[202].

A leoa não tem juba, o macho, sim. Este muda os dentes chamados caninos, e só estes, que são quatro, dois em cima e dois embaixo. Muda-os aos seis meses.

Órgãos sexuais da hiena

32. A hiena é da cor do lobo, mas tem o pelo mais espesso e apresenta uma crina ao longo de toda a espinha dorsal. O que se costuma contar sobre seus órgãos genitais – que se encontram, os do macho e os da fêmea, no mesmo animal – é mentira[203]. Na verdade, o órgão do macho é semelhante ao dos lobos e dos cães, e, sob a cauda, a parte que passa por ser o órgão feminino, ainda que, se pela forma exterior se assemelhe ao da fêmea, não apresenta todavia nenhum canal. Por baixo dele fica o orifício que dá saída aos excrementos. A hiena fêmea, por seu lado, tem também um órgão parecido com o que se chama vulva, situado, como no macho, sob a cauda e sem nenhum canal. A seguir a ele vem o orifício dos excrementos e, por baixo, a verdadeira vulva.

A hiena fêmea tem também útero, como as outras fêmeas da mesma espécie. Mas é raro conseguir-se capturar uma hiena fêmea. Houve pelo menos um caçador que afirmou ter apanhado, em onze hienas, apenas uma fêmea.

....

[202] Cf. *Geração dos animais*, 750a32-35, 760b23, Plínio, *História natural*, 8.17.

[203] Cf. *Geração dos animais*, 757a4, Plínio, *História natural*, 8.44, Eliano, *História dos animais*, 1.25.

A reprodução das lebres

33. As lebres acasalam unindo-se pela parte de trás, como se afirmou acima[204] (trata-se também de um animal que urina por trás); acasalam e têm crias em qualquer época, e as fêmeas estão sujeitas à superfetação[205] e dão à luz todos os meses. Não parem as crias todas ao mesmo tempo, mas com um intervalo de dias que varia. A fêmea tem leite ainda antes de parir e, assim que dá à luz, volta a acasalar, como também fica prenhe quando ainda amamenta. Tem um leite tão espesso como o da porca. Dá à luz crias cegas, como acontece com a maioria dos fissípedes[206].

A reprodução da raposa

34. Para acasalar[207], a raposa macho põe-se em cima da fêmea. Esta dá à luz, como a ursa, e produz crias que são ainda mais mal formadas. Quando está para parir, esconde-se tão bem que é raro caçar uma que esteja prenhe[208]. Depois de parir as crias, lambe-as com a língua para aquecê-las e protegê-las. Cada ninhada tem no máximo quatro crias.

A reprodução do lobo e dos felinos

35. A loba gera e dá à luz do mesmo modo que a cadela, em tempo de gestação e no número de crias; e, também como a cadela, as crias que dá à luz são cegas. Acasala sempre na mesma época, e o parto ocorre no início do verão. Sobre o parto da loba conta-se uma história que tem ar de

---

[204] Cf. *supra*, 539b22-24.
[205] Cf. *Geração dos animais*, 773a32-774b4.
[206] Cf. *Geração dos animais*, 774b10-13.
[207] Cf. Plínio, *História natural*, 10.83.
[208] Cf. 600b6.

ser lenda: dizem que todas as lobas dão à luz nos mesmos doze dias do ano. E explica-se essa circunstância pela seguinte razão: que esse número de dias corresponde àquele que foi preciso para trazer Latona dos Hiperbóreos para Delos, disfarçada de loba com medo de Hera. Se o tempo da gestação é esse ou não, nenhuma observação foi feita por enquanto; trata-se simplesmente de um dito. Como também não parece correto dizer que as lobas dão à luz uma única vez na vida.

Os gatos e os mangustos[209] têm o mesmo número de crias dos cães e alimentam-se do mesmo modo. Vivem cerca de seis anos. A pantera dá à luz crias cegas, como a loba, em ninhadas com o máximo de quatro crias. Os chacais reproduzem-se como os cães, e as crias nascem cegas. Cada ninhada é de duas, três ou quatro crias. O chacal tem uma forma alongada, mas uma altura bastante reduzida. Distingue-se igualmente pela velocidade, apesar de ter as patas curtas, por ser dotado de uma grande leveza; os saltos que dá são longos.

A reprodução dos onagros

36. Há, na Síria, os chamados onagros; trata-se de uma espécie distinta da que resulta do cruzamento de um cavalo com um burro, mas com um aspecto parecido, tal como os burros selvagens se parecem com os domésticos; o próprio nome denuncia a semelhança. Esses onagros são, de resto, tal como os burros selvagens, notáveis pela velocidade. São animais que se reproduzem entre si. E eis a prova: houve uns tantos que vieram para a Frígia no tempo de Fárnax[210], pai de Farnabazo, e ainda hoje lá existem. Nesse momento, ao que se ouve dizer, restam três, mas já chegaram a ser nove. 580b

---

[209] Cf. 612a15-20.

[210] Em meados do século V a.C. Farnabazo é o nome do sátrapa que mandou matar Alcibíades, em 404; cf. Tucídides, 2.67.

A reprodução dos ratos

37. A reprodução dos ratos é a mais extraordinária em todo o reino animal, quer pela quantidade, quer pela rapidez[211]. Conta-se o caso de uma fêmea prenhe que ficou fechada num contentor de milho; quando se abriu o contentor, passado pouco tempo, apareceram cento e vinte ratos. A propagação dos ratos nos campos, como seu desaparecimento, constitui um enigma. De fato, em muitos lugares, costuma haver uma quantidade incalculável de ratos-do--campo, de modo que pouco resta de toda a colheita. A capacidade roedora que têm é de tal modo rápida que alguns agricultores, que não possuem grandes propriedades, depois de verificarem, num certo dia, que é tempo de ceifar, quando no dia seguinte, logo de manhã, trazem os ceifeiros, vão encontrar toda a seara devorada[212]. Seu desaparecimento ocorre também sem motivo aparente. Em poucos dias, deixa-se de ver um que seja. E todavia, nos dias anteriores, não se conseguia eliminá-los nem fazendo fumigações ou cavando a terra, ou mesmo perseguindo-os ou soltando-lhes as porcas, porque estas furam as tocas dos ratos. Também as raposas lhes dão caça e os furões lhes dão sumiço quando lhes caem em cima. Mas não conseguem dar vazão à fecundidade e à rapidez com que se reproduzem. Eficazes mesmo só as chuvas, quando chegam, que os fazem desaparecer num instante. Numa determinada região da Pérsia, a fêmea, quando se abre, tem embriões fêmea também já prenhes[213]. Há quem afirme categoricamente que lhes basta lamber sal para ficarem prenhes, sem acasalamento[214].

---

[211] Cf. Plínio, *História natural*, 10.85.

[212] Cf. Eliano, *História dos animais*, 17.17.

[213] Cf. Plínio, *História natural*, 10.85, Eliano, *História dos animais*, 17.17. Antígono de Caristo, *Prodígios*, 113.

[214] Cf. Plínio, *História natural*, 10.85, Eliano, *História dos animais*, 9.3, 48.

Os ratos do Egito têm um pelo rijo, como os espinhos de um ouriço. Há lá também outra variedade que caminha sobre duas patas, porque tem as patas da frente pequenas e as de trás compridas[215]. São de um tipo que se reproduz em grande quantidade. Mas há ainda muitas outras variedades de rato.

---

[215] Cf. Heródoto, 4.192, Plínio, *História natural*, 8.55, 10.85, Eliano, *História dos animais*, 15.26.

ÍNDICE DOS NOMES DE ANIMAIS

ἀετός, "águia", 490a, 517b, 563a, 563b
ἀετός, "ratão", 540b
ἀηδών, "rouxinol", 536a, 536b, 542b
ἀθερίνη, "peixe-rei", 570b, 571a
αἰγοκέφαλος, "maçarico", 506a, 506b, 509a
αἰγώλιος, "mocho-galego", 563a
αἴθυια, "alcatraz", 487a, 542b
αἴλουρος, "gato", 493a, 540a, 580a
αἱμορροΐς, "hemorroide", 530a
αἴξ, "cabra", 488a, 492a, 499b, 501b, 520a, 522a, 522b, 536b, 545a, 557a, 567a, 572b, 573a, 573b, 574a
ἀκαλήφη, "actínia, anêmona", 487a, 487b, 531a, 531b
ἀκαρί, "ácaro", 557b
ἀκαρίς, "acáride", 551a
ἀκρίς, "gafanhoto", 532b, 535b, 550b, 555b, 556a
ἀλεκτορίς, "galinha", 544a, 558b, 559a, 559b, 560a, 560b, 561a, 562a, 562b, 564b
ἀλεκτρυών, "galo", 488b, 504b, 508b, 509a, 536a, 539b, 559b, 564b

ἀλκυών, "alcíone", 542b
ἀλώπηξ, "raposa", 488b, 500b, 580a, 580b
ἀλώπηξ, "orelhudo", 490a
ἀλώπηξ, "tubarão-raposo", 565b, 566a
ἀμία, "bonito", 488a, 506b, 533a, 571a
ἀνθίας, "peixe-pau", 570b
ἀνθρήνη, "abelhão", 531b, 551a, 553b, 554b, 555a
ἄνθρωπος, "homem", 486a, 487a, 488a, 488b, 489a, 489b, 490a, 490b, 491a, 491b, 492a, 492b, 493a, 493b, 494a, 494b, 495b, 496a, 496b, 497a, 497b, 498a, 498b, 499b, 500a, 500b, 501a, 501b, 502a, 502b, 503b, 505b, 506b, 507a, 507b, 509b, 510b, 511b, 513b, 516a, 517b, 518a, 518b, 521a, 521b, 522a, 523a, 532b, 536b, 537b, 538b, 539a, 542a, 544b, 545b, 566b, 567a, 571b, 572a, 572b, 573a, 574b, 575b, 576b, 577b
ἀραχνή, "aranha", 488b, 529b, 550b, 553a, 555a, 555b, 557a, 557b

ἄρκτος, "urso", 498a, 498b, 499a, 500a, 507b, 539b, 571b, 579a, 580a
ἄρκτος, "urso" (crustáceo), 549b
ἀσκαλαβώτης, "sardão", 538a
ἀσκάλαφος, "bufo-real", 509a
ἀσκαρίς, "verme-de-vasa", 487b, 551b, 552a
ἀσπάλαξ, "toupeira", 488a, 491b, 533a
ἀστακός, "lavagante", 490b, 525a, 525b, 526a, 526b, 530a, 541b, 549b
ἀστερίας, "estrelado", 543a, 566a
ἀστήρ, "estrela-do-mar", 548a
ἀττέλαβος, "grilo", 550b, 556a, 556b
αὐλωπίας, "corneta", 570b
ἀφρός, "espuma", 569a, 569b

βάλαγρος, "barbo", 538a
βάλανος, "perceba", 535a, 547b
βάλερος, "brema", 568b
βατίς, βάτος, "raia", 489b, 505a, 540b, 565a, 565b, 566a, 567a
βάτραχος, "rã", 487a, 506a, 510b, 530b, 536a, 538a, 540a, 550b, 568a
βάτραχος, "tamboril", 489b, 505a, 505b, 506b, 540b, 564b, 565b, 570b
βελόνη, "peixe-agulha", 506a, 543b, 567b, 571a
βομβύκιον, "moscardo", 555a
βομβυλίς, "bombílide", 551b
βόνασος, "bisonte", 498b, 500a, 506b
βόστρυχος, "bicho-cabelo", 551b
βουβαλίς, "antílope", 515b, 516a
βοῦς, "boi", 488a, 488b, 491b, 496b, 497a, 499a, 499b, 500a, 501a, 502a, 506a, 506b, 508a, 510b, 517a, 517b, 521b, 522a, 522b, 523a, 536b, 538b, 540a, 545a, 545b, 557a, 567a, 572a, 572b, 573a, 575a, 575b, 577a, 578b
βοῦς, "jamanta", 540b, 566b
βοῦς ἄγριος, "búfalo", 499a

γάλας, "mactra", 528a
γαλεός, "esqualo", 489b, 511a, 543a, 565a, 565b, 566a
γαλεώδης, "esqualo", 505a, 506b, 507a, 540b, 565a
γαλῆ, "doninha", 500b, 579a
γαλῆ, "cação", 508b
γαλῆ ἀγρία, "furão", 580b
γέρανος, "grou", 488a, 519a, 539b
γίννος, "garrano", 491a, 577b
γλάνις, "siluro", 490a, 505a, 506b, 568a, 568b, 569a
γλαῦκος, "sereia", 508b
γλαύξ, "coruja", 488a, 504a, 506a, 509a
γόγγρος, "congro", 489b, 505a, 505b, 506b, 507a, 517b, 571a
γύψ, "abutre", 563a

δασύπους, "lebre", 488b, 500b, 507a, 511a, 516a, 519a, 522b, 539b, 542b, 574b, 579b
δέλφαξ, "leitão", 573b
δελφίς, "golfinho", 489b, 492a, 500b, 504b, 506b, 509b, 510a, 516b, 521b, 533b, 534b, 535b, 537a, 537b, 540b, 557a, 566b
δορκάς, "gazela", 499a
δρεπανίς, "andorinhão", 487b

ἔγχελυς, "enguia", 489b, 504b, 505a, 506b, 507a, 517b, 520a, 534a, 538a, 567a, 569a, 570a
ἐγχρασίχολος, "biqueirão", 569b
ἔλαφος, "veado", 488b, 490b, 498b, 499a, 499b, 500a, 500b,

501a, 506a, 515b, 516a, 517a, 520b, 534b, 538b, 540a, 545a, 578b
ἐλέφας, "elefante", 488a, 488b, 492b, 497b, 498a, 499a, 500a, 500b, 501b, 502a, 506b, 507b, 508a, 509b, 517a, 523a, 536b, 540a, 546b, 571b, 578a
ἔλλοψ, "esturjão", 505a, 506b
ἕλμινς, "verme, lombriga", 548b, 551a, 570a
ἐμπίς, "mosquito", 487b, 490a, 551b, 552a
ἐμύς, "cágado", 506a, 558a
ἔντομα, "insectos", 487a, 488a, 490a, 490b, 523b, 525b, 531b, 532a, 532b, 534b, 535b, 537b, 538a, 539a, 541b, 542a, 542b, 550b, 551a, 553a, 555b, 556b, 557a, 558b
ἐνυδρίς, "lontra", 487a
ἔποψ, "poupa", 488b, 559a
ἐρυθρῖνος, "bica", 538a, 567a
ἐτελίς, "*etelis*", 567a
ἐφήμερον, "efêmero", 490a, 552b
ἐχενηίς, "sugador", 505b
ἔχιδνα, "víbora", 490b
ἐχῖνος, "ouriço-cacheiro", 490b, 509b, 517b, 528a, 530a, 530b, 531a, 531b, 535a, 540a, 544a, 581a
ἔχις, "víbora", 511a, 558a

ζύγαινα, "peixe-martelo", 506b

ἡμίονος, "hemíono", 491a, 538a, 576a, 576b, 577b, 580b
ἥπατος, "serreno", 508b

θύννος, "atum", 488a, 505a, 537a, 543a, 543b, 557a, 571a
θώς, "chacal", 507b, 580a

ἱέραξ, "falcão", 490a, 506a, 506b, 563a, 563b, 564a
ἰκτῖνος, "milhafre", 491b, 506a, 506b, 563a
ἴκτις, "fuinha", 500b
ἴουλος, "iulo", 523b
ἱππέλαφος, "antílope", 498b, 499a
ἱπποῦρος, "rabo-de-cavalo", 543a
ἵππος, "cavalo", 486a, 488a, 489a, 489b, 490b, 491a, 492a, 498b, 499b, 500a, 500b, 501a, 501b, 502a, 506a, 510b, 518a, 520a, 521b, 522a, 536b, 545a, 545b, 571b, 572a, 572b, 573a, 575b, 576a, 576b, 577a, 577b, 580b
ἵππος ποτάμιος, "hipopótamo", 499b, 502a
ἴυγξ, "pica-pau", 504a
ἰχθύς, "peixe", 486a, 486b, 487a, 487b, 489b, 490a, 490b, 491b, 495a, 498b, 501a, 503a, 504b, 505a, 505b, 506a, 506b, 507a, 508a, 508b, 509a, 509b, 510a, 510b, 514a, 515b, 516b, 517b, 518b, 520a, 521b, 531b, 533a, 533b, 534a, 534b, 535b, 536a, 536b, 537a, 537b, 538a, 538b, 539a, 539b, 540b, 541a, 542b, 543a, 543b, 548a, 549a, 557a, 558a, 564b, 565a, 565b, 566a, 567a, 567b, 568a, 568b, 569a, 569b, 570a, 570b, 571a
ἰχνεύμων, "mangusto", 580a

καλλιώνυμος, "cabeçudo", 506b
κάμηλος, "camelo", 498b, 499a, 500a, 500b, 501a, 521b, 540a, 546b, 571b, 578a
κάμπη, "lagarta", 551a, 551b, 552b, 557b
κανθαρίς, "cantárida", 531b, 542a, 552b
κάνθαρος, "escaravelho", 490a, 552a

κάπρος, "javali", 500b, 545b, 546a, 573b
κάπρος, "pimpim", 505a, 535b
κάραβος, "lagosta", 487b, 489a, 490a, 490b, 523b, 525a, 525b, 526a, 526b, 527a, 527b, 529a, 529b, 534b, 537a, 541b, 549a, 549b
κάραβος, "lucano", 531b, 532a
καράμβιος, "lucano", 551b
καρίς, "camarão", 525a, 525b, 526b, 527a, 541b, 547b, 549b
καρκίνιον, "bernardo-eremita", 529b, 530a, 548a
καρκίνος, "caranguejo", 487b, 490b, 523b, 525a, 525b, 526a, 526b, 527a, 527b, 529b, 530a, 541b, 547b, 549b
καταρράκτης, "mergulhão", 509a
κεγχρηίς, "peneireiro", 509a, 558b, 559a
κεστρεύς, "tainha", 504b, 508b, 534a, 537a, 541a, 543a, 543b, 567a, 569a, 569b, 570b
κέφαλος, "barbudo", 543b, 567a, 570b
κῆβος, "colobo", 502a, 502b
κῆρυξ, "búzio-fêmea", 524b, 527a, 528a, 528b, 529a, 530a, 544a, 546b, 547b, 548a
κῆτος, "cetáceo", 490b, 505b, 521b, 566b
κητώδη, "cetáceos", 489b, 492a, 540b
κηφήν, "zangão", 553a, 553b, 554a, 554b
κίθαρος, "rodovalho", 508b
κίρκος, "gralha", 559a
κίχλη, "bodião", 505a
κίχλη, "tordo", 559a
κνίδη, "actínia", 548a
κνίψ, "formiga", 534b
κόγχος, κόγχη, "concha", 528a, 547b, 548a

κοκάλια, "volutas", 528a
κόκκυξ, "cuco", 535b, 563b, 564a
κόκκυξ, "peixe-cuco", 535b
κολεόπτερον, "coleóptero", 552b
κολία, "cavala", 543a
κολιός, "gralha", 504a, 509a
κολυμβίς, "mergulhão", 487a
κονίς, "lêndea", 539b, 556b
κορακῖνος, "roncadeira", 543a, 543b, 570b, 571a
κόραξ, "corvo", 488b, 506b, 509a, 519a, 563a, 563b
κορδύλος, "tritão", 487a, 490a
κόρις, "percevejo", 556b
κόρυδος, "calhandra", 559a
κορώνη, "gralha", 509a, 563b, 564a
κόττος, "escorpião-de-água-doce", 534a
κόττυφος, "melro", 544a
κοχλίας, "caracol", 523b, 525a, 527b, 528a, 528b, 544a, 557b
κόχλος, "borrelho", 528a, 530a
κόχλος, "gasterópode", 529a, 529b
κραγγών, "camarão-cinzento", 525b
κριός, "carneiro", 545b, 571b, 573b, 574a
κροκόδειλος, "crocodilo", 487a, 492a, 498a, 503a, 503b, 506a, 508a, 509b, 516a, 558a
κροτών, "carraça", 552a, 557a
κτείς, "leque", 528a, 529b, 531b, 535a, 535b, 547b
κύκνος, "cisne", 488a, 509a
κύλλαρος, "coxo", 530a
κυνοκέφαλος, "mandril", 502a
κυνοραιστής, "carraça do cão", 557a
κυπρῖνος, "carpa", 505a, 533a, 538a, 568a, 568b, 569a
κύων, "cão", 488a, 488b, 489b, 490b, 495b, 497b, 498b, 499b, 500a, 501a, 501b, 502a, 502b, 506a, 507b, 508a, 510b, 516a,

522b, 536b, 540a, 540b, 542a, 545a, 545b, 546a, 557a, 571b, 572a, 572b, 574a, 574b, 575a, 579b, 580a
κύων, "cação-liso", 566a
κωβιός, κωβῖτις, "góbio", 508b, 567b, 569b
κώνωψ, "mosquito", 532a, 535a, 552b

λάβραξ, "peixe-lobo", 489b, 534a, 537a, 543a, 543b, 567a, 570b
λάμια, "tubarão-sardo", 540b
λάρος, "gaivota", 509a, 542b
λάταξ, "castor", 487a
λειόβατος, "raia-pontuada", 506b, 566a
λεπάς, "lapa", 528a, 528b, 529a, 529b, 530a, 530b, 547b, 548a
λέων, "leão", 488b, 490b, 497b, 498b, 499b, 500a, 500b, 501a, 502a, 507b, 516b, 517b, 521b, 539b, 571b, 579a, 579b
λιμνόστρεον, "ostra", 528a, 547b
λόκαλος, "cegonha", 509a
λύγξ, "lince", 499b, 500b, 539b
λύκος, "lobo", 488a, 488b, 500b, 507b, 540a, 571b, 579b, 580a
λύρα, "peixe-lira", 535b

μαινίς, "trombeiro", 569a, 569b, 570b
μαλάκια, "cefalópodes", 487b, 489b, 490a, 490b, 494b, 523b, 524a, 524b, 525a, 531a, 531b, 534b, 535b, 537a, 537b, 539a, 541b, 544a, 549a, 549b, 567b
μαλακόστρακα, "crustáceos", 487b, 490b, 523b, 525a, 527b, 528a, 529b, 531b, 534b, 535b, 537a, 537b, 539a, 541b, 549a, 550a
μάρινος, "marino", 570a

μαρτιχόρα, "tigre", 501a
μελεαγρίς, "pintada", 559a
μέλιττα, "abelha", 487a, 487b, 488a, 489a, 489b, 490a, 519a, 523b, 531b, 532a, 534b, 535a, 535b, 537b, 551a, 553a, 553b, 554a, 554b, 555a
μεμβράς, "espadilha", 569b
μέροψ, "abelharuco", 559a
μετάχοιρος, "bácoro", 577b
μηλολόνθη, "besoiro", 490a, 523b, 531b, 532a, 552a
μόρμυρος, "mórmiro", 570b
μόσχος, "vitelo", 545a, 546b
μυῖα, "mosca", 488a, 490a, 528b, 532a, 535b, 539b, 542a, 542b, 552a, 552b
μύξων, "liça", 570b
μύρμηξ, "formiga", 488a, 534b, 542b, 555a
μῦς, "rato", 488a, 511a, 579a, 580b, 581a
μῦς, "mexilhão", 528a, 547b
μυστακόκητος, "baleia-azul", 519a
μύωψ, "moscardo", 490a, 528b, 532a, 552a, 553a

νάρκη, "tremelga", 505a, 506b, 540b, 543b, 565b, 566a
νεβρός, "enho", 522b
νεκύδαλος, "necídalo", 551b
νηρείτης, "trompa", 530a, 535a, 547b, 548a
νῆττα, "pato", 509a
νυκτερίς, "morcego", 487b, 488a, 490a, 511a
νυκτικόραξ, "corujão", 509a

ξιφίας, "espadarte", 505a, 506b
ξυλοφόρον, "caruncho", 557b

οἰνάς, "pombo-ruivo", 544b, 558b
οἶς, "ovelha", 522b

οἶστρος, "estro", 490a, 528b, 532a, 551b, 557a
ὁλοθούριον, "holotúrio", 487b
ὄνος, "burro", 491a, 499a, 501b, 502a, 506a, 521a, 521b, 522a, 522b, 545b, 557a, 573a, 575b, 577a, 577b, 580b
ὄνος, "bicho-de-conta", 557a
ὄνος ἰνδικός, "rinoceronte", 499b
ὀρεύς, "mula", 488a, 498b, 499b, 501b, 506a, 573a, 577b, 578a
ὄρκυς, "atum-voador", 543b
ὄρνις, "ave", 486a, 486b, 487b, 489b, 490a, 490b, 495b, 498a, 499b, 503b, 504a, 504b, 505b, 506a, 506b, 507a, 508b, 509a, 509b, 510a, 510b, 511a, 514a, 516b, 518b, 519a, 521b, 524b, 529a, 533a, 535b, 536a, 536b, 538b, 539a, 539b, 540b, 541a, 542a, 542b, 544a, 544b, 550a, 554a, 557a, 558a, 558b, 559a, 559b, 560a, 560b, 561a, 562a, 562b, 563b, 564a, 564b, 565a, 566a
ὄρος, "mulo", 491a, 573a
ὀρσοδάκνη, "tavão", 552a
ὄρτυξ, "codorniz", 506b, 509a, 536a, 559a
ὄρφος, "agulha", 543b
ὄστρακα, "testáceos", 529a, 532a, 547b
ὀστρακόδερμα, "testáceos", 490b, 491b, 523b, 527b, 528a, 529b, 531a, 531b, 532a, 534b, 535a, 537b, 538a, 539a, 544a, 546b, 547b, 548a, 549a
ὄστρεον, "concha, ostra", 487a, 487b, 490b, 523b, 528a, 531a, 547b, 547b, 568a
οὔραξ, "galo-bravo"; cf. τέτριξ, 559a
ὄφις, "cobra, serpente", 488a, 488b, 489b, 490a, 490b, 500a, 504a, 505b, 508a, 508b, 509b, 511a, 516b, 536a, 538a, 540a, 540b, 549b, 558a, 558b, 567b, 571a

πανθήρ, "pantera", 580a
πάρδαλις, "leopardo", 488a, 499b, 500a, 501a, 503b
πάρδιον, "girafa", 498b
πελειάς, "pombo-bravo", 544b
πέρδιξ, "perdiz", 488b, 508b, 509a, 510a, 536a, 536b, 541a, 559a, 559b, 560b, 563a, 564a, 564b
περιστερά, "pombo-comum", 488a, 488b, 506a, 506b, 508b, 544a, 544b, 558b, 559a, 559b, 560b, 562a, 562b, 563a, 563b, 564a
πέρκη, "perca", 505a, 508b, 568a
πηλαμύς, "sereia", 488a, 543a, 543b, 571a
πηνίον, "pênia", 551b
πίθηκος, "macaco", 498b, 502a, 502b
πίννα, "funil", 528a, 547b, 548a
πιννοφύλαξ, "guarda-pinhas", 547b, 548a
πνεύμων, "medusa", 548a
πολύπους, "polvo", 490a, 523b, 524a, 524b, 525a, 531b, 534a, 534b, 541b, 544a, 549b, 550a, 550b
πορφύρα, "búzio", 528a, 528b, 529a, 530a, 532a, 535a, 544a, 546b, 547a, 547b, 568a
πορφυρίων, "caimão", 509a
πρασοκουρίς, "traça", 551b
πρίστις, "espadarte", 566b
πρόβατον, "carneiro", 488a, 499b, 500a, 500b, 501b, 516a, 519a, 520a, 520b, 522a, 522b, 523a, 536a, 536b, 545a, 545b, 557a, 567a, 572b, 573a, 573b, 574a, 575b, 578b
πρόξ, "gamo", 506a, 515b, 520b

πύγαργος, "águia-rabalva", 563b
πυγολαμπίς, "pirilampo", 523b, 551b
πῶλος, "potro", 572a, 577a
ῥίνη, "anjo-do-mar", 506b, 540b, 543a, 543b, 565b, 566a
ῥινόβατος, "anjo-raia", 566a
σαλαμάνδρα, "salamandra", 552b
σάλπη, "salema", 534a, 543a, 543b, 570b
σαργός, "liça", 543a, 543b, 570a, 570b
σαῦρος, σαύρα, "lagarto", 488a, 489b, 498a, 503a, 503b, 504a, 506a, 508a, 508b, 509b, 510b, 540b, 558a
σελάχη, "selácios", 489b, 492a, 505a, 505b, 508b, 511a, 516b, 520a, 535b, 537a, 538a, 540b, 543a, 564b, 565b, 566a, 570b
σηπία, "choco", 489a, 489b, 490b, 523b, 524a, 524b, 525a, 527a, 529a, 534a, 534b, 541b, 544a, 549b, 550a, 550b, 567b
σής, "traça", 557b
σκάρος, "papagaio", 505a, 508b
σκληρόδερμα, "crustáceos", 490a, 549b
σκληρόστρακον, "crustáceo", 528b
σκολόπενδρα, "escolopendra", 489b, 505b, 523b, 532a
σκομβρίς, σκόμβροφ, "rascasso", 543b, 571a
σκορπιός, "escorpião", 501a, 532a, 555a, 557a, 557b
σκορπίος, "rascasso", 508b, 543a
σκύλαξ, "cachorro", 571b, 574a, 574b
σκύλιον, "cação", 565a, 565b, 566a
σκώληξ, "larva", 489b, 506a, 539b, 549a, 550b, 551a, 551b, 552a, 552b, 553a, 554a, 554b, 555a, 555b, 556a, 556b, 557b, 567b, 569b, 570b
σμύξων; cf. μύξων, "ranhoso", 543b
σμύραινα, "moreia", 489b, 504b, 505a, 506b, 517b, 540b, 543a
σμῦρος, "moreão", 543a
σπάρος, "esparo", 508b
σπίζα, "tentilhão", 504a
σπόγγος, "esponja", 487b, 548a, 548b, 549a
σπονδύλη, "barata", 542a
στρομβώδη, "turbinados", 528a, 528b, 529a, 530a, 530b, 531a, 547b, 548a
στρουθός, "pardal", 506b, 509a, 519a, 539b
συναγρίς, "sínagris", 505a, 506b
σφήξ, "vespa", 487a, 488a, 489a, 523b, 531b, 532a, 551a, 552b, 554b
σχάδων, "larva", 554a, 554b
σωλήν, "lingueirão", 528a, 535a, 547b, 548a
ταινία, "suspensório", 504b
ταῦρος, "touro", 510b, 520b, 521a, 538b, 540a, 571b, 572b, 575a
ταώς, "pavão", 488b, 559b, 564a, 564b
τέτριξ, "galo-bravo", 559a
τέττιξ, "cigarra", 532b, 535b, 550b, 556a, 556b
τευθίς, "lula pequena", 489b, 490b, 523b, 524a, 524b, 541b, 550b
τεῦθος, "lula-gigante", 490b, 523b, 524a, 524b, 550b
τήθυα, "ascídias", 528a, 531a, 535a, 547b
τίλων, "tílon", 568b
τράγος, "bode", 536a, 545b, 571b, 573b, 579a
τρίγλα, "ruivo", 508b, 543a, 557a, 570b

τριχίας, "sardinha", 543a, 569b
τριχίς, "anchova", 569b
τρυγών, "uge", 489b, 540b, 565b, 566b
τρυγών, "sapo", 540b
τρυγών, "rola", 544b, 558b, 562b

ὕαινα, "hiena", 579b
ὕδρος, "cobra-de-água", 487a
ὑπολαίς, "felosa", 564a
ὕπερον, "hípero", 551b
ὗς, "porco", 488a, 495b, 496b, 498b, 499b, 500a, 501a, 501b, 502a, 503a, 506a, 507b, 508a, 509b, 510b, 519a, 520a, 521b, 536a, 538b, 542a, 545a, 545b, 546a, 557a, 572a, 572b, 573a, 573b, 574b, 577b, 578a, 580a, 580b
ὗς ἄγριος, "javali", 488b, 499a, 571b, 578a, 578b
ὕστριξ, "porco-espinho", 490b, 579a

φάλαινα, "baleia", 489b, 521b, 537b, 566b
φάλλαγξ, "tarântula", 538a, 542a, 550a, 550b, 552b, 555b, 571a
φασιανός, "faisão", 557a, 559a
φάττα, "pombo-torcaz", 488b, 508b, 510a, 544b, 558b, 562b, 563a
φάψ, "pombo-bravo", 563b, 564a
φήνη, "xofrango", 563a
φθείρ, "piolho", 537a, 539b, 556b, 557a
φθείρ, "piolho" (peixe), 557a
φοξῖνος, "foxino", 567a, 568a
φρύνη, "sapo", 506a, 530b
φύκης, "abrótea", 567b
φώκαινα, "toninha", 521b, 566b

φώκη, "foca", 487b, 489b, 492a, 497a, 498a, 498b, 501a, 506a, 508a, 540a, 566b, 567a

χαλκεύς, "calceu", 535b
χαλκίς, "cálcis", 543a, 568a, 568b
χαμαιλέων, "camaleão", 503a, 503b
χάννη, "serrano", 538a, 567a
χελιδών, "andorinha", 487b, 506b, 508b, 509a, 519a, 544a, 559a, 563a
χελιδών θαλάττια, "andorinha-do-mar", 535b
χελών, "mugem", 543b, 570b
χελώνη, "tartaruga", 503b, 506a, 506b, 508a, 509b, 510b, 519b, 529a, 530b, 536a, 540a, 541a, 558a
χήμη, "chama", 547b
χήν, "ganso", 488b, 499a, 509a, 509b, 558a, 559b, 560b, 563a, 564a
χηναλώπηξ, "tadorno", 559b
χίμαιρα, "cabra-montesa", 523a
χοιροπίθηκος, "babuíno", 503a
χρέμψ, *crempse*, 534a
χρόμις, "calafate", 534a, 535b, 543a
χρύσοφρυς, "dourada", 489b, 508b, 537a, 543b, 570b

ψήν, "vespa-do-figo", 557b
ψῆττα, "solha", 538a, 543a
ψύλλος, ψύλλα, "pulga", 537a, 539b, 556b
ψυχή, "borboleta", 532a, 550b, 551a

ὠτίς, "abetarda", 509a, 539b, 563a

Coleção Obras de Aristóteles

Projeto promovido e coordenado pelo Centro de Filosofia da Universidade de Lisboa em colaboração com os Centros de Filosofia e de Estudos Clássicos da Universidade de Lisboa, o Instituto David Lopes de Estudos Árabes e Islâmicos e os Centros de Linguagem, Interpretação e Filosofia e de Estudos Clássicos e Humanísticos da Universidade de Coimbra. Este projeto foi subsidiado pela Fundação para a Ciência e a Tecnologia.

COLABORADORES

I. Coordenador

António Pedro Mesquita (Centro de Filosofia da Universidade de Lisboa).

II. Pesquisadores

Abel do Nascimento Pena, doutor em Filologia Clássica, professor auxiliar do Departamento de Estudos Clássicos da Faculdade de Letras da Universidade de Lisboa e pesquisador do Centro de Estudos Clássicos da Universidade de Lisboa.
Adriana Nogueira, doutora em Filologia Clássica, professora auxiliar do Departamento de Letras Clássicas e Modernas da Faculdade de Ciências Humanas e Sociais da Universidade do Algarve e pesquisadora do Centro de Estudos Clássicos da Universidade de Lisboa.
Ana Alexandra Alves de Sousa, doutora em Filologia Clássica, professora auxiliar do Departamento de Estudos Clássicos da Faculdade de Letras da Universidade de Lisboa e Pesquisadora do Centro de Estudos Clássicos da Universidade de Lisboa.
Ana Maria Lóio, licenciada em Estudos Clássicos pela Universidade de Lisboa.
António Campelo Amaral, mestre em Filosofia, assistente do Departamento de Filosofia da Faculdade de Ciências Humanas da Universidade Católica Portuguesa.
António Manuel Martins, doutor em Filosofia, professor catedrático do Instituto de Estudos Filosóficos da Faculdade de Letras da Universidade de Coimbra e diretor do Centro de Linguagem, Interpretação e Filosofia da Universidade de Coimbra.

António Manuel Rebelo, doutor em Filologia Clássica, professor associado do Instituto de Estudos Clássicos da Faculdade de Letras da Universidade de Coimbra e pesquisador do Centro de Estudos Clássicos e Humanísticos da Universidade de Coimbra.

António Pedro Mesquita, doutor em Filosofia, professor auxiliar do Departamento de Filosofia da Faculdade de Letras da Universidade de Lisboa e investigador do Centro de Filosofia da Universidade de Lisboa.

Carlos Silva, licenciado em Filosofia, professor associado convidado do Departamento de Filosofia da Faculdade de Ciências Humanas da Universidade Católica Portuguesa.

Carmen Soares, doutora em Filologia Clássica, professora associada do Instituto de Estudos Clássicos da Faculdade de Letras da Universidade de Coimbra e pesquisadora do Centro de Estudos Clássicos e Humanísticos da Universidade de Coimbra.

Delfim Leão, doutor em Filologia Clássica, professor associado do Instituto de Estudos Clássicos da Faculdade de Letras da Universidade de Coimbra e pesquisadora do Centro de Estudos Clássicos e Humanísticos da Universidade de Coimbra.

Francisco Chorão, mestre em Filosofia, pesquisador do Centro de Filosofia da Universidade de Lisboa.

Hiteshkumar Parmar, licenciado em Estudos Clássicos pela Universidade de Lisboa.

José Pedro Serra, doutor em Filologia Clássica, professor auxiliar do Departamento de Estudos Clássicos da Faculdade de Letras da Universidade de Lisboa e pesquisador do Centro de Estudos Clássicos da Universidade de Lisboa.

José Segurado e Campos, doutor em Filologia Clássica, professor catedrático jubilado do Departamento de Estudos Clássicos da Faculdade de Letras da Universidade de Lisboa e pesquisador do Centro de Estudos Clássicos da Universidade de Lisboa.

Manuel Alexandre Júnior, doutor em Filologia Clássica, professor catedrático do Departamento de Estudos Clássicos da Faculdade de Letras da Universidade de Lisboa e pesquisador do Centro de Estudos Clássicos da Universidade de Lisboa.

Maria de Fátima Sousa e Silva, doutora em Filologia Clássica, professora catedrática do Instituto de Estudos Clássicos da Faculdade de Letras da Universidade de Coimbra e pesquisadora do Centro de Estudos Clássicos e Humanísticos da Universidade de Coimbra.

Maria do Céu Fialho, doutora em Filologia Clássica, professora catedrática do Instituto de Estudos Clássicos da Faculdade de Letras da

Universidade de Coimbra e diretora do Centro de Estudos Clássicos e Humanísticos da Universidade de Coimbra.

Maria José Vaz Pinto, doutora em Filosofia, professora auxiliar do Departamento de Filosofia da Faculdade de Ciências Sociais e Humanas da Universidade Nova de Lisboa e pesquisadora do Instituto de Filosofia da Linguagem da Universidade Nova de Lisboa.

Paulo Farmhouse Alberto, doutor em Filologia Clássica, professor auxiliar do Departamento de Estudos Clássicos da Faculdade de Letras da Universidade de Lisboa e pesquisador do Centro de Estudos Clássicos da Universidade de Lisboa.

Pedro Falcão, licenciado em Estudos Clássicos pela Universidade de Lisboa.

Ricardo Santos, doutor em Filosofia, pesquisador do Instituto de Filosofia da Linguagem da Universidade Nova de Lisboa.

III. Consultores científicos

1. Filosofia

José Barata-Moura, professor catedrático do Departamento de Filosofia da Faculdade de Letras da Universidade de Lisboa.

2. Filosofia Antiga

José Gabriel Trindade Santos, professor catedrático do Departamento de Filosofia da Faculdade de Letras da Universidade de Lisboa e pesquisador do Centro de Filosofia da Universidade de Lisboa.

3. Língua e Cultura Clássica

Maria Helena da Rocha Pereira, professora catedrática jubilada do Instituto de Estudos Clássicos da Faculdade de Letras da Universidade de Coimbra e pesquisadora do Centro de Estudos Clássicos e Humanísticos da Universidade de Coimbra.

4. História e Sociedade Gregas

José Ribeiro Ferreira, professor catedrático do Instituto de Estudos Clássicos da Faculdade de Letras da Universidade de Coimbra e pesquisador do Centro de Estudos Clássicos e Humanísticos da Universidade de Coimbra.

5. Língua e Cultura Árabe

António Dias Farinha, professor catedrático do Departamento de História da Faculdade de Letras da Universidade de Lisboa e diretor do Instituto David Lopes de Estudos Árabes e Islâmicos.

6. Lógica

João Branquinho, professor associado com agregação do Departamento de Filosofia da Faculdade de Letras da Universidade de Lisboa e pesquisador do Centro de Filosofia da Universidade de Lisboa.

7. Biologia e História da Biologia

Carlos Almaça, professor catedrático jubilado do Departamento de Biologia da Faculdade de Ciências da Universidade de Lisboa.

8. Teoria Jurídico-Constitucional e Filosofia do Direito

José de Sousa e Brito, juiz jubilado do Tribunal Constitucional e professor convidado da Faculdade de Direito da Universidade Nova de Lisboa.

9. Aristotelismo Tardio

Mário Santiago de Carvalho, doutor em Filosofia, professor catedrático do Instituto de Estudos Filosóficos da Faculdade de Letras da Universidade de Coimbra e pesquisador do Centro de Linguagem, Interpretação e Filosofia da Universidade de Coimbra.

Plano da edição

PARTE I: TRATADOS CONSERVADOS

Volume I: Lógica
Tomo 1
Introdução geral
Tomo 2
Categorias
Da interpretação
Tomo 3
Primeiros analíticos
Tomo 4
Segundos analíticos
Tomo 5
Tópicos
Tomo 6
Refutações sofísticas

Volume II: Física
Tomo 1
Física
Tomo 2
Sobre o céu
Tomo 3
Sobre a geração e a corrupção
Tomo 4
Meteorológicos

Volume III: Psicologia
Tomo 1
Sobre a alma
Tomo 2
Sobre a sensação (= *Parva Naturalia* 1)
Sobre a memória (= *Parva Naturalia* 2)
Sobre o sono e a vigília (= *Parva Naturalia* 3)
Sobre os sonhos (= *Parva Naturalia* 4)
Sobre a predição pelos sonhos (= *Parva Naturalia* 5)
Sobre a longevidade e a brevidade da vida (= *Parva Naturalia* 6)
Sobre a juventude e a velhice (= *Parva Naturalia* 7)
Sobre a respiração (= *Parva Naturalia* 8)

Volume IV: Biologia
Tomo 1
História dos animais I-VI
Tomo 2
História dos animais VII-X
Tomo 3
Partes dos animais
Tomo 4
Movimento dos animais
Progressão dos animais
Tomo 5
Geração dos animais

Volume V: Metafísica
Tomo 1
Metafísica
Tomo 2
Metafísica
Tomo 3
Metafísica

Volume VI: Ética
Tomo 1
Ética a Nicômaco
Tomo 2
Grande moral
Tomo 3
Ética a Eudemo

Volume VII: Política
Tomo 1
Política
Tomo 2
Econômicos
Tomo 3
Constituição dos atenienses

Volume VIII: Retórica e Poética
Tomo 1
Retórica
Tomo 2
Poética

VOLUME IX: ESPÚRIOS
TOMO 1
Sobre o universo
Sobre o alento [= *Parva Naturalia* 9]
TOMO 2
Sobre as cores
Sobre aquilo que se ouve
Fisiognomônicos
Sobre as plantas
Sobre os prodígios escutados
TOMO 3
[Problemas] Mecânicos
TOMO 4
Problemas [Físicos]
TOMO 5
Sobre as linhas indivisíveis
Sobre os lugares e nomes dos ventos
Sobre Melisso, Xenófanes e Górgias
Virtudes e vícios
Retórica a Alexandre

PARTE II: OBRAS FRAGMENTÁRIAS

VOLUME X: AUTÊNTICOS
TOMO 1
Diálogos e obras exortativas
TOMO 2
Tratados, monografias, recolhas e textos privados

VOLUME XI: ESPÚRIOS E DUVIDOSOS
TOMO 1
Medicina
Apologia contra Eurimedonte a propósito da acusação de impiedade
Agricultura
Mágico
TOMO 2
Epítome da arte de Teodectes
Sobre a filosofia de Arquitas
Problemas físicos em 38 (68) (78) livros
Sobre as cheias do Nilo

PARTE III: APÓCRIFOS

Volume XII: Lógica, Física e Metafísica
Tomo 1
Divisões [pseudo]aristotélicas
Problemas inéditos [de medicina]
Sobre a pedra
Tomo 2
Livro da causa
Livro da maçã

Volume XIII: Teologia
Tomo 1
Segredo dos segredos
Tomo 2
Teologia

PARTE IV: BIBLIOGRAFIA E ÍNDICES

Volume XIV
Tomo 1
Bibliografia geral
Tomo 2
Índices